高等职业教育连锁经营管理专业规划教材 · 职业店长系列

产教融合校企“双元”育人项目成果

童丽 郑丽 袁欣 编著

门店员工管理

——知识与技能训练

Mendian Yuangong Guanli

Zhishi Yu Jineng Xunlian

东北财经大学出版社
Dongbei University of Finance & Economics Press
大连

图书在版编目（CIP）数据

门店员工管理：知识与技能训练 / 童丽，郑丽，袁欣编著. —大连：东北财经大学出版社，2020.6
（高等职业教育连锁经营管理专业规划教材 · 职业店长系列）
ISBN 978-7-5654-3868-4

Ⅰ. 门… Ⅱ. ①童… ②郑… ③袁… Ⅲ. 商业企业-企业管理-人事管理-高等职业教育-教材 Ⅳ. F715.2

中国版本图书馆CIP数据核字（2020）第083511号

东北财经大学出版社出版
（大连市黑石礁尖山街217号 邮政编码 116025）
网 址：http://www.dufep.cn
读者信箱：dufep@dufe.edu.cn
大连永发彩色广告印刷有限公司印刷 东北财经大学出版社发行

幅面尺寸：185mm×260mm 字数：255千字 印张：11.5 插页：1
2020年6月第1版 2020年6月第1次印刷

责任编辑：郭海雷 赵 楠 责任校对：思 齐
封面设计：冀贵收 版式设计：钟福建

定价：28.00元

教学支持 售后服务 联系电话：（0411）84710309

如有印装质量问题，请联系营销部：（0411）84710711

前　言

不管技术与商业模式如何变革，人、货、场始终是零售行业的核心要素。作为店长，除了应具备相应的基础素养、组织管理能力、经营管理能力、自我管理能力之外，还应具备相应的领导能力，具体表现为沟通管理能力、高效能辅导能力和团队管理能力。

“选一育一用一留”是组织人员管理的一般流程，本教材就是参考这一逻辑主线而设计的。本教材全面介绍了店长管理员工所必须具备的基本理论和实践技能，每一个项目都是基于门店店长工作岗位，按照店长在管理内部员工方面的基本职责、日常工作、关键技能来组织编写的。教材共分为五个项目：店长角色基础要求、店长如何慧眼识才、店长如何培育店员、店长如何激励店员、员工管理事务实战。

目前，广州番禺职业技术学院已经跟天虹、百果园、丝域、西遇、名创优品、永辉等多家企业深度合作进行职业店长培养，并且已经与天虹、百果园、丝域等开展职业店长的现代学徒制培养。在基于人、货、场三要素打造职业店长培养系列教材的过程中，我们这本教材的编写得到了高职院校同行以及企业专家的鼎力支持。本教材由童丽（广州番禺职业技术学院）、郑丽（马鞍山职业技术学院）、袁欣（马鞍山职业技术学院）共同编写，童丽负责内容体系的设计、人员的组织分工，以及最后的统稿、定稿等工作。具体编写分工如下：项目一、二、五由童丽编写，项目三、四由郑丽、袁欣合作编写。特别感谢战略性合作企业的专家指导，感谢周绍光、李林、魏再宏等所提供的门店一手案例及相应素材。

在教材编写过程中，我们借鉴和参考了同行专家的著作、文章及相关文献资料，在此表示诚挚的谢意！由于时间和水平所限，教材中难免有错误和不妥之处，敬请读者不吝指正。

编　者

2020年2月

目　录

项目一

店长角色基础要求

◎ 学习目标

知识目标：

了解零售新模式；了解组织文化内涵及文化如何引领组织变革；掌握店长在门店运营中的角色定位；明确店长应具备的诚实守信、有责任感的价值观。

能力目标：

能够从风向标企业的一些管理方式中找到门店管理工作的重点；能够正确认知管理对象，清楚如何修炼自身。

态度目标：

清楚零售行业发展的历程，对自己将要从事的事业有信心；学习的动力足，关注行业风向标企业；认可店长岗位，认清工作岗位要求及其胜任标准。

◎ 项目框架

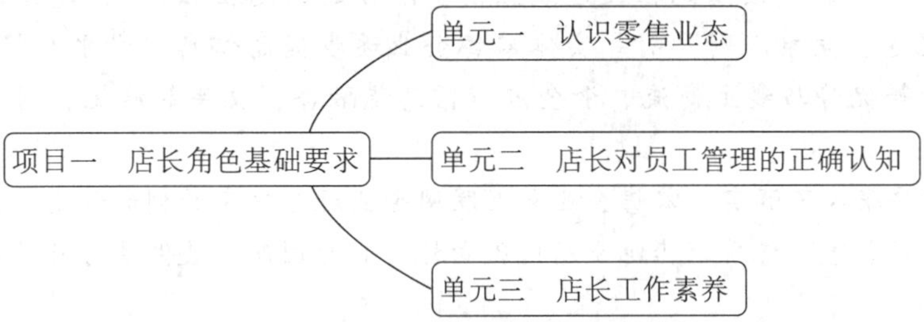

【项目导入】

初步认识“盒马鲜生”

盒马鲜生是阿里巴巴集团旗下以数据和技术驱动的新零售形态，致力于为消费者打造社区化的一站式新零售体验中心。截至2019年3月，盒马鲜生已在国内21个城市开设了线下门店，门店开设呈扩张趋势。盒马鲜生对线下超市进行了重构，开辟了生鲜、饮食、外卖、超市等不同的线上线下组合型业务模块。

1.“四不像”模式

盒马鲜生像一家超市，但在这个4 000平方米的购物场景中，设置了占地面积40%左右的餐饮体验区，可以生熟联动。从表面上看，盒马鲜生是一家门店，但门店背后还“隐藏”着一个物流配送中心，支持线上销售。其核心逻辑是“仓店一体”，既是一个门店，也是一个仓库。门店内的餐饮区可以强化消费者到店后的体验感，在消费者产生信任后，门店又能将多数快消品类通过App实现线上销售。

盒马鲜生设计的关键业绩指标有三条：

第一，线上销售单数一定要超过线下单数，因为再造一家传统超市没有意义。

第二，3公里内的线上订单量要实现每天5 000单以上。

第三，线下要为线上引流。

这家以“吃”品类为主的全渠道体验店，实现了线上和线下的双向流量整合。物流仓储作业前置到门店，与门店共享库存和物流基础设施，店内部署了自动化物流设备，可进行自动分拣，效率极高，基本能达到“3公里内30分钟送达”的及时配送承诺。

正如盒马鲜生CEO侯毅所说，盒马鲜生既是线下的超市、餐饮店，又是线上的电商和外卖，将线下的商品品质体验和线上的便捷性充分结合。

2.客户画像

盒马鲜生锁定的客户大概呈现如下特征：年龄集中在20至49岁之间，这部分人大多属于围绕家庭的互联网用户，需求度高。这个客户群体对商品的新鲜度和品质要求较高，看中服务，对价格的敏感度反而不高。

资料来源　营运者世界. 解析“盒马鲜生”新零售商业模式背后的秘密［EB/OL］.［2018-09-04］. https：//baijiahao.baidu.com/s？id=1610636575402213205&wfr=spider&for=pc.有改动。

案例启示：实体零售的创新转型发展一直受到国家层面的关注和重视。2016年11月11日，国务院办公厅印发《关于推动实体零售创新转型的意见》（国办发〔2016〕78号），明确了推动我国实体零售创新转型的指导思想和基本原则。同时，在调整商业结构、创新发展方式、促进跨界融合、优化发展环境、强化政策支持等方面作出具体部署。该意见在促进线上线下融合的问题上强调：“建立适应融合发展的标准规范、竞争规则，引导实体零售企业逐步提高信息化水平，将线下物流、服务、体验等优势与线上商流、资金流、信息流融合，拓展智能化、网络化的全渠道布局。”

我们需要深入了解实体零售企业和互联网企业近些年来的创新和变革，盒马鲜生以及带有“新零售”特质的其他业态内风向标企业的创新发展做法可作为我们研究的样本。

作为日后零售门店的管理者，我们是否已经明确将来所从事的工作业态是不是有前景？存在哪些机遇和挑战？针对我们将要从事的业态，是否可以先了解标杆企业的发展以及它们倡导的价值理念？我们日后的工作环境如何？组织氛围如何？我们日后每天的工作是怎样的——是朝九晚五吗？会很有活力吗？工作能挑战自我吗？我们自身要胜任门店管理者的工作，是不是从现在开始就要加强自身素质的培养，从现在开始就要有团队的概念和带团队的意识？对于以上种种疑问，相信大家在学习本项目之后会得出自己的答案。

单元一　认识零售业态

作为未来的零售门店管理者，我们急需正确认识零售业态，对这个行业建立起信心，更需树立对工作的客观评价。门店店长也称“连锁零售业职业经理人”，一般来说是受连锁经营企业委派，管理一个单独门店的管理职位的名称，是连锁零售企业下属直营门店日常营运的最高负责人。门店店长的工作，如果被某些人描述为“每天的工作内容简单琐碎且重复单调——拉排面、扫地拖地、拆货上货卖货”“工作没有挑战，不存在能独当一面的一技之长，每天和货物打交道，接触不到人，情商渐渐变低……”，那我相信：当下你应该还不是一名职业店长，这样的认知绝对无法胜任管理门店!

门店店长的工作直接关系到能否有效实施企业经营战略。店长是具体执行连锁零售企业总部经营目标的操作者，门店需要管理、经营的资产规模大小不一，大的门店资产超百万元，甚至上千万元，且不论经营管理资产规模大小、店铺面积大小，作为终端门店的领头人，他们的表现将直接影响到企业的生存质量和发展前景。门店店长是否胜任管理门店，关键在于他是否清楚自己所从事事业的前景，能否在日常工作中正确理解、把握和弘扬本公司的组织文化，凝聚员工，激发员工的积极性和主动性，带领团队创造运营业绩，为顾客提供优质服务，打造一支进取的队伍。

一、了解零售业态发展

根据智研咨询网发布的《2018—2024年中国零售业产业竞争格局及发展趋势研究报告》，零售发展整体呈现三个特点：一是销售规模增速加快。2017年，商务部重点监测的2 700家典型零售企业销售额同比增长4.6%，增速较上年同期提高3个百分点。二是企业盈利能力增强。典型零售企业营业利润和利润总额分别增长8.0%和7.1%，增速分别比上年同期提高6.5和11个百分点。三是主要业态经营回暖。典型零售企业分业态数据显示，专卖店、专业店、超市和百货店销售额增速分别为8.3%、6.2%、3.8%、2.4%，较上年同期分别提高6.6、3.3、1.9和2.7个百分点。

零售行业致力于提供满足消费者需求的产品，这是行业生存及发展的本质。零售行业未来的大趋势是企业利用互联网和大数据，以实体门店、电子商务、移动互联网为核心，通过融合线上线下，实现商品、会员、交易、营销等数据的共融互通，向顾客提供跨渠道、无缝化的购物体验。零售行业未来会以用户为中心，在技术的驱动下，在可塑化、智能化和协同化的基础设施上，依托新供应链，线上线下深度融合，重构人、货、场，满足用户需求，提升行业效率，实现“全场景、全客群、全数据、全渠道、全时段、全体验、全品类、全链路”的零售新模式。

1.技术会是零售发展的第一驱动力

新零售的产生本身就是移动互联网、物联网和大数据等技术日益成熟的结果，随着人工智能、AR/VR、生物识别、图像识别、机器人等技术更加成熟，应用门槛大幅降低，新技术层出不穷，部分领先的零售企业将不断应用最新的科技，提升消费者的全程体验，同时降低运营成本。

2.消费者越来越处于商业活动的中心

过去数十年，供给方或渠道方在市场中的主导地位在历次变革中固若金汤，但现在话语权已逐渐转移到了消费者手中。消费者成为商业活动的中心，成为市场的主导方。中国大规模的生产制造能力已经形成，消费者的主导权日益凸显，商家愈发重视消费者的需求和感受。80后、90后、00后正成为中国市场的核心消费群体，新一代消费者自我意识更强，消费态度和行为也更加个性化。他们更加重视购物过程体验，希望与品牌商及零售商建立交易关系之上的信任感和亲密感。他们对社交媒体发布的营销信息的接受度也明显更高，这使得产品和服务提供商在社交媒体上针对消费者的个性需求提升影响力方面拥有更大的发挥空间。

3.全渠道经营

传统的零售业以顾客的单渠道购物为主；互联网出现后，多渠道购物开始盛行；社会化媒体出现后，开始了跨渠道购物的尝试；移动社会化媒体普及后，人类开始进入了全渠道购物阶段。

在全渠道条件下，购物的主动权掌握在消费者手中，消费者可以借助各社交媒体对零售商终端进行选择，享受极致的购物体验。从零售商的角度来看，全渠道就是在多渠道的基础上，对各个渠道进行整合，让各前台、后台的系统实现一体化，为客户提供一种无缝化体验。从消费者角度来说，全渠道就是可以让消费者在一个渠道挑选产品，在另一个渠道进行比较，最后选择第三个渠道进行支付购买。

4.全域营销

全域营销即整合各类可触达的消费者的渠道资源，建立全链路、精准、高效、可衡量的跨屏渠道营销体系。全域营销是以消费者运营为核心，以数据为能源，实现全链路、全媒体、全数据、全渠道的一种智能营销方式。

5.场景化体验渗透产品和服务

首先，企业产品会根据场景设计功能，强化用户体验。比如你想坚持跑步，但是常常因为各种原因半途而废，这时候，你是不是希望有一款工具可以激励、督促你呢？这时微信就开启了微信运动功能，通过记录用户步数、和好友PK等模式进行运动激励。一个单纯的跑步运动，变成了一个包含诸多场景的运动体验。

其次，当产品体验不足时，企业会建立适当的服务场景打动客户。比如买房，如果客户看到的都是毛坯房，势必兴致大减，而看到样板房就会有“家”的感觉从而激发购买欲望。企业通过场景来打动客户的购买欲望，激发消费者的共鸣，促进了产品和服务的销售。

还有就是通过大数据分析预知消费场景，提升客户体验。通过消费者的大数据分析，企业可轻松整理客户需求，预判客户使用场景，优化产品和服务。

6.社区成为流量主要入口

在场地租金攀升、企业利润下降的大环境下，门店越开越小已成为中国实体零售不可阻挡的发展趋势，便利店、精品超市、社区型购物中心等社区商业将成为零售企业寻求转型升级的重要方向。伴随中国社区零售整合、全渠道发展进程的逐步加快，投资成本低、成熟周期短的社区零售必将成为支撑行业发展的重要推手。从长期发展来看，“小而美”的社区化零售业态将更符合新形势下消费市场的客观需求。社区作为线下主要流量入口的作用将愈发重要。

7.无人零售快速扩张

作为连接生产与消费的流通环节，传统零售企业对全供应链的控制能力较弱，信息传导响应不及时，供需错配导致企业库存高企、周转率低、商品同质化等问题不断加剧。目前，随着技术发展、人工费和租金的大幅上涨、基础设施的规模化和移动支付的普及，尤其是人工智能和物联网技术的飞速发展，无人零售已经具备加速发展的客观条件，加之资本入局，无人零售将进入快速扩张阶段。

各种新型的自动售货机，包括占领办公室的自动咖啡机、自动售卖冰柜，也将成为新零售形态中不可或缺的一部分。

8.重构供应链

传统的供应链是层级式的，低效且复杂。到了纯电商的供应链阶段，虽然是点对点的，但线上线下却是分离的。新零售将重构供应链，包括：（1）智能分仓。针对不同区域安排商品的种类和数量。比如蒙牛通过开设前置仓，将自己的爆款商品以最快的速度送入600万家小店，速度提升了300%，同时节省了两道经销商环节，时效的提升效果非常明显。（2）“以店为仓”。将门店作为仓库的载体，实现店仓结合。雀巢所采用的“实库虚库一盘货”就是典型的店仓结合，通过本地仓和门店发货，次日达和当日达的比例都得到了大幅提升。（3）柔性供应链。无论是商品流、信息流还是现金流，都需要快速响应。比如五芳斋的“C2B供应链”，让消费者选粽子的馅儿，选后快速反馈到工厂加工，快速配送给消费者。

9.数据驱动制造

数据驱动制造的主要表现有：（1）数据倒逼产能配置。美的以前是典型的工业化制造企业，多年来美的洗碗机在国内的市场占有率都不足1%，2015年阿里和美的合作，通过大数据分析判断洗碗机将爆发，帮助美的培育市场，生产定制款的洗碗机，2016年一年时间增长了1 900%。（2）数据驱动即时定制。亿滋联合天猫曾经搞过一个特别定制奥利奥音乐盒的活动，用户进行个性化选择后点击开始定制，从下单那一刻起就开始生产，省去了所有中间环节，从下单到收货时间可以压缩到7天。（3）数据打通产业链。2017年，鄂尔多斯打通所有库存，启动大数据逆向开发、备料、生产、推广、零售，月底天猫秋冬新风尚系列货品预售上线，以数据驱动生产。

10.新物种崛起

新物种崛起主要体现在以下几个方面：（1）借助App拓展门店覆盖范围内的线上到家业务；（2）提高生鲜比例，引入中高端生鲜；（3）设立餐饮档口，支持现买现做现吃；（4）调整布局和动线，增强用户体验；（5）商品定位精品化，客群结构年轻化。比如盒马鲜生和传统门店相比就具有以下几个明显的特点：一是生鲜面积显著增大，中高端品类丰富；二是增加餐饮区域，支持现买现做现吃；三是固定动线改为自有动线，顾客选择更自由。

在互联网革命背景下，零售业界正经历重大的转型，即由以商品销售为导向的传统商业模式转型升级为以消费者为主导的新零售模式。随着云计算、大数据、物联网和人工智能等技术在零售行业的广泛应用，传统零售业正在被快速重塑，而人才瓶颈成为零售企业进行转型升级所面临的最重要困境之一。

据埃森哲的调查研究，新零售在颠覆传统零售企业的组织架构和流程的同时，也在重构传统的人力资源模式，现有的员工难以适应新环境且缺乏及时进行自我调整的行动力，难以为企业在充满不确定性和挑战的竞争环境中赢得竞争优势，建议重新审视新零售的力量，特别是适应数字技术带来的颠覆性创新，加大在新零售领域的人才储备，尤其需要关注职业店长的培养，适应未来零售发展趋势，零售店长人才供应链亟待重构。

伴随中国经济步入新常态，零售业进入转型升级的调整期，通过互联网、大数据、人工智能等新技术的运用及经营模式创新重塑企业价值是行业发展的主流趋势。在创新原有商业模式的过程中，必然会涉及经营理念转变、价值链重新定位、盈利模式创新、组织结构调整等一系列变革，需要建立与改革相匹配的人才队伍。

店长是现代零售业的“银领”，是各类零售企业人才体系中的战略资源。如果没有高质量的职业店长人才，基于客户体验的管理创新就难以实现，现代零售业转型升级战略也将陷入困境。据广州连锁经营协会统计，在广州仅“职业店长”一职缺口就高达5万人，现代零售企业希望店长具有复合能力：用创新的方式营销，例如新媒体；用数据化工具运营，例如基于大数据优化品类；用具有美感的设计关注生活，例如场景设计；用贴近需求的方式激励团队、培养店员、发展人才。

零售行业未来的大趋势是不断创新、变革、发展，这场大变革离不开职业店长。职业店长是各类零售企业人才体系中的战略资源，职业店长是决定商业零售体系成长速度的关键，也是企业商业模式转型落地执行的锋线执行者。

知识链接 1-1

关于新零售

“新零售”如今还处在一个新的理念刚刚被正式提出并逐渐为人们所认识的阶段。“新零售”作为商业领域中的一个新提法，与此相关的理论研究自然少之又少，业内对其也没有形成统一的意见或认识。我们对阿里巴巴、京东、苏宁、国美等企业在“新零售”被正式提出后的一系列商业举动以及媒体宣传等进行综合分析后认为，所谓“新零售”，可以看作“企业以互联网为依托，通过运用大数据、人工智能等先进技术手段，对商品的生产、流通与销售过程进行升级改造，进而重塑业态结构与生态圈，并对线上服务、线下体验以及现代物流进行深度融合的零售新模式。”应该说，“新零售”的核心要义在于推动线上与线下的一体化进程，其关键在于使线上的互联网力量和线下的实体店终端形成真正意义上的合力，从而完成电商平台和实体零售店面在商业维度上的优化升级。同时，促成价格消费时代向价值消费时代的全面转型。

“新零售”——零售新模式，零售业态的未来从业者们，你们要清楚，零售业态是指零售企业为满足不同的消费需求而形成的不同的经营形态。针对特定消费者的特定需求，按照一定的战略目标，有选择地运用商品经营结构、店铺位置、店铺规模、店铺形态、价格政策、销售方式、销售服务等经营手段，提供销售和服务的类型化服务形态。

与其他一些已经或者即将被付诸实践的商业理念与模式相似，“新零售”同样有着自身的理论沿革。美国哈佛大学教授麦克奈尔于1958年提出了“零售之轮”理论假说，用来解释零售业态的变化问题，该理论指出，新兴零售商往往都会以“三低”(低成本、低价格、低毛利）作为基本策略进入市场，与原来的零售商展开竞争并占据优势，但是，在取得成功之后通常又会不断改善软硬件设施，以提高经营质量和服务水平，从而渐渐变成与其所替代的传统零售商一样也具有“三高”（高成本、高价格、高毛利）的特征，结果就会成为新一批同样采取“三低”策略的革新者进行攻击的对象。阿里巴巴集团旗下“淘宝”和“天猫”的发展历程就是现实生活中对上述理论假说的极好印证。如果仅仅从麦克奈尔的“零售之轮”理论分析，即使电商这种在一定时期内能够获得巨大成功的新兴零售形式也会由于流量成本的不断抬高等因素影响而使线上、线下的成本达到均衡，最终仍然摆脱不了零售业的“轮转之宿命”。不过，日本学者中西正雄于20世纪90年代针对麦克奈尔的“零售之轮”理论，提出了一套“新零售之轮”理论。他在对零售业态发展变化规律进行研究后认为，零售业内的竞争可以摆脱价格表象的影响，强调以技术革新为先导，使企业在物流配送、成本控制以及信息管理等方面获得提升才是零售业态发展前进的原生动力。可以说，中西正雄的“新零售之轮”理论正是阿里巴巴等企业以理念更新和技术革新为主线，努力推进“新零售”模式的一个重要理论支撑。

资料来源　杜睿云，蒋侃．新零售：内涵、发展动因与关键问题［J］．价格理论与实践，2017（2）．

二、认同组织文化

店长作为管理者，不仅对业态发展前景要有明确认知，而且对所在组织的运营管理机制要清楚，对品牌理念、消费人群要有深刻理解，对公司产品富有信心，这样才能给予店员、顾客以信赖感，才能激发店员的工作激情，才算具备带领团队的能力。

店长是一个门店的灵魂，我们需要店长对连锁零售行业的经营风格有深刻的理解，对组织文化、价值观有高度的认可，与组织有共同的愿景。只有这样，才能确保店长作为运营一线的管理者，真正做到上承组织各项政策与指标的执行，下承店铺日常经营管理，真正成为组织文化、经营政策的具体执行者和基层捍卫者。

组织文化是一种无形的力量，牵引组织的发展方向、影响员工的行为，它在组织经营管理过程中不可忽视。门店店长也要意识到：文化有凝聚力、导向性，作为基层管理者，自己首先要正确理解并高度认可，然后去思考——如何将组织文化建设落实到员工管理过程？是否可以通过组织文化的导向作用、凝聚功能、激励作用让门店的员工适应行业“大环境”（包括工作强度、角色冲突、人际沟通等），让员工身心健康，积极地调适因工作“大环境”带来的工作压力？

（一）关于组织文化

许多学者从不同角度阐述了各自对组织文化的理解。在有代表性的研究中，沙因和罗长海侧重组织文化结构，丹尼森和罗宾斯侧重组织文化内容或特质。

沙因（Schein，1995）认为组织文化呈现三个层次：可见事物层；价值意向层；基本假设层。

罗长海在《企业文化学》一书中提到：组织文化结构包括物质载体（细分为活动过程和活动结果）和精神内容（细分为精神现象和精神实质）两大层面。

丹尼森（Denison，1995）认为组织文化包含4种文化特质，每一种特质都有3个亚维度，总计共有12个维度，即工作参与（包括授权、团队导向、能力发展）；整体性（包括核心价值观、一致性、合作与整合）；适应性（包括创造性变革、以客户为中心、组织的学习）；使命（包括战略性方向和意图、目的和目标、愿景）。文化的核心是组织成员共有的信念和假设。

罗宾斯（Robbins，1993）认为组织文化包括下列组织要素：（1）成员认同的组织价值观；（2）群体导向；（3）以人为中心；（4）部门协作；（5）控制；（6）鼓励创新；（7）奖赏公正；（8）容忍冲突；（9）结果导向；（10）环境适应。

本教材在界定组织文化时，倾向于从组织文化的结构出发，界定组织文化涵盖以下四个层次：

组织价值观（核心层）：指组织全体成员认同的企业价值观，包括经营理念、社会责任感、管理决策和组织模式、人员等方面的价值取向。

管理制度及员工行为守则（制度层）：包括所有规范或者指导员工行为的内部管理制度、员工行为守则，以及组织成员共事过程中长期形成的人际交往准则。例如，考勤管理规定、员工内部晋升细则、员工手册，甚至是经常使用的语言，或者为了表达敬意和态度时举行的一些仪式。

组织内成员的行为表现（行为层）：指员工在工作过程中的实际行动。例如，对组织的各项工作乐于投入尽可能多的精力；信赖并且乐于接受组织的目标与价值观；对能够成为该组织的成员充满了自豪感等。

组织文化外在的物质表现（表现层）：外在物质表现是组织文化的物质载体，如企业的建筑物、文化室、俱乐部、电影院、图书馆、各种协会、企业刊物等。

多年以来，组织文化和组织效益的关系吸引了许多研究者的关注，有代表性的研究结论有：一些学者从战略的角度研究文化，提出文化是一种竞争优势资源；一些学者指出，组织文化对组织整体绩效的提高有重大的影响；一些学者发现，在一个竞争激烈的环境里，一个组织的软环境（如组织文化）会比组织结构、系统和战略这些组织的硬件环境对公司绩效和利润产生更大的影响。组织文化的作用能够通过个人水平直接观察到，其结果如承诺、资源分配决策、留去意向以及公司吸引力等。

科特和赫斯科特通过对美国200家公司长达11年的研究，指出组织文化特征对于一个公司绩效的持续增长有着显著的作用，见表1-1。

表1-1 **组织文化特征对公司绩效的作用**

有明显企业文化特征的公司	无明显企业文化特征的公司
平均增加企业年收入682%	平均增加企业年收入166%
员工增加282%	员工增加36%
股价上升901%	股价上升74%
净收入增加756%	净收入仅增加1%

丹尼森论证了一套组织文化和绩效的关系模式。模式中的4种文化特质（工作参与、整体性、适应性、使命）分别与公司的某些绩效指标（如全面绩效、市场份额、销售增长量、收益率、员工满意度、产品和服务质量以及高新产品的研发）明显相关，不同的文化特质能够预测不同的绩效指标，见表1-2。

表1-2 不同组织的文化特征与企业绩效指标的对应关系

组织文化的特征	属性	影响的企业绩效指标
使命和整体性	稳定的特质	经济绩效量度，如资产收益率、投资收益率、销售利润
工作参与和适应性	弹性的特质	产品研发和创新
整体性和工作参与	以内部发展为中心的特质	质量、员工满意度和投资收益率
适应性和使命	以内部发展为中心的特质	营业收入、销售增长量和市场份额

彼得斯和沃德曼认为，强文化是绩效优异的企业的重要特征。原因包括：(1) 强文化通常能促进战略与文化的良好匹配，这种匹配非常有利于组织战略的执行；(2) 强文化可能会导致员工对组织目标的认同，即组织成员追求同样的目标；(3) 强文化能够激励员工，使其致力于组织的发展与成功。

作为零售门店未来的管理者，我们在各自组织文化的引领下，如何去推动组织内部管理方式、团队激励方式，顾客及伙伴的关系如何维系，这些都是将来要思考的问题。

作为职业店长，我们清楚零售业态发展至今越来越重视顾客体验，讲求“产品质量+服务质量提升”双管齐下，注重增强顾客黏性，那我们是否意识到：(1) 所负责门店的每一个成员对增强顾客黏性都至关重要，因为门店成员直接接触顾客，其服务意识、工作质量会在很大程度上影响企业的形象、门店的业绩。组织内部各级管理者们，你们是否重视门店店员？是否可以从组织文化层面像永辉超市那样在核心价值观中郑重写出：服务我们的顾客、照顾我们的员工、善待我们的供应商、回报我们的股东——让员工真切感知到他们对组织的重要性；共享成长、共享收获、共享未来——让员工感受到组织把他们当成“内部客户”，增强他们对组织的黏性。(2) 虽然我们知道，不是所有组织都可以复制合伙人制，但我们作为店长要意识到：在零售企业，简单的物质激励对员工激励作用不大，并且因为对于连锁零售企业而言，一线店员总量庞大，即使少量、简单的物质激励也会是一笔巨大的开支，所以是不是可以从心理契约和社会交换的角度来思考零售企业如何创新“内部客户”激励机制。(3) 作为职业店长，我们要时刻思考，所负责的门店采取的激励措施是不是符合一线员工的偏好和心理诉求，是否足以提高员工的工作满意度、降低离职率。

知识链接1-2

心理契约理论

当员工加入组织时，员工会与组织签订劳动合同（或其他形式雇佣协议），该合同或协议的条款包括员工和组织的相关权利及义务，这种形式的文本被称为法律契约。然而，当员工与组织的交换性协议是不成文的形式时，这种文本就被称为心理契约。同法律契约一样，在心理契约中，员工期望有所获益，以换取他们付出的劳动和对公司的贡献，员工易于自发形成这些信念和期望。

员工可以通过三种主要方式，获得心理契约的条款。第一，员工可以通过与同部门员工、主管和其他部门员工沟通，获得与组织相关的期望、义务和结果的信息。第二，员工可以通过观察组织中的其他人获得关于心理契约条款的信息。第三，组织可以通过与薪酬福利体系、绩效评估和薪酬调整提供关于心理契约条款的正式信息。

心理契约理论考察了员工对他们的组织所持有的交换信念。员工更倾向于自发形成不成文的信念和期望，即他们应该会从组织中得到什么以回报其对组织所做的贡献。通常来说，这些知觉并未与组织共享，只存在于员工的心里。因此，组织可能没有提供员工所期望的结果。如果员工没有获得他们心理契约中期望从组织得到的结果，那么会导致员工消沉的态度和行为。

为了减少员工失望的可能性，管理者应与员工就其对组织的贡献及从组织中得到的回报所秉持的不成文期望进行交流。如果可能的话，管理者应分享组织对员工的不成文期望以及预估组织能够提供的回报，当条件允许时，帮助组织实现不成文的员工期望。但如果条件不允许，管理者应与员工一道来改变或重新修订他们对于组织的不成文的交换信念，以便他们的期望接下来可以实现。

资料来源　迈尔斯. 管理与组织研究必读的40个理论［M］. 徐世勇，李超平，等，译. 北京：北京大学出版社，2017.

（二）如何让组织文化凝聚人、影响人

1.塑造让全体员工认同的文化价值观，让组织与员工成为利益共同体

在组织中，许多员工对组织价值观的认识存在偏差或者不理解，并且组织价值观建设“两层皮”现象十分严重，说一套做一套。就拿“尊重人才”来说，100%的被调研企业都提出了这样的价值观，但是真正行动起来，却发现员工培训、薪酬福利、发展通道等都存在很大的问题，这样一来，员工对文化价值观的不认同就产生了，并且导致员工对组织的反感。

建设让员工认同的文化价值观，让组织与员工成为利益共同体，不是一件简单的事情。这不是管理层“拍脑袋”的行为，或是光想着通过几次文化活动、几句文化口号、几种文化仪式就能轻松解决，就能让员工认同。要想建成让员工认同的文化价值观，组织必须做到：

第一，组织价值观要平衡外部发展与内部凝聚，不能只讲发展，不考虑员工情感。

第二，在文化管理过程中，不能光把文化价值观“挂在嘴边”“立在墙上”，必须考虑文化价值观的“落地”问题。价值观“落地”过程要注意三个要点：制度保障、员工行为引导、建立沟通反馈机制。

塑造让员工认同的文化价值观，可以培养员工对组织的认同，让员工真正产生与组织休戚与共的感情，这样员工在组织中的幸福感才会增强，员工的心理压力自然可以得到释放。

2.注重组织文化价值观的引领作用，让员工形成心理定式

文化建设应该通过深植阶段将价值观固化到人员管理工作中，切实体现文化价值观的引领作用。员工应该通过价值观了解：组织提倡什么？反对什么？组织欣赏的优

秀员工是怎样的？作为企业的员工应该具有什么样的思想、感情和作风？组织环境层面对自己的要求是怎样的？这样就可以形成心理定式，这会对员工今后的行为发挥指导和制约作用。

3.利用从众心理，发挥组织文化价值观的凝聚力，让每一个员工都融入组织环境中来

从众是在群体的影响下放弃个人意愿而与大家保持行为一致的心理行为。在组织当中，动用一切可宣传的武器，大力宣传本企业文化价值观和员工心理健康方面的知识，主动利用从众心理，促成组织成员行动上的一致。一旦这种行动局面初步形成，对后进成员就构成了一种心理定式，促使他们改变初衷，与大多数成员一致。当员工很好地融入组织环境时，工作中出现的一些压力就不会产生无法释怀的状况。

4.营造关注员工的文化氛围，及时了解员工不同时期的心理需求，并化解员工的心理困惑

关注员工，首先要了解员工。作为管理者，了解员工需求是了解员工的首要任务。马斯洛需求层次理论提出，人的需求大致分为五个层次：生理的需求、安全的需求、归属的需求、被人尊重的需求、自我实现的需求。员工在工作中的需求一般体现为：合理的报酬、稳定合适的岗位、领导同事的认可、人际关系的和谐、公平的竞争环境等。

作为管理者，营造关注员工的文化氛围要做好两件事：

第一，了解特定时期员工的真实的心理需求后，管理者首先要辨识不切实际的员工需求与可满足的员工需求。

第二，针对员工不切实际的心理需求，要及时沟通反馈，化解员工的心理困惑。

如果员工的心理需求不切实际，当员工付出行动之后，公司没有满足他预期的需求，同时得不到公司及时的帮助与开导，员工就可能会积怨在心，产生心理问题。针对员工不切实际的需求，管理人员需要做好说服和教育工作，而不能放任不理甚至作出批评指责，这样就会加重员工的心理负担。

第三，针对可满足的员工需求，管理者需要把员工需求与公司的发展战略、发展目标、绩效考核等有效结合起来，就能使员工充满职场热情，在满足最高层级需求——自我实现需求的同时，促进组织发展。

拓展阅读：从永辉超市的发展历程看文化引领组织变革

技能训练1-1

■ 主题：作为未来的零售门店职业店长，你们了解行业内风向标企业的组织文化及其门店经营管理行为吗？

■ 要求：参照《从永辉超市的发展历程看文化引领组织变革》一文，请各团队搜集行业内某个风向标企业（如盒马鲜生、海底捞等）的相关素材（可以包括公司的组织文化、发展历程、相关制度或商业模式、创新发展、经营管理行为等方面的相关报道），并对其进行具体解析，整理成案例分享的材料。具体要求为：（1）整理成单独的Word文档；（2）必须标明资料来源；（3）3 000字左右为宜；（4）以团队名义在班级内进行任务成果分享。

■ 方式：通过互联网搜集信息并将其整理为案例材料。

■ 考查要点：（1）信息搜集及资料整理的能力；（2）文字处理软件Word的运用

能力；（3）信息分享的能力；（4）团队成员协作的能力。

三、零售门店店长岗位工作认知

编者所在学校工商企业管理专业与零售企业（如天虹、永辉、名创、西遇等）合作培养职业店长，在门店进行调研访谈时，我们总会听到这样一些声音：工作中的加班、熬夜，对身体超级不好；每天忙得焦头烂额；今天淡场，总觉得无所事事，一天慌得很；门店工作怎么总是在搞卫生；门店工作都是在跟货打交道，让人情商都变低；我们读完大学还去门店工作跟现在门店里的初中生、高中生有什么差别，不都是在铺货、熨衣服、搞卫生……

那么正常情况下，到底可不可以准点下班？是真的忙得不可开交还是瞎忙？门店工作是不是真的没什么挑战？大学生在门店工作和同门店的初中生、高中生是不是可以产生不一样的效能？其实要回答这一系列问题，关键取决于在门店工作的这些年轻人是不是真正对零售门店店长岗位工作有准确、客观的认知。

（一）做一名优秀店长不简单

作为零售门店店长，我们可以通过借鉴优秀店长的日常工作，了解运营、管理店面的一些细节，并在日后工作中不断地提升自己的工作效率。由图 1-1 我们可以看出，店长的工作并不简单：一名优秀的店长，不仅是一个门店的运营绩效的主要负责人，更是一个团队的意见领袖及核心。

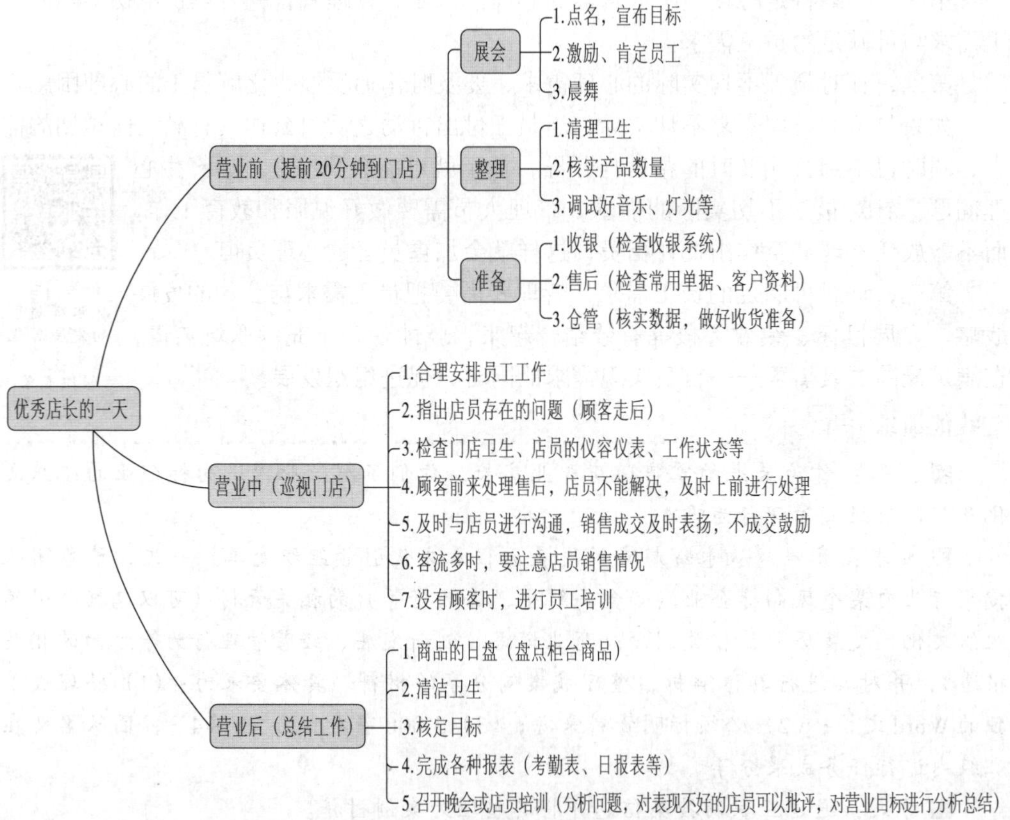

图 1-1 优秀店长的日常工作

首先，做一名优秀的门店店长，要把每天细致的工作安排得井然有序。营业前，布置店铺、召开晨会、整理用品等各种准备工作都得有序进行；营业中，要注意观察现场气氛，了解店铺的状态，对店员及时表扬、及时鼓励，随时观察店内的整体情况，没顾客时要进行员工培训，或者对竞品进行情报搜集等；营业后，总结工作、日盘商品、清洁卫生、核定目标、完成各种报表，召开晚会或店员培训，分析存在的问题，做好第二天的工作安排等。

其次，做一名优秀的门店店长，要知道所负责工作是全方位的，你不能只是卖货的高手，这种顶多算是“金牌销售”。店长要兼顾各方面，如员工排班、营业销售目标的设定、门店店员激励、卖场整洁及氛围营造、门店顾客维护等。能否成为一名优秀的门店店长，我们往往可以从以下方面去评判：（1）门店日常管理是否有序？服务质量能否保证？（2）门店运营是否流程化、规范化？管理表单是否科学有效？有无系统的标准化管理工具？管理标准是否可以执行落实到位？（3）门店员工技能是否符合岗位职责要求？门店员工培训是否符合需求？（4）门店团队凝聚力如何？员工团队协作是否顺畅？团队的集体主题活动是否顺利开展？是否有吸引力？（5）门店员工工作情绪如何？工作态度如何？是否有激励机制推动员工？（6）店长是否将沉淀经验形成标准？店内突发状况频率如何？（7）门店管理人员是否有时间或精力投入经营分析？（8）门店各类绩效目标实现状况如何？

由此看来，做好店长不仅需要有足够的专业知识，业务能力突出，还必须要有一定的管理能力及领导能力，能带好团队，运营好门店，这是一项挑战性很强的工作。

（二）门店员工管理——职业店长关键工作

不管技术与商业模式如何变革，人、货、场始终是零售门店工作的基本要素。门店员工管理这个模块将主要讲述“人”这个门店工作基本要素中对应的内部员工管理环节。

在门店工作中，员工的管理及培养工作非常关键。作为未来的职业店长，你将带领一个团队共同经营或管理一家门店，你的团队成员是否稳定？团队成员的工作热情、积极性如何？你们是否能完成各项业绩指标？组织和个人是不是可以协同成长？这些都涉及店长的管理能力或者说带领团队的本事。

进入门店工作后，你们会发觉员工管理方面有很多难题等待我们去解决，从组织人力资源的“选—育—用—留”角度，我们列出了一些有代表性的、常见的员工管理过程中出现的现象或问题（如图1-2所示）。

步入职场后你会发现，门店员工管理还挺难。因为一直以来，传统零售业运营一线员工学历相对较低、年轻、流失率高、个性明显……你作为门店店长，是否可以带领他们创造业绩，激发成就感，让他们信赖你，这些都很有挑战！注意：一定是带领团队一起工作，而不是自己做好了就可以，这时候不是看你单枪匹马工作的能力，不是拼你个人技术、个人业绩，而是领着大伙一起干，你需要为整个团队负责。

认识到零售门店员工管理这项工作所具有的难度和挑战之后，我们再看一下店长在员工管理方面具体需要做哪些工作。

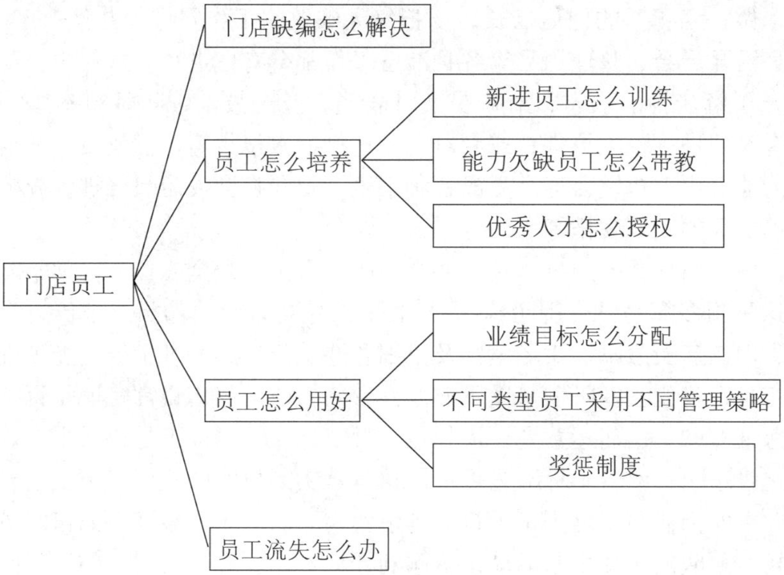

图 1-2 门店常见员工管理问题

（1）店长在“人”这方面的首要工作：力争做到组织—门店—店长（管理层）—店员价值观念的高度融合，关注与公司文化高度一致的门店价值观的引导落地。

店长在价值观念引导落地的这一环节，可以参考立标杆、树榜样的方法。在立标杆时，注意符合门店发展方向、工作规范及标准，进而寻找员工行为亮点。在树榜样时，可以寻找英雄人物、明星员工甚至是反面事例。

例如，公司倡导的文化理念中提及希望员工积极主动，这时门店店长需寻找员工行为亮点——小张任劳任怨、经常主动加班到晚上11点，思考一下这可以成为标杆吗？门店店员会认可吗？注意：人效提升是目前零售业态对门店的一项关键要求，如果店长将此行为列为标杆，那么也就给店员一个信号，主动加班才会被赏识？但是为何要加班呢？店长就不能考虑如何让我们店员在正常工作的时间内提升工作效率吗？由此可见，这种行为不能列为标杆，因为它并不契合门店发展方向，不符合工作规范及标准。

在具体操作时，树榜样提到可以采集反面事例，那么反面事例采集后，门店店长怎么操作呢？公之于众还是私下沟通（涉及反面事例的性质或严重级别）？如何选择合适的时间？流程如何确定？如果以此为戒，需要解决问题，那么是否需要绩效指导（分析指导及行动计划）？

（2）关注店铺人员配额及结构。门店店长需要时刻关注：店内成员数量是否合适？短期内是否有动态变化？团队成员的梯队结构是否合理？这些直接关系到门店业绩、门店工作效率、门店的加班情况、团队成员的工作积极性等。

（3）门店店员的培养。想象一下你去购物，店员在与你交流时对产品性能、材质等不熟悉、不专业，表达不连贯，言辞不恳切，语气不肯定的话，你会怎么想？你还会有消费的信心吗？因此，门店店长首先要把好店员的基础技能训练关，包括：店员对公司、对产品或服务的信心；店员对产品知识的充分了解；店员对基础服务的熟练程度等。要求店员努力学习，并且力争成为产品及服务方面的专家。其次，店长要为店员的成长做充分考虑，培养店员懂顾客、懂生活，使店员与顾客有谈资，自然而然不用去强推商品，业绩也能做起来。另外，在移动互联网时代，我们的店员也可以运用自媒体，做好社群营销，真正做到营运队伍的自我赋能。最重要的是，店长要有意识地把团队成员培养得会玩有趣，这样工作有意识，生活有乐趣，自然团队凝聚力就提升了。由此可见，培养员工可不是件简单容易的事。要系统思考新员工入职前一段时间（一般5~7天）需要培训什么内容？老员工带教新员工，有哪些带教技巧？店面核心骨干又该如何培养？

（4）门店团队的激励。店长需要了解每个员工的性格特点，甚至兴趣爱好，懂得如何去激发他们的积极性，针对不同类型的员工实施对应的管理策略（有的关注收入，有的关注个人成长，有的关注发展平台等）。同时，店长在激励队伍的过程中，还要懂得用制度去激励人，通过内部制度建设来规范门店员工管理。

（5）跟店员做好工作沟通。例如，门店首要关注的是业绩目标的完成情况，如何将业绩目标在门店内部进行分解、分配？如何实时跟进业绩目标的达成？如整体业绩目标未达成，如何全员复盘？如整体业绩目标虽达成，但仍存在部分未达成目标的人员，如何面谈及沟通，寻找解决对策？

（6）与店员相关的一些日常事务处理。比如新进店员的入职指引，试用期店员的考核工作，店员的调动、晋升、降级、离职处理等。

（三）店长在门店运营中的关键角色

目前是一个变革的时代，是一个商业模式不断创新的时代。新零售模式在逐步颠覆传统的零售模式，许多新技术手段也在改变传统的零售管理模式，当下我们要思考和关注：如何培养适应新零售发展的优秀店长？在过去，电商与实体零售是相互独立的，如今新零售将二者进行融合，要融合，就离不开实体店。目前要做好实体门店，既要等客上门，又要主动开发客源；既要关注顾客共性需求，又要关注个性需求；既要优化传统的品类管理模式，又要注重重构场景化方案；不能只做到店模式，还要做全渠道模式。

在新零售时代，店长无疑是一个充满压力的职位，对自己店内的商品和服务，店长要最熟悉，既要率先垂范，又要培养店员的服务意识，还要关注市场环境的变化，及时调整销售方式跟商品品类，这些都特别考验店长的能力。试想：一家连锁零售企业，无论其拥有的门店有多少，作为公司老板或高层管理团队成员都不可能经常到店指导工作，即使是区域经理也不可能每天到店巡查，因为他们还要统筹区域的发展规划，他们不能代替店长去做门店现场运营。所以，一家连锁零售企业若是能从激励方式上让店长感受到自己是门店老板，店长若是能把门店当成自己的，必定能真正关心门店的经营，会想方设法改善自己的管理措施，会主动分析市场的变化，给公司提供更多的可行性建议。因此，为了让门店店长找准自己的角色定位，我们首先得明确，连锁零售发展至今，门店店长不再是销售者，而应该是有经营者心态的管理者。对于门店而言，店长是灵魂人物，相当于指挥身体各部分活动的大脑；对于公司而言，店长既是桥梁中枢，架起员工与企业、企业与顾客之间上传下达的桥梁，也是树干，枝叶（员工）通过它输送光合作用产生的葡萄糖，树根通过它输送水分及其他营养元素；对于市场而言，店长是眼睛，将外界信息及时地反馈给公司及员工。

那么对于一个门店而言，店长到底需要承担哪些方面的角色呢？

1.代表者

店长是公司门店的代表，代表了公司整体的形象，必须站在公司的立场上强化管理，对门店的整体经营效益及店铺形象负责。店长作为一名代表者，需与顾客、员工、内部职能部门及社会有关部门（商场、街道、市场监管、税务、消防等）建立联系。

对顾客而言，店长代表门店处理相关事宜主要体现在顾客关系的协调中，比如退换货等服务纠纷。要协调好与顾客间的关系，处理问题的同时既要站在公司的立场为公司争取利益，也要站在顾客的立场设身处地多为顾客着想，能让顾客满意而归，这样的形象才是门店所需要的。

对员工而言，店长是员工利益的代表者，是门店员工需要的代表者。店长负责门店的经营与管理，对门店的运营必须了如指掌，才能在实际工作中做好安排和管理，发挥最大实效。

对内部职能部门而言，店长是一条连接本店与组织内部横向协作部门的纽带，门店能否取得各职能部门的高效协作，往往取决于店长在工作中能否与各部门互相沟通、配合。

对社会有关部门而言，店长代表公司形象，门店与所处商圈的联系非常紧密，因此店长需要掌握商场或街区相关负责人的联系方式，听取商场或街区负责人对本店的意见，并及时反馈给区域主管及公司相关部门。需要注意，店长代表公司与社会有关部门（消防、市场监管、税务等）接触及沟通时，仅可代表公司做初步接触，清楚对方意图后要及时上报区域主管及公司相关部门，不可做任何承诺。

2.执行者

作为被公司总部指派管理特定区域门店的人员，既需要接受总部安排的任务，也要管理好门店工作人员及店内大小事务。

公司的人事制度、营销计划、价格政策，以及对门店日常工作的基本要求，都必须通过店长来分配、执行和检查。相对较大的门店，公司的营销部门会针对门店的某些部门下达指令，但这些指令通常也必须通过店长才能落实到具体的品类。这是保证门店整体性的基本要求——既要能满足顾客需求，同时又必须创造一定的经营利润。对于公司的一系列政策、经营标准、管理规范、经营目标，店长必须严格地执行。

3.规划者

为了实现公司确立的经营目标，店长应对店铺的经营管理活动进行规划，如月度经营计划、促销计划、具体的行动计划、每周业务管理重点、每日常规工作的计划等。例如，店长对于每日常规工作的计划可以围绕以下七个方面展开：（1）卫生清洁与检查；（2）早会；（3）顾客意见处理；（4）当日业务总结、信息整理；（5）设备与卫生整理、货品盘点；（6）晚课（一天工作总结）；（7）做好财务记录。

4.模范者

店长应该是工作态度和能力方面的模范，凭借着现在大多数人都不甘示弱的心理，员工也会开始学习做得更优秀并且会更有动力，店长也有足够的影响力去安排员工工作，员工也会因此心服口服，甚至是任劳任怨。

店长作为模范者，关键时刻一定要说干就干、有效执行、监督落实、不断完善工作方法，并且不断地充实自己，通过对行业的正确认识，指导员工做好店面的工作，与此同时管理好整个店面。店长平时要做好表率，在工作态度、工作纪律等方面起到模范带头作用。只有这样，才能不断激发员工的工作热情和创造力，实现店面的销售目标。

5.激励者

工作流程的固定性会让长期从事零售行业的人觉得沉闷枯燥，或者总会让人觉得工作简单、重复、琐碎。店员工作状态不佳，店长若是能及时拍拍员工的肩膀，说些鼓励的话，甚至做一些出人意料的激励行动，就能缓解店员的这种倦怠感。相信好的店长是可以通过一定的激励手段，调节好工作气氛，让大家更加活跃地工作，向顾客展示优良的精神状态。

有激励才会有动力，懂得激励的店长，才能激发员工奋发向上。我们经常说从店面的状况可以看出一个店长的性格，一个性格开朗的店长带出的门店是积极和欣欣向荣的，相反一个死气沉沉的门店的背后一定有一个不是很“阳光”的店长。

好的激励制度可以保证店员升迁的公平性，有利于增强员工凝聚力，促进和谐，减少员工辞职状况，并有利于政策推行。

优秀的店长应该懂得让员工更加热爱这份工作，然后为之更加努力。激励者的角色可以让员工在取得奖励后有成就感、竞争感，从而更加努力、主动地去工作。

6.教导者

店长是一个教导者，有的店长常常抱怨现在的员工不听话，管理人员水平也不够，往往还会将原因归结为公司人力资源部门的培训不够。其实门店的员工或基层管理者的培训，最好的方式就是现场培训——随时、随地指导。店长也要将自己长期的经验总结出来，这是店长自我提升的一种方式。同时，店长培养出来各方面人才，也是建立职场关系的一个好方法。总之，不会培训人的店长不是好店长。店长的“教导者”角色适用于团队里的每一个员工。作为一个门店的最高领导，店长有责任也有义务教导好每一个下属员工，继而打造出一个具有超强战斗力的团队。门店店长可以围绕以下方面展开对员工的教导：（1）组织文化、门店管理制度、安全消防等关键且基础的培训。（2）培训员工的岗位适应能力：一方面进行业务培训，让其迅速掌握职业技能，在日后的工作中能够得心应手，更好地为公司服务；另一方面进行工作经验的传授（工作经验包括工作中可能出现的问题及应对对策、工作效率提升方法等）。（3）员工成长和发展规划：店长在“教导”员工获得专业知识和经验的同时，也要进一步为员工做好明确的职业发展规划。懂经营、懂管理的店长，在员工的“教导”方面都会制订一个明确的培训计划。通过在工作中与员工进行沟通，以及长时间观察，店长对每一个下属员工的专业特长和性格特点都应该有比较深入的了解。

7.控制者

店长是门店最高的执行控制者。为了让店里的营运水平更高，店长除了执行公司层面政策制度，还得管理好店内人员以及控制好店内大小事务。店长的控制者角色体现在人员控制和财务控制两个方面。

（1）人员控制。店长对人员的控制，主要体现在日常的工作当中。店长必须对团队成员的工作状态、思想动向有一定的把握，要及时和团队成员进行沟通，提前做好员工的储备工作，防止人员的突然流失影响门店的正常运营。

(2) 财务控制。财务控制是店长在门店日常管理中最重要的工作之一。店长必须对本店的营业收入清楚明了，同时要考虑如何控制成本和费用。对物品的控制，主要体现为店长对门店的运营规划是否合理。例如，什么季节提供什么样的货品，其库存量应该保持多少最合理。同时，合理分配各项资源，充分利用闲置资源，并且正确认识到在某些工作环节中做到节省的同时也就实现了盈利。这些问题都是店长应该考虑并加以控制的。

8.分析者

店长作为分析者，需要不定时地对门店进行“诊断”，取得相关分析数据，通过对分析数据的研究一方面可以清楚门店的经营情况（知道门店赚在哪里，亏在什么地方，损耗是否过高），另一方面可以把控门店的发展方向。店长掌管门店的人财物、进销存，这些方面哪里存在不足，怎样下手去改变，都需要有一些客观依据，而对方方面面分析所得的一些数据正好就是门店管理改进的客观依据。

店长作为分析者，首先需要对店内的日常销售数据、顾客消费客单价、会员满意度，以及人员流动、库存、商品损耗等数据进行对比分析，以便及时掌握门店业绩、顾客消费行为、会员对服务的感受、人员异动、商品情况等，从而进行合理的目标管理、促销管理、客情维护、人员配置等。例如，新开业的门店在试营业期间，门店活动对周边消费者产生的影响力，日平均、周平均、月平均客流量和进店率，以及产品的销售量等数据的分析既能提升管理层对新店发展的认知，又能为店长提供客观的销售信息，有利于及时规划调整新开业门店的经营。另外，分析门店销售数据，对于了解当地消费者的消费习惯和爱好也起到了十分重要的作用。

店长作为分析者，还要对竞争品牌门店进行分析，店长应善于观察和搜集与门店运营管理相关的市场信息。“知己知彼，百战不殆”，商场如战场，品牌与品牌之间的竞争较量也需要用客观数据作为支撑。店长如果不去分析周边竞争品牌专卖店的销售和发展情况，在对市场一知半解的情况下，只知道盲目经营的后果，必将会被熟悉你的对手品牌追赶超越。另外，门店附近同行的客流情况、产品品类、产品或服务价格，门店所处商场的最新动态（如柜位调整、撤柜情况、促销活动等）都应及时了解。

综上所述，我们在充分了解店长一天常规的工作内容，清楚“人—货—场”这个经营管理门店的主线，了解“人”这个模块对一位店长的考验之后，相信大家不会再有先前的认知误区。

单元二　店长对员工管理的正确认知

一、门店店长为什么要学会管人

一些门店店长在工作中带领团队经营门店时，会遇到这样一些困惑或者对着员工发牢骚：我们门店的店员一天到晚，自己不知道该干什么，一点儿都不积极主动；他们不知道怎么回事，一件事情反复做多次都做得不好，教也教了，骂也骂了，但是根本不管用。有些店长心里的想法是：反正教也教不会，花时间告诉他怎么做了，他还是做成这样，还不如自己做得了。在沟通工作时，也经常会出现店员听错、会错意的情形，明明跟员工不是这样说的，为什么他们就听不明白呢？在店员流失方面，也是经常不明白员工为什么要走，干得好好的，而且很快就能接店了，不明白他是怎么想的……

其实门店店长带团队时遇到上述这些问题，都是自己在员工管理中出现了一系列问题所致。员工在工作中对领导、对工作、对公司、对团队的感知会直接影响到门店人员的稳定性以及工作效率，这些方面的感知关键取决于店长在门店运营管理过程中的成效。比如说，店员对工作感到很茫然，是否应该归结到店长工作出现问题所致呢？如果门店可以针对员工设计出一套成长方案，那么员工就不会茫然，就不会因为短期内的重复劳动而放大到看不到成长方向。

综上我们可以发现：门店店长必须学会管人的一些技巧。作为门店的最高执行控制者，作为现场运营管理的责任人，店长仅仅是精通业务只能说是个人能力强，而我们需要的是不仅能经营管理好门店的生意，还能协调好各方面关系的人才。门店店长要力争做到：懂用人而不是“事必躬亲”，通过员工去完成工作任务，这是管理者的首要任务！合格的、聪明的店长会花更多的时间来关注如何用人，而不是总想着如何让自己更完美！店长不是单纯的技术员或业务员，如果不会用人，他就只是个好的业务骨干而已！

各方面关系当中非常重要的就是与门店内部员工的关系。例如，门店缺编后人员补位的问题、员工工作技能不足的问题、店长与下属工作沟通方面的问题、店内工作授权的问题、违纪员工现场处理的问题等，这些问题不能等待公司职能部门（人力资源部）来解决，店长必须主动学习管理“人”的相关技能，并且在店员选拔、店员培养、团队激励、店员考核、店员异动等方面必须和公司人力资源部门高度协作。

目前多数门店店长的基本任务是完成目标任务，因此他们在日常工作中更注重具体的工作流程和结果。然而，要想成为一名出色的店长，必须在完成目标任务的基础上，掌握一定的人员管理技巧：选聘员工，有计划地培育员工，用人过程中通过有效的激励、良好的沟通等留住员工，使门店在完成目标任务的基础上实现可持续发展。店长角色应从对“事”的管理渐渐转到对“人”的管理上来。

二、门店店长要客观了解你的管理对象

编者所在的学院跟零售企业有比较密切的校企合作关系，也经常听到合作企业的一些管理者跟老师倾诉他们所遇到的难以理解的一些现象。例如，“80后找工作有自己的方向或目标，而现在的学生经常会说‘我来这里是因为有同学在，所以我陪他过来……’。”“既关注工资又不明白获得高工资需要付出什么样的努力，与成长环境关联，得到东西太容易……”“消费透支情况非常严重，应聘时带着疑问，工资是不是10号之前发，因为10号要还花呗……”“很想创业当老板，但当老板之前该有的历练、辛苦都不愿接受……”如此种种，似乎都给我们零售企业门店店员贴上了“糟糕”的标签，因此门店店长也感叹：队伍难带！既然不好带，店长岂不是更应该想方设法来解决这个问题呢？

目前门店店员基本上都是新生代员工，90后甚至可能是95后。“新生代”是区别于20世纪六七十年代而出现的一个名词。

牛珍（2011）指出：相较20世纪六七十年代的员工而言，新生代员工成长环境普遍优越，接受过良好教育，形成了多元价值观。尤其是知识型新生代员工对不同职业领域的渴望，致使他们成为组织忠诚度较低的一代。

王丽霞（2013）在《新生代员工组织忠诚度形成机制研究》一文中提到：新生代员工的组织忠诚度可以通过离职行为来反映。调研结果显示：近三成在岗新生代员工有意尝试新的工作，他们表示“在新的工作机会面前一定会努力尝试，争取让自己有更好的发展机会”。

编者曾对新生代员工的职业心理特征作出过如下描述：

（1）心理特质方面：新生代员工表现出不喜欢被约束，喜欢做自己感兴趣的事；由于接受的新生事物多，他们更有朝气，更有闯劲，敢想敢干；由于独生子女居多，他们自我意识浓烈；被呵护着成长，他们抗压性较低。

（2）对组织的期望方面：新生代员工生活在物质丰富的时代，他们更注重工作能否让他们实现自我成长；他们成长在民主的家庭氛围中，因此在步入职场后，他们希望遇见真诚且有关怀心的伯乐，希望能参与组织建设及发展；源于自我意识及宽裕的成长环境，他们对企业的依赖性低，向往自由与不被约束。

（3）能力方面：新生代员工成长于经济飞速发展、新技术迅猛兴起的时代，他们对新生事物有敏锐的感知，接受能力强，动手操作能力强，创造力和想象力丰富。

相较20世纪六七十年代的管理对象，新生代员工身上具有很明显的特质，具体的表现和原因我们尝试分析如下：

第一，新生代员工对未来的期望较高，喜欢有挑战性的工作，新生代员工由于受教育水平相对较高，对相关知识与专业技能都有不错的了解，一般入手也会比较快。

第二，新生代员工大部分拥有强烈的成就动机，在工作面前会表现出更强的好胜心。同时，他们还具有强烈地实现自我价值的愿望，热衷于具有挑战性的任务及有兴趣的工作。自主性强，渴望获得认可与尊重。新生代员工依靠自身的专业能力和创造性的思维模式，不断形成新的知识成果。他们更倾向于拥有宽松、自主的工作环境，更强调工作中的自我引导和自我管理。在工作中，他们要求给予自主权，并能按照自己认为最有效的方式完成任务。新生代员工心目中有十分明确的奋斗目标，他们并不仅仅为了挣得工资，而是有着发挥自己专长的愿望，他们更在意自身价值的实现，并期望得到社会的认可与尊重。

第三，新生代员工由于受到相对较好的教育，通常具有较高的计算机水平和专业技能。他们喜欢利用高科技设备进行工作，而且对自己的工作表现和技能比较自信。但是他们在工作中又通常缺乏耐心，缺乏与不同背景员工打交道的能力，缺乏沟通、倾听以及时间管理等方面的技巧。

第四，新生代员工持有多变的职业观念以及对企业忠诚度较低，他们对事物的好奇心致使他们渴望尝试不同的职业领域，同时认为企业的责任就是为员工提供职业发展机会，他们更看重企业是否能培育员工具有“可迁移”的核心竞争力。因此，新生代员工普遍存在的问题就是忠诚度缺失，在工作中表现为频繁跳槽、责任心不强、敬业度较低。在企业看来，新生代员工往往把自己与企业想成一种简单的雇佣关系，说跳槽就跳槽，毫无顾忌。管理者们必须清楚地认识到，在现在这样一个事事讲求平等和尊重的社会里，企业与新生代员工已经不再是传统的雇佣关系，而更多地表现为新型的合作伙伴关系。

第五，由于中国推行的独生子女政策，从物质上确保了新生代员工良好的成长环境，确立了他们在家庭中的核心地位。“兄弟姐妹”这四个字就此退出了大部分新生代的成长过程，“小皇帝”般的“90后”“95后”就这样成为中国的新生代。新生代员工家庭普遍没有六七十年代那时的家庭经济压力，其个人消费支出较大，他们信奉的格言是“能花才能挣”。他们有强烈的消费欲望，亦有很强的赚钱能力。他们过度追求潮流、时尚，“月光族”在新生代员工中已是普遍现象。

第六，新生代员工的吃苦耐劳精神通常比六七十年代员工差，心理承受能力较低，不能承受委屈，不能接受批评，总是心浮气躁。他们缺乏父辈们所具有的吃苦精神，工作中怕苦怕累，不愿意干苦、脏、累的工作。虽然他们愿意依靠自身努力来实现自我价值，但却不愿意因为工作而放弃休闲娱乐和接受教育，因此新生代员工本能地抗拒加班性质的工作。

第七，新生代员工对成功有独到界定，不盲目迷信权威，渴望有所成就，强烈期望得到社会的认可。新生代员工更热衷于接受挑战性的工作，把攻克难关当作一种乐趣。他们期望得到更好的发展机会、更高的待遇、弹性的工作时间和持续的学习机会。他们更重视企业是否公平地对待自己，而且希望自己在时间和精力方面的投入马上能见到成效。他们不会因为职务级别而去尊重自己的上级或者公司前辈，甚至有时会藐视权威。他们看重上级是否具有良好的个人修养与领导能力，更看重上级能否帮助自己获得进一步职业发展的机会。

第八，相比较六七十年代的管理对象，各位管理者在对待新生代时，别试图从自我牺牲、奉献、责任等角度“绑架”新生代员工，一代人有一代人的成长环境。

其实我们能发现，每个时代有每个时代的领军人和代言人，时代在不断进步，催生了一批批各个行业的领军者和精英。新生代员工身上有很多的特质在帮助我们完善组织管理问题，进步的时代赋予他们很多的优势、光芒，管理者不能因为他们独立自主、自信不迷信权威就认为他们不好管，去贴“糟糕”的标签，要认真审视管理中的不足和问题。总而言之，作为门店管理者，我们应客观评价管理对象，不能放大他们身上的某些缺点。

2019年1月“刷屏”事件——新东方年会变成员工的“吐槽大会”，很好地诠释了新生代员工身上的特质在帮助我们完善组织管理问题。新东方这一“刷屏”事件告诉我们：管理者要积极鼓励“90后”员工的创新精神，充分利用好“90后”员工不畏权威、敢于挑战权威的精神，将管理机制的缺点找出，完善管理机制。企业可以创造一些相关激励机制，鼓励员工积极加入完善机制的行列。企业可以根据新生代员工的特性，创造一些平台，鼓励新生代员工实现自我价值，将新生代员工的创造力与企业的未来相结合，引导员工在实现自身价值的前提下又能为企业创造价值，不仅能提高企业的活力，还能提高新生代员工对企业的归属感。

三、零售业发展对门店员工管理工作提出的新挑战

(一)门店一线团队赋能

总部、区域、门店的三级金字塔式组织管理机制一直都是中国实体零售业的普遍方式，这种靠行政命令约束的管理机制在门店依照标准复制、拓展的时代效果显著。但零售业态发展趋势提及：社区将成为线下零售流量的主要入口，将来门店需要深耕社群；同时消费者越来越处于商业活动的中心，而随着时代的发展，消费者会越来越追求自己想要的东西，变成十人十色，消费者想要拥有自己诉求的东西，想要更多的体现自己的人生观和价值观的东西。在这些因素的影响下，总部对于一线门店的感知会逐步失灵，靠门店扩张阶段实施的行政命令约束或高度执行将不适应深耕社群、贴近消费者需求，需要转换机制，赋能一线团队。一线团队的领头羊——门店店长，是否可以带领团队像经营自家生意一般经营门店呢？

(二)提升顾客体验和服务，门店员工是关键

中国连锁经营协会秘书长裴亮在2017年中国连锁企业高峰论坛致辞中指出，中国零售业当前的大背景是销售增长速度低于门店扩展速度，细剖析之，零售业面临三大挑战：外延式扩张的挑战、经营模式的挑战、管理模式的挑战。核心变化是由粗放型发展走向精细化。而管理的一切核心，还是人。正因为如此，人力资源问题并非是一个被动的管理，而是零售业内功精进的核心。

伊藤洋华堂社长三枝富博算得上是一位真正的零售中国通。三枝先生在成都工作生活20年，他提及：零售企业为消费者售卖产品，在提供服务和销售商品过程中的软性因素更加重要。“现在的市民追求的是时间消费，什么是时间消费呢？就是说我去了那里，好像我可以获得更多的精气神，我去了那里我觉得非常愉快，那里真好，就是适合我的店铺，吃一点东西都觉得非常愉快，非常高兴。拥有这样的理念的店铺，拥有这样的要素的店铺，他们都获得了很大的增长。”换句话说，体验和服务正在比商品本身更能打动人。

在这个时候，也意味着真正能打动顾客的，或许不是商品，而是他们面对的人，也就是零售业的员工。如何让员工面对顾客能够发自内心地露出笑容，而不是为了工作而已，这是三枝先生一生都在研究的课题。他认为：“我们需要带着感谢的心去经营，这个时代需要这样的企业。”也只有这样，员工才能在碰到事情的时候，以“当事人”的心态去思考，我该怎么做。“对于一个公司来说，能够培养带着当事人解决问题意识的人才，才能打造团队。”门店员工既然是提升顾客消费体验的关键，那么门店员工在工作中应该保持什么状态才能打动顾客呢？或者说，店员的工作状态肯定受到店长或其他门店管理者的影响，那么店长在门店工作中，应保持什么状态才能影响店员，进而打动顾客呢？

(三)去权威化，变员工管理为员工关怀

前面提到，中国实体零售业无论是总部、区域还是门店，各级管理者都要认真面对90后新生代。红星美凯龙家居集团执行总裁谢坚从自身工作经验出发，发现想在90后面前建立所谓的权威感不是一件容易的事。对于90后新生代而言，工作不是意味着被谁雇佣，被谁领导，而是我和谁一起工作？在校企合作过程中，我们接触到的企业管理层也在采取一系列去权威化的动作，比如“××哥”“××姐”这种拉近距离的称呼，

比如民主、平等沟通的工作方式……这样更能有效地感知工作中员工的感受和情绪，他们的独立自主、不盲目迷信权威也利于发现管理问题进而改进。甚至有管理者为了研究90后新生代，他们去研究思考90后喜欢的热词，清楚他们的流行语，认为以后可以通过大数据统计吐槽热词来做员工满意度调查。有的管理者还从打游戏的方式中悟出了游戏奖励方式吸引人的地方。对于90后新生代，我们管理者确实要摒弃传统的管理约束的思想，随着员工构成的变化，当90后新生代成为职场生力军的时候，因为管理对象的特质不同于以往，我们会发现：组织的学习方式和奖励方式都会发生变化，对于员工我们要变关怀为主动指引其成长。

单元二　店长工作素养

一、店长自我修炼

店长作为连锁零售业态最基本单元的管理者，为社群及顾客提供优质服务，带领一支队伍，负责一个店面的盈亏，决定追随者的前进步伐……他们的重要性不容小觑。成为店长，需要有一定的素养才足以服务好客人、经营好店面、带领好团队。店长可以从哪些方面修炼自身呢？

稻盛和夫热爱工作，视人生如修炼，视工作为最好的修炼方式。在他的《干法》一书中，我们能读到这样一句话："随时保持开朗积极的态度，怀抱梦想和希望，以率直的心面对一切。"

谈到人生公式，稻盛和夫这么表述：人生工作的结果=思维的方式×热情×能力。能力从0分到100分，热情也就是努力程度从0分到100分，思维方式从-100分到100分。一个人的思维方式如果错误的话，哪怕只有-1分，再多的努力和能力都只会让自己失败。只有持有正面的思维方式，才能一步步成长。

何谓正面的思维方式，一般这么理解："作为人，思维何谓正面？作为职场人，思维何谓正面？"这种思维方式，其实就是人生态度、职场态度。态度是一个人对待事物的一种驱动力，不同的态度将决定产生不同的驱动作用。好的态度产生好的驱动力，注定会得到好的结果。因此，店长的自我修炼的关键还是需要从正面的思维或者说正确的职场态度开始。

1.经营者思维

试想：作为门店管理者，在工作中，我们把管理一家门店当成经营自家生意那样，会不会让工作的结果变得更漂亮？这就是经营者思维或者说老板心态。

作为门店管理者，我们具备了老板心态，就会去关注门店的成长，考虑门店的费用，你会感觉到门店的事情就是自己的事情。你知道什么是自己应该做的，什么是不应该做的。反之，你就会得过且过，没有那么强的责任感，认为自己就是个打工者而已，门店的命运与自己无关。有经营者思维的门店店长，他的内心自然就会产生这样一种动力：门店管理的任何问题都要及时发现，都要尽力想办法解决，这样一来，工作结果自然能得到领导认同，个人能力也自然会被领导赏识。

2.积极主动的态度

积极与消极是对立的一组概念，消极我们很好理解，就是看不到希望。那么不言而喻，积极就是相信，对未来可期。例如，积极的人，虽然看到企业有很多不尽合理的地方，但是他们相信组织，相信不久可以看到企业管理风格的改变，相信组织管理者会努力去完善、改变。

主动就是“没有人告诉你该做与不该做的事情，但是你看得到事，听得到事，想得到事，学得到事”。在企业里，有很多的事情也许没有人安排你去做，被动的人总是等着指令，没被安排的时候，茫然不知所措，完全没有方向。

3.给予包容的心态

作为门店管理者，需要面对顾客、面对上级、面对下属、面对供应商或加盟商等，你要跟形形色色、诉求不一的人打交道，我们需要去接纳差异。比如，包容顾客的挑剔；包容同事不同的做事风格，给予同事以关怀、理解；给予顾客以尊重和理解；给予公司信任……这样才能体现你的服务素养、你的专业能力、你所带领团队的凝聚力、你对公司的忠诚度……

4.学习的态度

作为门店管理者，要明白主动学习是始终需要保持的一种状态。学习的对象可以是顾客、同事、上级、供应商等，他们都可以是老师，可以给我们带来市场、管理方式、产品等多方面的一些最新信息及反馈；学习的媒介也很多，现在很多的企业有自己的商学院、在线学习系统……学习不仅可以获得跟工作及职业发展相关的资源，学习能力考核还是晋升考核过程中的必备环节。

5.自信

要对自己服务的企业、对产品、对同事充满自信，对自己的能力、对未来充满自信，自信是行动力。笔者在企业调研过程中，参加一次员工座谈会，一个员工提及：××姐（公司华南区营运总监），顾客进店投诉我们的产品质量，我处理起来一点底气都没有，节奏会被顾客带走……我该怎么办？营运总监：对公司及产品的信心、产品知识的训练还不够。因此，对公司、产品、领导、同事的自信，足以影响工作中的状态。作为门店管理者，我们尤其要注意自己的言行，确保在工作中呈现出对各方面的信心。

6.敢想敢干的态度

门店管理者要行动起来，改善员工对零售行业工作的消极认知。比如员工认为零售行业累，工作强度大，作为门店管理者一定要行动起来，去摸索怎样才能减轻压力，千万不要瞻前顾后：想了很多，但总觉得还不成熟，得再多思考思考……

管理者自身若是参照自我修炼的这些要点，做好了“修己”，那骨干的力量就能充分发挥出来，并成为一种榜样的力量。员工若是能高标准要求自己，参照自我修炼的这些要点去“修己”，那他就容易成功；全员若是能参照这些要点做好“修己”，老板就不用担心队伍问题。职场中的这些素养，不管是门店管理者还是店员，都应该以此为参照来要求自己修炼。

二、以价值观为本带团队

以价值观为本带团队的最高境界、理想状态是：组织的领导认同员工的价值；同事间能彼此认同，承认对方的价值并互相配合；员工清晰地知道自己同组织的关系，能够舒心地、主动地工作。

什么是企业的核心价值观？我们认为：企业的核心价值观是帮助企业建立及指导

企业成员形成共同行为模式的精神元素，是企业倡导什么、反对什么、赞赏什么、批判什么的基本原则。假如一个连锁零售组织的核心价值观是“认真、敬业、诚信、合作”，那么它也是组织内各零售门店的核心价值观，门店管理者必须清晰地告知员工这就是做事的标准，门店只欢迎符合企业价值观体系要求的人。

（一）坚决不用不认同组织价值观的人

李东生在《鹰的重生》一文中提出了“三大管理失误”：

（1）没有坚决把企业的核心价值观付诸行动，往往过多考虑企业业绩和个人能力，容忍一些和企业核心价值观不一致的言行存在，特别是对一些有较好经营业绩的企业主管更是如此。

（2）没有坚决制止一些主管在一个小团体里形成和推行与集团愿景、价值观不一致的自己的价值观和行为标准，导致在企业内部形成的“诸侯文化”习气长期不能克服，形成许多盘根错节的“小山头”和利益小团体，严重损害了企业的工作氛围，使一些正直而有才能的员工在企业失去生存环境，许多没有参与这种小团体和活动的员工往往受到损害或失去发展机会。

（3）过分碍于情面，让一些没有能力承担责任的管理干部身居高位。其实这种情况不但有碍于企业发展，影响公司经营，也影响了一大批有能力的新人的成长。

久而久之，公司内部风气变坏，员工激情减退，信心丧失，一些满怀激情的员工报效无门，许多员工也因此离开了我们的企业。

由此带给我们的启示如下：在带队伍的路上，一定要“把不合适的人请下车”，切记“不换脑筋就换人”。

在实际工作中，我们可能会遇到一些问题：为什么一个具有可行性的目标却不能如愿实现？为什么健全的制度和明确的岗位职责却不能让企业形成活力？为什么看起来必胜无疑的决策却因为落实不力而付诸东流？归根结底，这些问题的出现还是价值观认同出了问题。如果一个管理人员、基层员工对企业的价值观不认可，他又如何能完成企业的任务呢？管理者的价值观以企业的价值观、愿景、使命为基础，员工的价值观也应以企业的价值观为基础，这样企业才会有真正的执行力。

（二）帮助员工发现工作的意义

弗朗西斯曾说：你可以买到一个人的时间，你可以雇一个人到固定的工作岗位，你可以买到按时或按日计算的技术操作，但你买不到热情，你买不到创造性，你买不到全身心的投入。

同样在工作，但工作的初衷却不同，有的人从中看到了事业，在为事业而奋斗；有的人只看到了薪水，在为待遇而卖力；还有的人看到的却是工作中的辛苦与阻力，只是在为生计而妥协。对于门店管理者而言，若能帮助员工发现工作的意义，让他们从中获得成就感，就肯定能感知到他们的热情、投入及创造力。那么怎样才能让员工发现工作的意义呢？

1.用价值观统一认识，用战略目标统一行动

那些与公司价值观不一致的理念、与公司目标不一致的想法，以及由此产生的员工的一些不必要的动作，对组织的影响是无形的、难察觉的，很容易使员工行为涣散，进而产生系列负面作用。

笔者在校企合作过程中，曾亲历过这样一件事情。某合作企业近些年发展迅猛，在参加公司年会时公司高层明确提出“百国、千店、万亿”的战略目标。当年我校有一批应届毕业生加入企业实习，但是在实习生回访过程中，听到其中一位提及：“等实习期过，我应该不会留在公司了。”原因很简单：从门店获得一些“小道消息”，现在店长岗位饱和，近些年也不会有什么可以接店的机会……当我把实习生的“小道消息”反馈至公司人力资源部门时，部门负责人惊讶地询问“小道消息”的由来。作为门店管理者，我们要时刻反省：自己是不是知晓企业的愿景、使命？是不是清楚核心价值观？是不是了解组织的战略目标？计划执行情况如何？是不是已经想办法将这些认识灌输到团队成员心中、脑中？员工的行为是不是紧紧围绕着战略目标有了明确的目标指向？只有这样，员工才会感受到自己的行为、付出是组织战略目标实现的基础，从而获得事业成就感。

2. 帮助员工成长

企业一方面要笃信员工是人力资本，可创造价值，需要通过给予员工一些外在的收获来匹配其为组织创造的价值；另一方面也要让员工明白，工作岗位是员工成长的平台，员工技能的提高、与其他同事的交往及协同能力的提高、心理素质的提高等，都离不开具体工作岗位。

员工在团队中是否能得到成长？一方面是解决意愿问题，即员工愿不愿意做事的问题；另一方面是方法和技能的问题，即做事有没有一套科学的方法，个人是否具备做事的技能。其中，意愿问题是根本，可以由组织的价值观和愿景来引导。

（三）把核心价值观变成员工的日常行为和习惯

核心价值观是组织全体成员认同的企业信条，包括经营理念、社会责任感、管理决策和组织模式、人员等方面的价值取向。员工的行为习惯是员工每天工作时心中所真正关心的、追求的、重视的事情。

在实践中，将想法付诸实施确实不是一件易事。很多人在生活或工作中早已形成自己的习惯，突然改变谈何容易？“细节源于态度，素质在于训练”，如何把核心价值观变成员工的日常行为和习惯呢？万科曾有过关于核心价值观和员工行为习惯的研讨，主要涉及三个问题：第一，目前万科员工的行为习惯与核心价值观是否出现了偏离？如果有，在哪些方面出现了偏离？理想状态应该是怎样的？第二，万科员工的行为习惯目前是需要“破”还是“立”？如果是“破”，破什么？如果是“立”，立什么？第三，万科应该采用哪些方式去塑造员工的行为习惯？有什么困难，如何应对？

在核心价值观体系下，万科着力塑造员工行为习惯，这是因为：行为习惯决定了员工的思维模式，影响了员工每天大大小小的决策和做事的方式；有战斗力的企业，不仅需要胜任的员工，还需要有朝着公司希望他们努力的方向去努力的意愿，让这些方向成为员工的共识，并且作为每天做事的准则，这就是塑造员工行为习惯的目的。

（四）相信没有完美的个人，只有完美的团队

现代社会的竞争越来越强调合作的力量，强调共赢，单打独斗的时代已经过去。对于门店而言，不需要个人英雄，也不再需要单纯的金牌业务员，而是看一个小组、一个门店是否有凝聚力，尤其在困难时刻更需要“以一当十”的精神。

门店管理者要清楚地认识到：门店目标的实现、组织核心价值观在团队的践行靠

的是一个团结的团队，而不是仅凭少数人的力量。门店管理者一方面要充分认识到团队建设的重要性，发挥团队中每个人的优势，形成强大的团队战斗力；另一方面要让你的成员意识到你是“推功揽过”型的领导，让他们愿意紧紧围绕在你的周围，并且愿意追随你。

项目测试

一、简答题

1.新零售模式带来了哪些方面的变化?

2.店长在门店运营中扮演什么样的角色?

3.门店店长为什么要学会管人?

4.简要阐述门店管理对象（店员）的职业心理特征。

5.门店管理者（店长）的自我修炼关键要做好哪些方面?

6.简单介绍一下以价值观为本带团队的注意事项。

二、材料分析题

材料1 小米之家：创造高频消费场景

2016年，小米之家开了51家店，几乎是每个购物中心里人流量最大、销售额最高的单店。目前，小米之家的坪效（每平方米的销售额）排在世界第二，仅次于Apple的零售店。从电商角度来说，“卖手机”是非常低频的行为。客户两年买一回，等于两年去一趟你的店，这样广告成本很高。所以，7年前雷军在设定小米商业模式的时候，一直在琢磨“如何让客户每个月去一趟店”。这一定要有合适的品类组合，要有20～30个品种。假如所有的品种一年更换一次，就相当于每半个月都要有新产品发布，这样可以让低频产品组合成高频产品。所以，小米之家将生态链的所有企业团结起来，围绕消费者的智能家居生活丰富了品类。针对这一点，很多用户不理解，他们认为小米好像不够专注了。其实，这是对小米商业模式不够了解。如果你两年去一次小米手机店，那小米就必须要付出巨额的广告费来告知你。而现在，小米之家用20～30个品类组合把一个低频消费场景变成了一个高频消费场景。

雷军的梦想是要打造连接一切的大型生态系统，这不仅是一个利益共同体，更是一个可以相互砥砺前行的命运共同体。

材料2 星巴克：创造第四空间

1987年，星巴克只有11家门店，100多名员工。而如今，其门店数量已经超过了25 000家，市值从1992年上市市值2.5亿美元上升到目前将近900亿美元，业务遍及75个国家和地区，拥有员工数量超过33万名。

近年来，星巴克不断强化消费场景，将星巴克的消费场景细化为早餐、午餐、下午茶和晚餐。过去5年，这三种消费场景的业务增长率是22%、30%、19%。驱动因素不仅是食物品质的提高、精品简餐盒和三明治等新鲜食品数量的增加，还有优质的茶饮料和零食品类。为了增加下午时段的客流量和客单价，星巴克将继续扩展冷萃咖啡的品种。传统冷萃咖啡已经上市，香草甜奶油冷萃咖啡刚刚上市，稍后含氮冷萃咖啡将会在500家门店推广。

星巴克迫切地向数字化转移，原因很简单——消费者在哪儿，星巴克就去哪儿。

亚当先生积极推动了星巴克的数字化应用，极力打造第四空间。在美国，星巴克接近25%的订单是通过手机支付完成的，在最繁忙的门店，手机支付的比例还会不断提高。如今，星巴克成为美国移动支付规模最大的零售公司。在用户忠诚度方面，目前北美活跃会员数达到了1 230万，会员数量同比增长18%。同时，星巴克推出了“一对一”个性化邮件营销。其在脸书、推特等社交媒体上也是广受欢迎的食品公司。在中国，星巴克在微博上拥有132万名粉丝，微信上拥有200万的关注者。在全球，星巴克在推特上拥有超过1 180万名粉丝，在脸书上拥有超过3 500万名粉丝。

资料来源 颜艳春. 十大新零售案例：零售到底发生了哪些变化［J］. 时代经贸，2017（8）. 有改动。

问题：

从小米、星巴克的这两个零售案例，我们能看出零售到底发生了哪些变化？

分析提示：零售商天生就是一个平台型企业，连接双边或多边市场，新零售是一个从传统加盟连锁店进化为共享经济平台的超级物种，共享经济体将成为回报率最高的闲置资产管理平台。从实体经济、电商经济走向共享经济体，在每一个品类上面至少都会出现1家以上的指数型组织或独角兽企业，这就是我们说的平台公司，代表了从电商经济走向全渠道经济、共享经济的一种新的路径。

项目实训

实训内容：搜集门店店长带队伍妙招。

要求：

1.每5人组建一个团队。

2.团队自行寻找调研对象（曾经或现在实习、兼职的门店，或学校周边商圈内的门店），对其门店店长或店员进行访谈。

3.注意搜集门店店长带团队的一些妙招，尽可能深入了解一些执行的细节，形成门店店长带团队方案，评估其效果。

4.制作PPT，在课堂上汇报。

项目二

店长如何慧眼识才

◎ 学习目标

知识目标：

掌握岗位工作分析与员工招聘；掌握门店人员配置的科学方法；掌握人才盘点方法；掌握面试的流程；熟悉试用期员工的管理。

能力目标：

能够开展人才盘点工作，懂得设计招聘需求表；能够完善门店招聘流程，评估招聘效果。

态度目标：

重视招聘，清楚其直接影响门店人员后续的培养开发及激励等方面；遵循科学、规范的流程实施员工招聘；严肃对待试用期，做好选人、留人的各方面工作。

◎ 项目框架

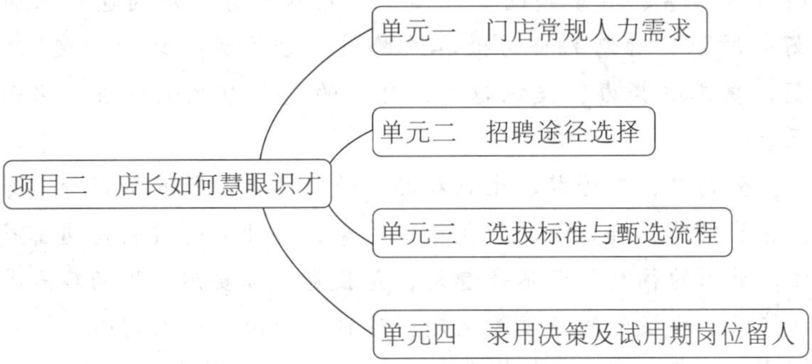

【项目导入】

门店如何招人？一招让门店不再缺人

终端连锁企业在扩张的时候，遇到的最大问题就是缺少人才。如何快速实现门店现场的招聘，今天我们介绍一招：如何制作招聘广告，吸引“人才”。

先借鉴一下台湾饭团的招聘广告，来看看其是如何吸引“人才”加盟的：

第一部分：编织梦想，变打工为创业，吸引有野心的应聘者；

第二部分：设立员工工资等级，不断给员工“希望”；

第三部分：将员工的福利待遇当作投资而非费用，留心留人。

第一部分：台湾饭团是在寻求创业伙伴，而不是招聘一名普通的员工。虽然台湾饭团招聘的营业员、普工、储备干部都是基础类岗位，但是其并没有像其他公司一样，简单地写“招聘”两字完事，而是经过大量的文字包装。

先用“你想发展吗？你想创业吗？你想成功吗？来吧！”来吸引求职者的眼球，之后又用“将是你发展、创业、成功的新舞台!你想摆脱永远打工的命运吗?”想方设法吸引你。

同时，在招聘信息中列举两位在该公司成长起来的创业之星。他们从普通职员开始做起，用两三年的时间做到了工作的合作伙伴，最后成了独立的老板。对于应聘者而言，即在预示，他们的今天就是我的明天，明天也许我也能做老板。

举例：潘××，广东清远人

个人成长经历：

2007年11月进入公司生产部工作

2008年3月提升为生产部组长

2008年9月提升为生产部主任

2009年4月升为生产部副厂长

2010年3月成为质检部经理

2011年6月成为公司承包商（发展之星）

第二部分：台湾饭团的招聘信息中列出的薪酬待遇将员工待遇分为9级。大家知道为什么要给员工分级吗？目的就是给员工创造“希望”。

任何大目标、长目标对于一般人而言都是没有激励效果的，你说“我今后做大了，不会亏待你”，你的员工听完有可能走掉，谁知道今后会怎么样啊。但是，你说“今天做得好，明天就给你涨200元工资”，你的员工一般会努力工作，因为短期目标是可期待、可落实、可拿到的。外国人喜欢给小费，原因也是很简单的，短期刺激效果最好。所以，台湾的公司最喜欢给员工分等级，让你“爬”，每“爬”一级就有小收获，员工越努力、技能越高，公司的竞争力也就越强，从而实现了员工与公司的共赢。

第三部分：全勤奖、工龄奖、生日礼品、节日礼品、节日加班费、绩效奖、表现奖、年休奖、春节报销、车旅费、带薪培训等等，如此多的福利待遇都是在吸引人才的加盟。记住，员工的福利待遇不是费用，是投资。你要用投资的观点看福利，请做好的你的福利待遇，从投资的角度看问题，这样才能做到留人留心。

资料来源　星外转铺. 门店如何招人？一招让门店不再缺人［EB/OL］.［2020-01-20］. http://www.xwstore.cn/policy/32.html.

案例启示：门店管理者经常说招聘困难重重。原因在哪儿？主要是缺乏合适的方法，找不到合适的人才。在我们接触过的门店中，你觉得它们的招聘有何妙招？能否找到案例中台湾饭团的类似做法或者是其他更多妙招？等待大家分享和总结。

为什么要开展招聘工作？招聘要实现的目标是什么？相信各位门店管理者都十分清楚。但为何谈招聘就觉得效率低下，总找不到合适的人才？这是因为门店招聘陷入了怪圈，总在“离职—门店缺编—紧急招聘—找不到合适的人—缺乏培训—离职”的恶性循环中，“新零售”时代，管理效率尤为重要，那么门店如何才能走出这个“恶性循环”呢？

单元一 门店常规人力需求

一、招聘前要认识工作分析

门店管理者并非专业人力资源管理者，无须了解工作分析的具体流程及工作分析的具体方法，但必须了解工作分析的基本内容，能读懂并分析其最终成果——工作说明书，这样在进行门店招聘工作时才能选拔到符合工作需要的合适人员。

工作分析也叫岗位分析，是对组织中某个特定岗位或某项特定工作的描述，工作任务或职责的说明，以及对工作条件、隶属关系等作出的明确规定。工作分析最后会形成工作（岗位）说明书。

工作分析是一个组织有效地进行人员招聘的重要前提。通过工作分析，能够明确规定工作职责、工作任务，提出对人员各方面的具体要求（包括一般要求、生理要求、能力要求及个人特质等），组织往往依据工作分析来确定选人用人的标准，选拔录用符合工作需要的合适人员。

由此可见，工作分析是对组织现有的特定岗位的具体分析。不同组织所需要进行的工作分析的内容和侧重点会不一样，但总体来说，工作分析必定会包含两个方面的内容：一是确定工作的具体特征；二是明确岗位对任职人员的各种要求。前者称为工作描述，后者称为任职资格描述。

（一）工作分析的内容

1.工作描述

工作描述主要解决工作内容与特征，工作责任与权利，工作目的和结果，工作标准和要求，工作时间和地点，工作岗位与条件，工作流程与规范等问题。工作描述无统一的标准格式，但通常会包括岗位基本情况、工作职责、工作程序、工作条件等。

2.任职资格要求

任职资格要求用来说明从事某项具体工作的人员必须具备的一些条件，包括一般要求、生理要求、能力要求及个人特质等方面。一般要求是指年龄、性别、学历、工作经验等；生理要求包括健康状况、运动的灵活性、体力等；能力要求包括理解能力、学习能力、解决问题的能力、沟通能力等；个人特质一般指性格、气质、兴趣爱好等。

（二）工作分析的结果和应用

工作分析的结果就是形成工作（岗位）说明书。

1.工作（岗位）说明书

工作（岗位）说明书是对每一种工作的性质、任务、责任、环境、处理方法及对任职人员的资格条件进行的书面记录，是根据各种前期调查资料，加以整理、分析、判断所得的结论编写成的一套管理文件。工作说明书可以用表格表示（见表2-1），也可以用文字叙述。

表2-1 **店长工作（岗位）说明书**

<table>
<tr><td>部门</td><td>营运部</td><td>职位名称</td><td>店长</td></tr>
<tr><td>直属上级</td><td>督导</td><td>岗位定编人数</td><td>1人/店</td></tr>
<tr><td>直接下级</td><td>2~3人</td><td>岗位级别</td><td></td></tr>
<tr><td>同级人员</td><td colspan="3"></td></tr>
<tr><td colspan="4">一、岗位设置目的</td></tr>
<tr><td colspan="4">规范公司的终端专柜管理制度，为公司提供最优化的人员配置。</td></tr>
<tr><td colspan="4">二、职能定位</td></tr>
<tr><td colspan="4">执行公司的终端专柜管理制度，总体负责营业员招聘面试、营业员培训、店铺员工考勤、销售业绩考核、专柜陈列、促销活动实施、货品管理、进销存账务处理等工作。</td></tr>
<tr><td colspan="4">三、岗位职责与工作任务说明</td></tr>
<tr><td colspan="4">岗位职责：
（一）店铺销售目标管理
1.根据公司下达的销售指标，合理制订销售计划，将当月销售指标分解到每个人、每一天；
2.带领本店全体人员完成并力争超过公司下达的销售指标，提高店铺整体业绩。
（二）店铺营运管理
1.合理安排当月排班，保证繁忙时段人员充足；
2.合理分配店内人员负责各项店务工作，落实到人；
3.对店铺的业务流程进行管理和控制，保证店铺正常运作；
4.负责维持卖场秩序、调节卖场气氛，带动店铺员工做好销售工作；
5.负责组织店内人员共同维护店铺形象，包括导购的工作形象、店面形象、POP使用、商品陈列以及设施使用和店铺的清洁卫生等；
6.负责店铺各类费用的控制，如电话费、电费（专卖店）及各类日常消耗物品的使用控制；做好各类物品的保管、领用、登记工作；
7.负责组织召开店铺例会；参加公司召开的店长会议，汇报本店工作，提出改善建议；
8.及时传达公司各项政策和有关规定，跟进并落实到店内全体人员；
9.做好店与店之间的协作工作，协调组织好店铺间的接送货工作；
10.协助公司做好与商场的沟通和协调工作。
（三）店铺人员管理
1.负责对店铺导购进行现场管理，帮助、指导（可指定专人）新员工快速上岗；
2.负责对导购进行实地店铺规范操作、销售技巧等培训；
3.负责对导购进行新产品知识的培训、跟进与落实；
4.负责本店员工的相关考核，关心本店员工，及时向上级汇报店铺人员情况，提供晋升或降职建议。
（四）货品管理
1.负责店铺货品的管理工作，做好每日的销售、进货、出货、退货等记录，及时提出补货要求；
2.负责组织店铺每日、每月、每季度和年终盘点工作，确保货品无误。
（五）各类报表、文件以及信息汇报管理
1.负责向公司及时反馈店铺销售情况，每天向公司报告每日销售金额；
2.认真填写各类销售报表，核对、清点、管理相关单据，如实按期填写店铺日志；
3.负责对店铺的各类文件、报表、单据进行分类、存档、上交；
4.了解顾客消费心理，关注竞争对手动态，及时向公司反馈市场需求以及竞争对手信息。
（六）顾客投诉管理
1.根据公司政策妥善处理顾客投诉，做好投诉记录；
2.处理店内各类突发事件。
（七）自我管理
1.不断学习，勇于实践并探索，提升自己的管理与销售导购技巧；
2.以身作则，树立优质服务的榜样。
工作任务说明：</td></tr>
</table>

续表

序号	主要工作项目&内容	频度	占用工作量
1	制作专柜员工排班表	每月	—
2	制作专柜员工考勤表	每日	—
3	填写专柜销售日报表	每日	—
4	专柜员工招聘、面试	不定期	—
5	专柜员工入职手续办理（公司流程和商场流程）	不定期	—
6	专柜员工培训	不定期	—
7	专柜货品、道具、现场卫生清洁安排	每日	2%
8	专柜员工早会工作布置	每日	1%
9	专柜员工交接工作核查	每日	1%
10	专柜员工晚会工作总结	每日	1%
11	专柜销售目标的实施与跟进	每日	95%
12	与商场核对每日销售金额	每日	—
13	执行公司和商场的促销活动方案	每日	—
14	货品进销存账务制作	每日	—
15	货品数量盘点，核对进销存总数是否正确	每日	—
16	周销售分析制作	每周	—
17	调查商场竞争品牌的销售状况和人员调整状况	每月	—
18	调查商场排名	每月	—
19	库存盘点	每月	—
20	货品收货、退货、补货等工作的安排	不定期	—
21	商场对账	每月	—
22	通知公司开税票	每月	—
23	递交税票	每月	—
24	处理售后服务	不定期	—
25	店铺陈列调整	不定期	
26	处理各种突发事件	不定期	—
四、关键指标考核（KPI）			
1.销售目标达成率≥80% 2.员工主动流失率≤30% 3.客户投诉率≤2%			
五、岗位权限			
业务权限：按公司授权价格体系销售产品。 人力资源权限：专柜员工的任用和考核。 财务权限：公司授权范围内。			
执行的流程与制度	《店铺员工管理手册》以及其他相关行政、管理制度 《终端营运管理手册》《陈列手册》《终端服务手册》		

续表

<table>
<tr><th colspan="5">六、工作汇报</th></tr>
<tr><td colspan="5"></td></tr>
<tr><th colspan="5">七、工作沟通关系</th></tr>
<tr><td colspan="5">内部：营运部、商品部
外部：商场、货运公司、快递公司、其他竞争品牌</td></tr>
<tr><th colspan="5">八、任职资格</th></tr>
<tr><td rowspan="2">资 历</td><td>教育资历</td><td colspan="3">高中以上学历</td></tr>
<tr><td>专业经验</td><td colspan="3">两年以上商场专柜管理经验</td></tr>
<tr><td>知识技能要求</td><td colspan="4">业务知识：1.熟悉专柜的日常运作管理流程，能独立陈列货品，有较强的人员管理能力、培训能力、沟通能力和突发事件处理能力；
2.能够管理好店铺，根据公司指标指导和激励店员完成任务；
3.能完成专柜员工培训、陈列、促销、收货、退货、货品进销存账务处理等工作事项。
管理知识：1.熟悉管理学相关知识，对人员管理和团队建设有相关见解；
2.具有很强的沟通、协调和推进能力，待人公平，善于与各级人员沟通。
基本工作技能：1.电脑操作熟练（Office/PPT）；
2.熟悉零售管理系统（ERP）。</td></tr>
<tr><td rowspan="2">特殊要求</td><td>资格、证书</td><td colspan="3"></td></tr>
<tr><td>其他要求</td><td colspan="3"></td></tr>
<tr><th colspan="5">九、工作条件</th></tr>
<tr><td>使用工具/设备及硬件要求</td><td colspan="4">熟练操作电脑和常用办公软件</td></tr>
<tr><td>工作环境要求</td><td colspan="4">无</td></tr>
<tr><td>工作时间特征（是否需要经常出差）</td><td colspan="2">偶尔出差</td><td>工作地点</td><td>各城市百货商场</td></tr>
<tr><th colspan="5">十、任职资格签字说明</th></tr>
<tr><td></td><td colspan="2">责任人签字</td><td colspan="2">日期</td></tr>
<tr><td>任职者</td><td colspan="2"></td><td colspan="2"></td></tr>
<tr><td>直接上级</td><td colspan="2"></td><td colspan="2"></td></tr>
<tr><td>部门负责人</td><td colspan="2"></td><td colspan="2"></td></tr>
<tr><td>人力资源部确认</td><td colspan="2"></td><td colspan="2"></td></tr>
</table>

资料来源　百度文库．岗位分析说明书——店长［EB/OL］．［2019-01-21］．https：//wenku.baidu.com/view/f538139d804d2b160b4ec0d6.html.

不同组织的工作说明书格式和内容存在一定差别，但主要的两部分内容——工作职责和任职资格要求是必须具备的。

2.工作说明书与招聘的关系

门店开展招聘工作，需要对外发布招聘信息，而招聘信息通常包含岗位名称、所属部门、主要工作职责和岗位任职资格要求等。起草招聘广告时的主要依据是工作说明书。需要注意的是，招聘广告的岗位描述需要从读者的角度出发，以读者能够理解和感兴趣为主，不能照搬工作说明书。

在门店招聘中，工作说明书是选人的一个标准，但是具体招聘哪些岗位的人员需要结合组织的长期用人规划、近期的工作目标以及工作任务的动态变化特点等来进行综合决策。

技能训练 2-1

门店常规的岗位设置

■主题：作为未来的门店店长，你了解门店内的工作岗位有哪些吗？

■方法：访谈、实地考察或文献查阅。

■内容：了解门店设置的常规工作岗位及对应人员数量。

■具体要求：(1) 自选门店（连锁门店，规模不超过300平方米），业态可自行选择，尽量结合未来可供职的领域；(2) 根据搜寻到的资料，梳理出门店简介、门店岗位设置、人员配备数量、工作隶属关系等相关信息，并绘制门店组织结构图；(3) 用Word文档呈现出来；(4) 随机抽取两组代表分享，限时5~8分钟。

知识链接 2-1

组织招聘的原因

一般来说，组织往往会由于以下原因而开展招聘工作：

1.新部门、新岗位的设立。

2.组织、部门业务范围的拓展或工作量的增加，导致人手不足。

3.组织职能的定位调整，组织架构的功能性调整，导致员工队伍的结构性调整，这时需要从外部引进或从内部调配人员。

4.根据企业发展战略和人力资源战略规划，需提前储备或培训一批人才。

5.组织内部由于晋升、降职、平调、辞退和辞职等原因造成职位空缺，需要补充人员。

6.组织有时需要通过引进人才来获得人才竞争优势，从而争取企业整体的竞争优势。

组织招聘的原因就是为了满足以上一种或几种情况发生后，对人力资源的需求，以保证组织各项工作的连续性和稳定性，保证企业的生存和发展。

一般来说，组织往往会基于以下目的而开展招聘工作：

1.获取所需的人才。组织招聘的目标是及时满足企业发展的需要，弥补岗位的空缺，所以招聘最直接的目标是获得组织所需要的人才。

2.降低招聘成本。组织为了招聘人才，往往会在吸引人才、选拔人才、录用人才等方面花费较多的直接费用，尤其是那些快速成长而产生大量人员需求的组织和需要招聘较多优秀人才的组织。如果招聘时没能识别出应聘者的真正求职动机，没能做好人和岗位、人和组织的匹配分析，就会导致高的离职率，从而产生新的招聘成本和由于离职带来的系列间接损失。另外，招聘还必须讲究时效性，时间成本也需要关注。注重成本控制的组织必然会以降低招聘成本作为招聘工作的一个重要目标。

3.提高招聘质量。招聘的根本目标不是找一个人放在空缺的位置上，而是找一个合适的人才。

4.规范招聘行为。组织都希望招聘工作能耗时少、成本低、质量高，为了实现这些目标，就需要规范招聘工作程序。

资料来源　王贵军. 招聘与录用［M］. 4版. 大连：东北财经大学出版社，2018.

技能训练2-2

主题：门店常规岗位的工作说明书。

方法：文献查阅。

内容：了解门店常规岗位的工作说明书。

具体要求：(1) 每一团队选择不同的连锁零售门店。(2) 同一组选定至少三个工作岗位（属门店常规设置岗位且各团队统一），进行工作说明书资料搜寻工作。(3) 将班级不同团队整理成的不同工作说明书做成汇编材料，发放到每一组。(4) 各组分析不同的组织对具体岗位人员的要求有何不同。(5) 随机抽取两组代表分享，限时5~8分钟。

二、招聘不能无视门店人员配置

门店到底雇用多少人对于零售商来说是一种平衡术。一方面雇用太多的店员会影响门店的成本和利润；另一方面员工人数太少则会增加员工工作量，影响客服质量。因此，合理化门店员工数量至关重要，门店管理者绝不能因为出现工作量增加而随意提出人员招聘申请。

（一）关于工作定额和岗位定员

组织不同岗位、不同部门该配备多少人员才算合理？这涉及组织在用人数量界限方面的筹划，主要包括工作定额和岗位定员两个方面。

工作定额是指在一定的生产、技术、组织条件下，采用科学的方法和具体形式，对生产（或工作）过程中劳动者的劳动消耗量所规定的限额，常见的形式包括：时间定额、产量定额、看管定额、服务定额。

岗位定员是工作定额的一种发展和表现形式，也称人员定额，指在一定的生产技术条件下，为保证组织生产经营活动正常进行，按照一定素质要求，对组织配备各类人员所预先规定的限额。工作定额是合理编制岗位定员的前提。

合理的工作定额是组织用人的科学标准，有了定额标准，便于组织在用人方面精打细算，更是合理地使用人力、提高人员效率的前提。合理的工作定额是编制组织各类员工的需要量计划的基础。

知识链接2-2

五种传统的核定用人数量的基本方法

组织在核定用人数量时，总结和推广了五种传统的核定用人数量的方法。

1.按劳动效率定员。这种方法是根据生产任务和工人的劳动效率，以及出勤率来计算定员人数的。凡是有劳动定额的人员，特别是以手工操作为主的工种，因为人员的需求量不受机器设备等其他条件的影响，比较适合用这种方法计算定员。

2.按设备定员。这种方法是根据设备需要开动的台数、班次以及出勤率来计算定员人数。这种定员方式适用于以机械操作为主，使用同类型设备，采用多机床看管的工种。

3.按工作岗位定员。这种方法适用于有一定岗位，但没有设备，又不能实行定额的人员。这种定员方法主要根据工作任务、岗位区域、工作量，并考虑实行兼职作业的可能性等因素来确定定员人数。

4.按比例定员。这种方法是按照与员工总数或某一类人员总数的比例来计算某类人员的定员人数。在组织中，由于劳动分工与协作的要求，某一类人员与另一类人员之间总是存在着一定的数量依存关系，并随着后者人员的增减而变化。

5.按组织机构、职责范围和业务分工定员。这种方法主要适用于企业管理人员和工程技术人员的定员。一般是先定组织机构、各职能部门，明确各项业务及职责范围以后，根据各项业务工作量的大小、复杂程度，结合管理人员和工程技术人员的工作能力、技术水平确定定员。

资料来源 王贵军. 招聘与录用［M］. 4版. 大连：东北财经大学出版社，2018.

（二）确定零售门店人员配置的科学方法

确定零售门店的人员配置并不是件容易的事情。即使经验丰富的区域管理者、门店管理者也会把握不准人员不足或者人员超额的问题。除非明显的问题出现：缺岗现象明显、人员长时间缺少工作任务安排、门店员工的进餐时间受到明显影响等。实际工作中有的管理者由于担心影响客服质量或降低员工士气，不敢削减员工数量；有的管理者为了提升门店人员效率，无视人员不足现象，导致员工流失现象严重。

确定零售门店人员配置的关键是数据支持，前面提到的五种传统的核定用人数量的方法，其中劳动效率、工作岗位（其中提到工作量）这些是否都有据可查？零售门店是不是可以依据门店客流量来确定人员配置？日本的某专业零售商确定门店人员配置的方法如下：首先提取该零售商的年度交易数据，预测出所有销售季节的人员需求；随后开展全天候的门店审计，从而获得有关门店经营活动、顾客和销售员行为以及销售转换的信息；掌握以上信息后，零售商根据商品标签均价、交易数量与门店规模确定人员配置水平。

为了改善门店人员的配置问题，科尔尼公司于2010年7月开发了确定人员配置的五步走方案，以协助零售商在所有门店内实施统一且最优化的人员配置方案。

1.整理门店数据

首先，确定所有门店工作的数量和种类，零售商店的全天候审计，门店经理、销售员和顾客访谈，以及针对长期客流模式的研究都是必不可少的。

鉴于许多零售商缺乏对门店客流量的准确计算，因此我们采用适当调整后的交易数量作为快速可靠的备选参照数据。零售商店审计与门店经理访谈将有助于了解员工行为、客户模式、人员配置的限制因素与要求、现有的排班流程以及运营型和面向顾客型员工的工作范围。

2.预测人员配置需求

人员配置需求可以基于销售额与顾客资料，按时刻、天、销售季节计算得出。通过影响人员需求数量的内部因素（比如本地促销与销售）和外部事件（比如天气、节假日）估算出人员配置需求。结合这些数据和营业时数、开店与关店以及其他营业活动，得出每日每班的工作时间表。

3.生成人员配置的备选方案

到这一步，门店经理需要考虑诸如换班、人员可用性和假日等限制因素，以确定可满足人员配置需求的各种备选方案。我们建议采用线性规划的方式生成每家门店最佳雇员人数的电子表格。线性规划有助于在满足一定的变量和约束条件下，为实现任一目的，找到最佳方案。下一个挑战就是最大限度地提高生产率，同时满足各种时间编排下的人员配置需求。

4.执行压力测试

要考虑可能的人员配置需求情景确定需要的服务水平，历史来客数据可以显示出预期的门店客流量。此外，宏观经济变量和公司特有因素，比如新产品的引进，可能也需要予以考虑。

5.确定最终人员配置方案

此时，预测的人员配置水平可以与现有条件进行对比，识别任何必要的变更——包括从额外销售人员的人工成本到典型的顾客互动范围。重复这一完整的流程，从而确定销售旺季和淡季所需的全职与兼职人员人数。每周最佳人员配置表将成为门店经理的工作指南。

三、如何做好人才盘点

门店需要什么类型的员工？门店哪些员工是需要替换的？这就需要做好人才盘点工作。

（一）了解人才盘点

人才盘点主要回答三个问题：一是组织或某部门（需盘点单位）现有人员的数量；二是结构，有怎样的岗位；三是能力。总的来说，人才盘点就是要对公司现有的人力资本进行评价、识别。

人才盘点是一个难度较大的工作。首先，人才的流动是一个动态的过程，比较难掌握，比如一些大公司希望不喜欢的员工离职，一些中小企业因为在关键岗位没有可替代的人员担心关键员工离职；其次，面对的是人，人的思想和某些能力难以客观评估。

人才盘点是一项非常重要的工作，人力资源部的一些重大决策需要通过盘点来实现，如公司需增加的人员数、人员来源、人员能力如何、怎样提升人员能力，以及哪些人员要离职、如何减少人员流动等。由此看来，人才盘点至少可以为招聘决策提供依据，可以为员工的能力发展提供依据，可以为留人、激励人提供支撑。

知识链接2-3

人才盘点盘什么？

对于组织人才盘点的内容，我们对它进行了归类，主要分为四个方面：

1.盘点组织的现状。盘点组织的现状主要有以下内容：第一是组织架构；第二是岗位需求，现在需要多少人，需要哪些岗位；第三是人员的编制；第四是劳动生产率；第五是组织整体的氛围怎么样，员工满意度、敬业度如何。

2.盘点组织的业绩状况。主要有四个方面：第一是业绩量。例如，销售经理一年完成多少万元的业绩，这是一个绝对的数量。第二是相对的业绩状况。仅仅有业绩量还不够，因为各地区业绩不同，所以除了看绝对的业绩量，还要看相对的业绩状况，比如目标的完成率，跟年初制订的计划相比完成了多少。第三是业绩的增长率。有的地方或者有的单位原来的业绩基数比较差，就可以看它业绩增长多少，这就是业绩的增长率。第四是业绩的排名。

通过对组织这些业绩状况的盘点，我们可以了解不同的部门、不同的单位、不同的地区整体业绩的情况。在实际运用中，这几个指标我们不一定全部选用，可以从中选一两个或者两三个，按照不同的权重进行计算，也可以全部算进来，然后综合每个地区的业绩完成情况，就可以了解其业绩状况到底处于什么水平。

3.盘点人才的能力水平。能力水平的盘点主要有五个方面的内容：第一是人才的能力结构；第二是人才的能力水平；第三是人岗匹配度；第四是人员的成长性；第五是人员的稳定性。

4.盘点未来的发展方向。这里的发展方向包括个人的，也包括团队和组织的，主要包括三个方面：第一是关键岗位的继任计划，即我们对组织的中高层管理人员，包括核心的专业技术岗位人才要建立继任计划；第二是高潜质人才的培养计划，那些高潜质的人才我们要进行什么样的培养，怎么安排培训，怎么安排轮岗，都要有具体的计划；第三是人员的调整计划，哪些人是要调任岗位的，哪些人是要晋升的，哪些人是要淘汰的，哪些人还需要引进等。

资料来源 曾双喜. 五步组合论打造高效人才盘点流程［EB/OL］.［2019-11-30］. http://www.theonews.com/v-1-102860.aspx? WebShieldDRSessionVerify=yuWKTQSJJsTbSVpYMMOe.

技能训练2-3

表2-2是某公司门店人员盘点的表格，试着分析一下，这个盘点表格在操作层面、盘点内容、盘点效果等方面有何优缺点？

表2-2 **门店人员盘点表**

学历分布情况	初中	高中	大专	本科及以上
年龄分布情况	18~20岁	21~23岁	23~26岁	26岁以上
工龄情况	3个月	6个月	6~12个月	12个月以上
能力评估	胜任	可培养	待接替	待招聘

（二）人才盘点的方法

有一些规模较大的公司采用人力资源信息系统进行人才盘点，但大部分公司并没有相应的系统和方法。在技能训练2-3中，我们看到了某公司简单的盘点方法，而雷达图、人员评价图、九宫格等也可用于人才盘点。

1.雷达图

人才盘点具有人才招聘和为能力发展服务（即为培训方案服务）的作用，雷达图能够清晰展示所需说明的问题，较为直观地展示评价或结果。在人才盘点中使用雷达图，可以在明确具体的评价维度上，一目了然地看出人员现有能力水平与岗位要求水平的差距，如图2-1所示。

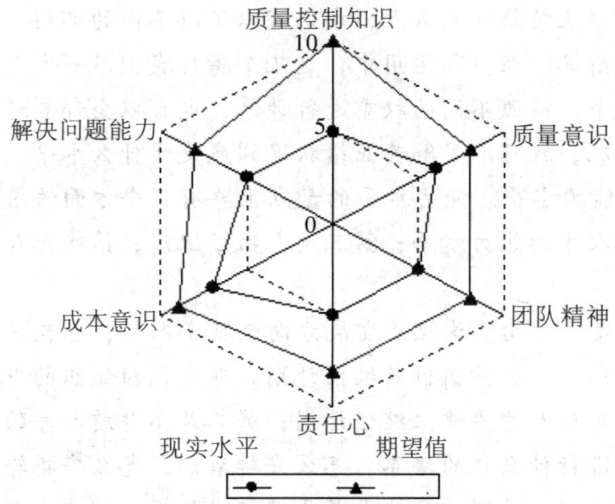

图2-1 人员能力差距雷达图

2.人员评价图

对个人进行分类时，可按照个人当前的能力和未来能力进行盘点（如图2-2所示）。对于当前不能胜任、未来发展潜力小的人员应淘汰。

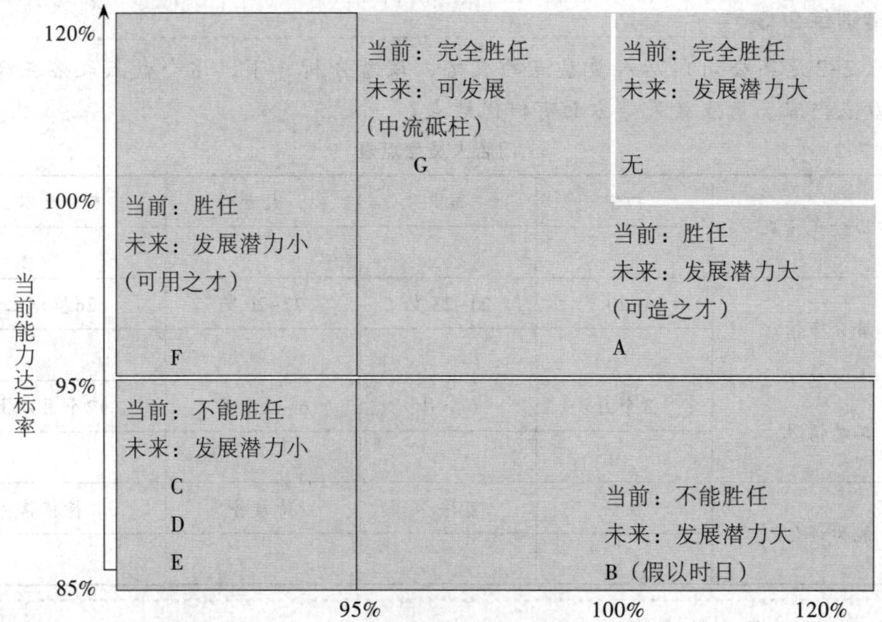

图2-2 人员当前能力-未来潜力评价图

3.九宫格

在进行人才盘点时，必须要制作九宫格（如图2-3所示）。

潜能

潜能 \ 绩效	贡献者	完全达标	优秀
转变	6 （多是新提升人员）	3	1 （6个月左右被提升到一个较高层级，否则会被挖走）
成长	8	5	2
熟练	9 （3~6个月内岗位调整）	7	4

绩　效

图2-3　绩效/潜能矩阵（九宫格）图

图2-3的横轴表示绩效，纵轴表示潜能，根据九宫格可以知道公司中潜力大、业绩优秀的员工数量，确定培训重点以及需保留的员工。在现在的关系导向型社会中，各个部门往往都是凭感觉上报优秀人员，因此人力资源部的价值就在于替老板留住关键人员，对有前途的员工进行培养，不胜任的员工予以淘汰。

因此，在进行人才盘点时一定要画出九宫格，即使画得不够完整，也要列出相关的几类人。比如，专门对某一重点队伍的盘点分析，评价维度可以包括资格条件、胜任能力、业绩结果、关键行为，针对每一维度评价人员的特点，再对人员进行分类，如哪些是理论和实践水平均较高的人员、哪些是不具备资格的人员等。需注意的是，直接上级在确定九宫格图时，应与下属进行一对一沟通；九宫格的结果需要经过两级审核。

四、招聘需求的确定

（一）招聘需求的汇总与分类

招聘需求的分类是处理招聘信息的第一步，招聘信息可以按照下面两种方法分类：

1.按照要招聘的岗位进行分类

例如，把需要招聘的人员按储备店长、销售管培生、助理品类经理、店员等岗位进行分类。这样分类，便于以后招募时分类广告的发布。

2.按照要招聘的部门进行分类

例如，生产研发中心需要3名生产管理培训生；运营中心需要5名业务管培生、1名门店经理助理；仓储物流中心需要4名专员等。这样分类，便于按部门统计需求人数，利于与部门工作定额、定编联系，提高审核与批准的效率。

（二）招聘需求的确定与审批

由组织人力资源部门审核各部门呈交的招聘信息，然后将信息归纳整理，制作成年度组织招聘计划报批表，以书面形式递交。打印出来的计划报批表要递交主管人力资源工作的副总或总经理进行审核、批准。

年度组织招聘计划报批表一般包含招聘部门、现有人数、聘用人数、定员人数、聘用岗位、不同岗位拟聘人数、聘用原因、到岗时间、聘用条件、审批意见等。

单元二　招聘途径选择

一、招聘策略

组织在开展招聘工作时，必须根据外部环境、内部条件和招聘对象的特点，科学有效地安排招聘工作人员、选择招聘时机和地点，加强招聘活动宣传等，这些工作能够确保招聘活动更有效。

（一）招聘的人员策略

一般情况下，应聘者第一次接触到的人员就是招聘人员，而门店招聘员工，往往由店长直接主持招聘工作。应聘对象往往会通过对招聘人员的气质面貌、言语行动、处事风格等外显性因素的观察，来判断组织的经营理念、管理风格甚至发展前景。因此，招聘人员的专业化程度、职业化形象，直接影响招聘的整体效果。

1. 招聘人员要重视招聘工作，熟练掌握基本流程

如果相关人员到店应聘，而店长作为门店负责人显得手足无措，这样会给应聘者一种非常不好的感觉，直接影响他对组织的判断。应尽可能让自己的表达专业，不要出现不确定的、自己都不清楚的表达。同时，招聘人员必须熟练掌握基本流程，门店管理者一般可以参照表2-3所示的几个环节进行简单的到店招聘工作。切记：整个面试的流程无论情况如何，都需要完善，不允许出现没头没尾、随意敷衍的情况。同时，要给应聘者更多的表现机会，80%的时间让应聘者说，门店管理者需给予方向引导。

表2-3　**门店招聘（到店招聘）基本环节**

面试开始	面试沟通环节		求职者提问环节	补充环节
店长自我介绍（形象、礼貌）	提问点	观察要素	观察求职者的关心点	薪资待遇
	请求职者自我介绍	沟通表达能力		工作时间
	了解基本信息（年龄、籍贯、家庭信息）	个人情况		福利情况
求职者职业形象判断	以往工作经验、工作年限、离职原因	工作内容、工作态度、稳定性		技能培训
	选择公司的理由	个人意愿度		发展晋升
	情景模拟（客诉、偷盗等）	反应能力		试工安排

2. 招聘人员要充满热情

从事招聘工作的人员一定要热情，不能对应聘者的疑问或困惑漠不关心甚至置之不理。招聘人员的热情能无形中感染别人，对组织吸引人才有很大益处。

3. 招聘人员应当是一个公正的人

招聘人员在招募应聘者时，必须有正确的出发点，这个出发点就是公心，坚持公

正的原则，不能出现选人唯亲唯友的情况，影响招聘的质量。

4.招聘人员的其他要求

招聘人员除了应当有丰富的专业知识、心理学知识和社会经验之外，还应当形象得体、举止文明、办事高效、品行值得信赖。应聘者大都希望接触到开明而爽朗的人，这样可以使谈话的气氛愉快而轻松。

（二）招聘的时间策略

招聘过程中，各组织考虑到应聘者的数量、招聘的成本以及招聘的质量，都会思考：是组织有需要的时候再招聘还是进行持续招聘？有需要的时候再招聘，会不会招到合适的人才？等待的时间会不会太长？持续招聘会不会给组织造成浪费？组织可以结合企业对人才的吸引力、待聘岗位的性质、人才的紧缺程度、招聘成本等综合因素决定招聘时间。

（三）招聘的宣传策略

招聘工作不仅受到组织形象和声誉的影响，其本身也是直接影响组织形象和声誉的过程之一。在招聘过程中，一方面要尽可能地吸引合适的人才，另一方面还需要利用招聘的机会进行企业形象和声誉的宣传活动。

为了宣传组织良好形象，打造良好的社会声誉，组织应该科学地选择招聘信息发布的途径，需要在校园招聘、网络招聘、内部推荐、其他媒体招聘等方式中注重对组织形象的宣传。在校园招聘中，可以利用音视频资源、宣传画册、校园宣讲等来提升企业形象。

二、招聘渠道

招聘渠道是指企业为吸引求职者所使用的途径与方法。企业可以从内部现有员工中招聘待聘岗位所需要的人才——内部招聘；也可以从外部招聘合适的人才——外部招聘。招聘渠道有多种，各种招聘渠道有利有弊，究竟应当采用哪些方式来吸引求职者，需要综合考虑组织的用人理念、待聘岗位性质、招聘渠道特点、招聘费用预算等因素。

（一）内部招聘

内部招聘是指企业出现岗位人员空缺后，从企业内部选择合适的员工来填补这个位置的过程。内部招聘最大的优势在于雇员熟悉企业，雇主了解雇员，这样可以提高招聘效率、降低招聘成本、减少招聘风险。同时还能极大地鼓舞员工的士气。内部招聘主要有内部提拔、工作调换、工作轮换、公开竞聘等。

内部招聘主要有推荐法（推荐法既可用于内部招聘，也可用于外部招聘）、公告法（确定了空缺岗位的性质、职责及要求等信息后，通过一定的渠道予以公示，所有感兴趣并具有此岗位任职能力的员工均可申请）、档案法（人力资源部门有员工档案，从中可以了解员工在教育、培训、技能、绩效等方面的信息，通过这些信息可以寻找到合适的人员补充岗位空缺）等。

（二）外部招聘

企业处于快速发展时期，仅有企业内部招募很难满足对人才的需要。这时必须借助企业外部的人才市场，采用外部招聘的方式来获取合适的人才。

下面详细介绍这些途径：

（1）网络正规招聘平台是主要途径，如赶集网、58同城、百姓网等。

（2）依靠门店内部员工推荐也是招聘到适合、忠诚的员工的好方式。利用门店员工的个人传播方式进行招聘，可以实现口碑化招聘。

（3）针对国内个别连锁门店的员工进行岗位挖角是效率最高的一种招聘方式。

其前提是找对挖角对象，表明挖角的优势：公司的福利待遇；公司的未来晋升方向；品牌的发展前景以及在国内的领导者地位等。需要着重把挖角的重心放在公司的影响力以及晋升方面。

（4）招聘在校学生做兼职是满足短期用人需求最好的方式。用工条件需要满足每周能出勤3天以上，能工作3个月以上。要注意：兼职员工每周兼职时间不能超过36小时，月度兼职时间不能超过140小时，门店兼职总工时不能超过所有员工总工时的30%。合理招聘兼职店员，不仅可以缓解高峰期人员短缺的压力，也可以灵活进行人员管理，节约人员成本。

此外，还有两种传统的招聘途径，一种是直接在门店展示招聘牌，另一种是派发招聘宣传单。

从快速发展的连锁零售企业名创优品目前门店人才外部招聘的主要途径来看，这些外部招募的方法大多数的连锁零售门店都在采用。近些年，随着国家职业教育的发展，校企合作协同育人储备门店管理人才开始成为热门。校企合作协同育人不同于招聘校园兼职生，其主要是抓住大学生毕业前实践的半年左右时间（时间因学校具体制度来定）储备门店基层管理人才。校企合作协同培养储备管理人才的优势明显，批量人才输出的同时能进行符合特定岗位的技能训练。当然，在校企协同育人储备基层管理人才的过程中，企业关键要思考如何通过校企合作增加学生在培养期对组织的信任感。让学生毕业后留任企业才是制胜之道。

图2-4是名创优品股份有限公司现行的外部招聘的主要途径。

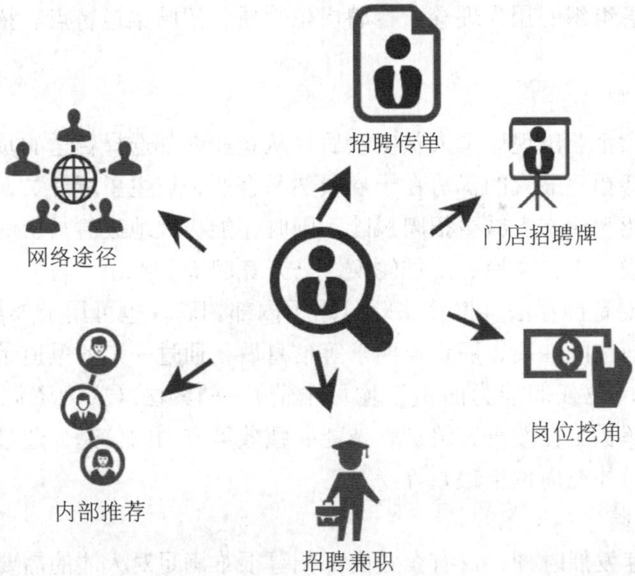

图2-4　名创优品股份有限公司现行的外部招聘的主要途径

三、招聘广告设计

企业可以采用多种多样的招聘渠道，但是不管采用哪种招聘渠道，企业都需要首先进行招聘广告的设计与招聘信息的发布。招聘广告的受众范围十分广泛，包括求职者、外部客户、社会公众、内部员工等。招聘广告代表企业的形象，需要认真设计。

（一）招聘广告设计的原则

一份好的招聘广告应该能够吸引读者，使他们对广告的内容产生兴趣，激起求职者申请空缺岗位的欲望，并促使其快速采取实际行动。招聘广告设计应遵循注意—兴趣—愿望—行动—记忆的AIDAM原则。

1.引起注意（Attention）

企业信息、待聘岗位信息、醒目的字体、与众不同的色彩、显眼的位置等都是吸引人注意的元素。招聘广告设计如果没有特色，很容易淹没在其他广告当中。

2.激发兴趣（Interesting）

要想让受众产生兴趣，需要设计出兴趣点。生动的、具有煽动性、能引起受众共鸣的语言，新颖的呈现方式都容易让人产生兴趣。

3.产生愿望（Desire）

求职的愿望通常与求职者的需求密切关联。求职者的需求基本包括：待遇、培训、晋升、挑战性的工作、成就感等方面。招聘广告中应该设计这些方面的某些元素让求职者产生求职愿望。

4.采取行动（Action）

招聘广告的最终目的是信息通过各种途径发出去之后，能得到求职者的响应，因此招聘广告中要设计联络方式（包括公司网址、联系电话、邮箱、地址等）、信息有效期等元素。

5.留下记忆（Memory）

不管看到招聘广告的人是否来公司应聘，都要让这些信息在受众心中留下一定的印象，这也是招聘广告的一大目的——对组织形象及业务进行宣传。

（二）招聘广告的内容

作为门店的管理者虽然有公司总部人力资源管理者的支持，但一些门店招聘广告的制作需要门店管理者自己做主，门店招聘广告信息的发布不能随心所欲，因为这代表公司的专业形象。一份有效的招聘广告一般应该包括以下方面：

1.标题与标志

“高薪诚聘”“给自己打工”“成长平台等着你”……这些是引起读者注意的关键部分，一定要有吸引力。

2.单位概况

最好以简洁的语言介绍单位最具特色或最有吸引力的某些情况，避免全面铺开、泛泛而谈，可以提供公司的网址，便于感兴趣的受众浏览获取更多的信息。

3.待聘岗位情况

其通常包括岗位名称、主要工作职责等，可以参照工作说明书进行撰写，但必须区别于工作说明书。撰写岗位相关情况最好是站在求职者的角度。

4.岗位任职资格

对应聘者的基本任职条件进行简要描述，包括专业、经验、能力、态度等。尽量避免出现与就业歧视相关的一些要素，如性别、民族、宗教信仰等。

5.人力资源政策

可以提供应聘岗位相应的培训、晋升计划，待遇，工作时间等相关信息。

6.应聘材料

告知应聘者需要提供的材料，如简历、身份证明、学历证明、职业资格证明、照片等。

7.联系方式

公司需要提供通信地址、联系电话、传真、电子邮箱等不同的联系方式，并注明应聘的截止日期。

技能训练2-4

图2-5是名创优品股份有限公司广州番禺万达店的门店招聘广告，请参照招聘广告设计的原则以及内容，团队进行分析讨论，招聘广告效果可否优化？招聘广告的内容是否需要调整？

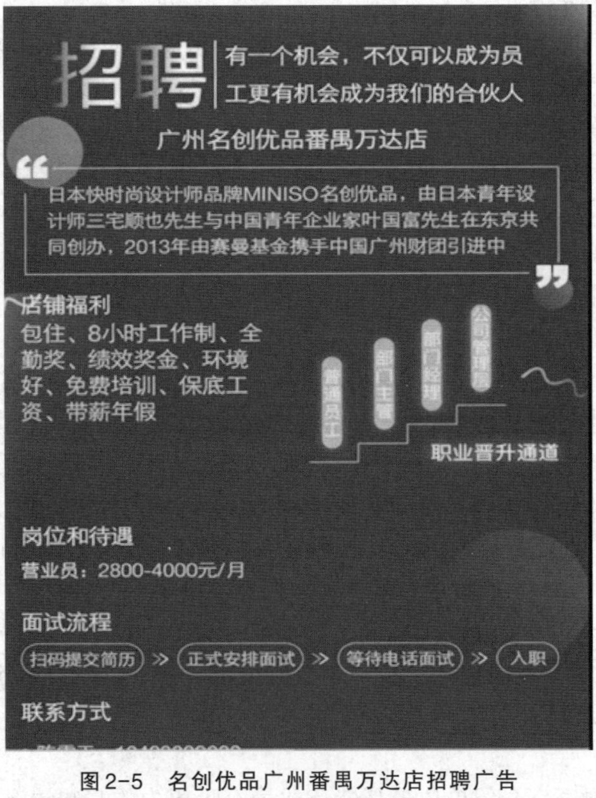

图2-5 名创优品广州番禺万达店招聘广告

当组织或门店通过多种渠道发布了招聘信息，吸引一定的合适人员前来应聘时，组织或门店就要考虑如何在短时间内，以较低的成本挑选出与门店运营一线岗位匹配的人员，这就是甄选工作。连锁零售企业门店运营一线人员的甄选工作，有的由人力资源职能部门完成，有的由门店运营一线管理者（店长）完成。作为门店运营一线管理者，能甄选人才是一项基本技能。从人力资源管理的角度进行甄选，涉及简历甄选、笔试、心理测评、面试或评价中心测评等，大多数门店管理者组织的门店运营一线人才的甄选，不需要这么复杂，基本通过简历甄选、面试两个环节就能决定是否录用。

单元三 选拔标准与甄选流程

一、简历甄选

（一）初步筛选简历的技巧

1.对简历的整体印象

从整体来看，甄选人员可以分析简历的外观是否整洁、格式是否规范、文字是否准确、布局是否合理。

2.分析简历结构

简历结构很大程度上反映了应聘者的材料组织和书面沟通能力。通常，应聘者为了强调自己近期的工作、自己的能力、自己的知识结构，在制作简历时会布局好结构，一般会按时间顺序对每一部分进行详细阐述。

3.判断是否符合岗位任职资格和经验要求

可以通过个人信息、受教育情况、相关经历，判断应聘者的专业资格和经历是否与空缺岗位相关并符合要求。如果相关经历及受教育情况与要求相差甚远，可以直接筛选掉。特别应关注应聘者的相关经历是否与应聘岗位的具体工作职责有一定关联。可以通过应聘者的书面描述，大概判断其在某些具体方面的能力高低。

4.审查简历中的逻辑性

在相关经历和个人成绩方面，要注意简历的描述是否有条理，是否符合逻辑。比如一份简历在描述工作经历中，列举了一些有名气的单位或一些高级岗位，但是所应聘的却是普通岗位，这就需要引起注意。

5.留心简历中的可疑之处和前后矛盾之处

对于简历中出现的可疑之处，要圈出来以便在面试时加以深入了解，简历之中出现的前后不一致的地方，不要轻易下结论。简历中出现这种情况，有可能是应聘者的笔误，也有可能是为了掩盖某些事实，可以在面试中对应聘者加以询问。

（二）简历内容的分析

简历的内容大体上可以分为两部分：主观内容和客观内容。主观内容主要涵盖应聘者对自身的描述，如自我评价部分。客观内容主要涵盖个人基本信息、教育经历、相关经历（工作经历 、实践经历等）和个人成绩等方面。在筛选简历时，注意力应该放在客观内容上。

1.个人基本信息

个人基本信息主要包括姓名、性别、民族、年龄、婚否、籍贯、学历、联系方式等，基本信息部分建议配个人证件照片。

2.教育经历

教育经历包括正规学业经历和培训经历。学业经历应重点关注毕业院校（最高学历或者本科及以上学历从本科开始写）专业、受教育阶段所学课程。这些内容在一定程度上能够反映应聘者的学习能力以及跟应聘岗位相关联的专业知识储备。

3.相关经历（工作经历、实践经历等）

工作经历或实践经历应该涵盖工作或实践单位、岗位与职务、起止时间、工作职责（内容）等。分析应聘者相关经历时，要重点关注其近期的相关工作经历，与应聘岗位要求的相关性如何，要重点看其工作或实践过程中的具体工作内容及成效，最好有一些量化的指标可以看出其工作绩效。要分析其经历变换的合理性、逻辑性，岗位差别及变换频次也要关注，同时工作中角色是主持、协调或主要参与、辅助参与都要关注。

4.个人成绩及其他

个人成绩包括其在学校、工作或实践中所取得的业绩和相关奖励，在校期间所获得的相关资格证书，在学习或工作期间积累的相关技能都可以包含在内。另外，一份简历还要关注应聘者的求职意向、兴趣爱好、其他特殊要求等。

我们可以尝试参照初步筛选简历的技巧，对下面这份简历（如图2-6所示）进行初步判断。（1）请参照初步筛选简历的技巧进行分析，该简历效果如何？（2）该简历结构及内容是否需要调整？可否优化？

***
求职意向：零售管培生

生日：*********
电话：*********
邮箱：***********@qq.com
地址：广东省广州市**区

软件技能

Word 90%　Excel 80%　PPT 80%
创客贴 70%　i排版 80%　易企秀 80%

我想你不介意
深入一点了解我

教育背景

2015.09-2018.07　广州********* *学院　**********专业
主修课程：经济学基础、管理基础与实务、人力资源管理、财务管理、市场营销、战略管理、生产运作管理、质量管理、资源与运营管理、个人与团队管理、创业管理、职业规划与成功素质训练等。

实习经历

2015.06—2016.12　广州********新城店　兼职店员
收银；维护排面；导购；维持门店卫生；为顾客打包商品；最高日个人销售额 5000元以上。

2017.01—2017.02　********花城汇店　兼职店员
维护货架排面；收银；防盗；为顾客解答疑问；维护门店卫生；整理库存；上货；收银、点库存零失误。

2017.07—2017.09　**********英语汇　助教
为幼儿园小朋友上英语启蒙课 教了** 首英语童谣和讲了 ** 本英语绘本；为***的微信公众号做过 ***篇以上主题推文；服务态度获得家长一致好评。

校园经历

2016.10—至今　广州*******工作室　助理
负责工作室行政工作，例如市场调查、资料整理、书籍案例更新，以及协助上司做好培训工作等。做过两份调查样本 1000 人以上的问卷。

2016.10　作为队长，带领团队获得“****教育杯”广东省大学生*********模拟竞赛一等奖；

2016.11　在“****教育杯”全国总决赛中与来自全国的 *** 支队伍同台竞技，最终排名第 8，荣获二等奖。

2017.03　在《创业设计与实践》课程中，带领团队运营公众号（第一篇文章阅读量　1299），　并且组织了线下活动******节“***气球”，活动对象 50 对以上，甚至吸引了四名老师参与其中。

技能证书

获得中国零售基础岗位从业人员证书；
******英语应用能力考试，较好的听说读写能力；
通过全国计算机二级考试。

自我评价

团队小伙伴说我是个有责任心的小组长；老师们说我做事认真，还说认真是一种高贵的品质。其实我只是知道自己的目标，并且努力地去实现它。

图2-6　个人简历

知识链接 2-4

人员甄选方法

常见的人员甄选方法有以下几种：简历筛选法、申请表甄选法、笔试法、面试、心理测评、评价中心技术等。

1.简历筛选法。简历筛选法是利用个人简历的信息进行初步筛选，虽然个人简历能够给申请者较大的自由和空间，但只要企业招聘人员能有技巧地甄选简历，也可以从中获取一些有用信息。

2 申请表甄选法。申请表甄选法是招聘单位根据自己的情况和对应聘者的要求而设计的一种表格形式。制定的申请表格要结构完整、简单明了、直截了当、通俗易懂、易于填写，让应聘者对招聘方的要求一目了然，利于招聘者进行初步筛选。

3.笔试法。这是让应聘者在有关试卷上完成相关试题，然后由评卷人员根据应聘者的解答判定成绩的一种测试方法。主要测试应试者的基本知识、专业知识、管理知识等，推断其综合分析能力、文字表达能力等。

4.面试。面试是最常见的招聘方式。应聘者与面试官直接交谈，面试官根据应聘者回答问题的情况，考察其运用专业知识分析问题的熟练程度、求职动机、实践经验、语言表达能力等。通过面试过程中行为特征的观察分析，依此判断应聘者是否符合应聘岗位要求。

5.心理测评。心理测评是利用标准化的心理量表对应聘者的心理和行为进行测评，主要的心理测评有个性测评、人格测评、性格测评、能力测评、动机测评等。

6.评价中心技术。评价中心技术是指把应聘者置于一个模拟的工作情境中，让应聘者完成各种工作，面试官采用多种评价技术，观察和评价应聘者在该模拟工作情境下的心理和行为、能力表现，以便测试其管理能力和潜质。

资料来源 王贵军. 招聘与录用［M］. 4版. 大连：东北财经大学出版社，2018.

二、面试甄选人才标准

面试是指在特定的时间和地点，由面试官与应聘者按照面试组织方预先设计好的目的和程序，进行面谈、相互观察、相互沟通的过程。通过面试，用人单位可以了解应聘者的工作态度、相关业务知识水平、相关工作技能或能力等方面，应聘者可以全面了解用人单位的相关信息。

某门店/部门要选人，进入到面试环节，如果你是门店店长或部门领导，可以组织或参与面谈，会从哪些方面去考察这些面试者？是否有系统的甄选标准？

一些管理理论缺乏或经验不足的管理者，在面试甄选人才时往往靠感觉或太随意的主观判断：感觉与这个人有工作缘；看简历这个人有经验；感觉这个人还挺符合这个职位的……这样的做法很不科学，往往会导致试用期未过，这个人就直接不来上班了。

作为门店管理者，要充分重视面试甄选工作，通过加强双方的交流，提高招聘的匹配率。面试是前期初步筛选方法（如简历甄选）的必要且有效补充，简历甄选只能静态反映应聘者个人的基本信息、知识、经历及技能水平状况，但这些信息并非一定真实可靠，通过面试甄选这一相互沟通、相互观察的过程，可以动态、全方位获取应聘者的综合信息。面试甄选的过程中，要想全方位获取应聘者的综合信息，可以从哪些方面入手呢？面试工作的组织者应该精心设计符合组织、岗位需要的甄选标准。一般来讲，面试甄选人才时可以从以下七个方面来精心设计，对应聘者的知识、能力、工作经验和其他非智力因素进行考察，依此推断其在未来工作岗位上可能的行为表现。

1.知识学历

知识学历是目前衡量人才的主要标准之一，具有与岗位相匹配的专业知识或相应的学历的人，能更快地进入工作角色。面试对专业知识的考察更具灵活性和深度，所提问题也更接近空缺岗位对专业知识的需求。

2.经验

不是看应聘者“干了多长时间”，而是看其“在什么背景的企业、具体干过什么以及怎么干的”。以往工作过企业的背景能说明应聘者的成长环境和职业习惯。应聘者在成长性企业往往成长速度快，涉及面广；在成熟性企业的成长速度慢，涉及面窄，因为这些企业的专业化分工较细。通过查阅应聘者的个人简历，拟定相关的问题，能补充、证实其所具有的实践经验，通过实践经验的了解，可以考察应聘者的责任感、主动性、思维能力、口头表达能力以及处事的理性程度等。

3.技能

技能是应聘者操作设施、设备、工具所需要的能力。考察应聘者技能最有效的方式不是“问”而是“做”。

4.能力

一般能力指语言表达能力、理解能力、数字运算能力、逻辑推理能力、人际交往能力等做任何工作都需要的基本能力。每项工作都有其对应需要的关键能力，关键能力是指在具体岗位上完成任务所需要具备的重要能力，与其绩效成果有直接关系。面试中，应聘者是否能够将自己的思想、观点、意见或建议顺畅地用语言表达出来；应聘者是否能够对面试官所提出的问题理解正确，并且分析全面；应聘者人际交往倾向以及与人相处的技巧如何……这些都是在面试甄选中要重点关注的。

5.兴趣与职业价值观

人生最大的幸福就是做自己感兴趣的事情。兴趣对员工的工作态度产生重要影响，兴趣是应聘者职业取向的重要体现。不同的兴趣、职业价值观具有不同的行为特点，适合不同类型的工作。了解应聘者兴趣及职业价值观，可以直接判断其是否匹配应聘岗位或利于对其进行合理的岗位配置。

6.个性

每个人都有个性化的性格特点，不同的性格特点在不同的环境下会有不同行为表现，这些表现决定了人们能够产生的最终绩效。例如，上进心强的人，积极主动、努力把现有工作做好，遇事更多的是解决问题，而非抱怨；上进心不强的人，一般都安于现状，不求有功，但求无过，对什么事都不热心；情绪稳定的人，面对压力能够克制、容忍、理智分析及对待；情绪不稳定的人，容易抱怨，甚至是发泄，将矛盾升级……通过精心设计问题，在面试中经过沟通、观察对应聘者的态度进行甄选非常有必要。

7.动机

动机是人的外在行为表现的内在原因，心理学家称之为内驱力。动机实际是人的需求的真实反映，工作的过程和结果能否满足求职者的真实需要非常关键。应聘者内心“真正的需求”能够通过工作过程和结果得到满足是最关键的因素之一。动机不同，在工作中的表现和业绩也会不同，了解应聘者在工作中追求什么，进而判断组织所能提供的职位或工作条件是否能满足其工作要求和期望，由此判断应聘者是否适合从事该工作，是提升招聘效果的关键。

三、面试流程

面试有很多的方法，作为门店管理者，一般懂得进行常规面试即可。常规面试就是我们日常见到的面试官和应聘者面对面以问答形式进行的面试。在这种面试条件下，面试官处于积极主动的位置，应聘者一般是被动应答的姿态。面试官提出问题，应聘者根据面试官的提问作出回答，展示自己的知识、能力和经验。面试官根据应聘者对问题的回答以及应聘者的仪表仪态、身体语言、在面试过程中的反应等对应聘者的综合素质状况作出评价。

一般情况下，常规面试可以由三个阶段组成：准备阶段、面试实施阶段、评估阶段。正式操作中，面试工作开始之前最好按照3∶1的比率确定候选人数，候选人数确定后再进行准备、实施及评估阶段的相关工作，评估阶段一般会通过整理面试记录表（或面试评价表）来作出面试决定，常规面试的基本流程如图2-7所示。

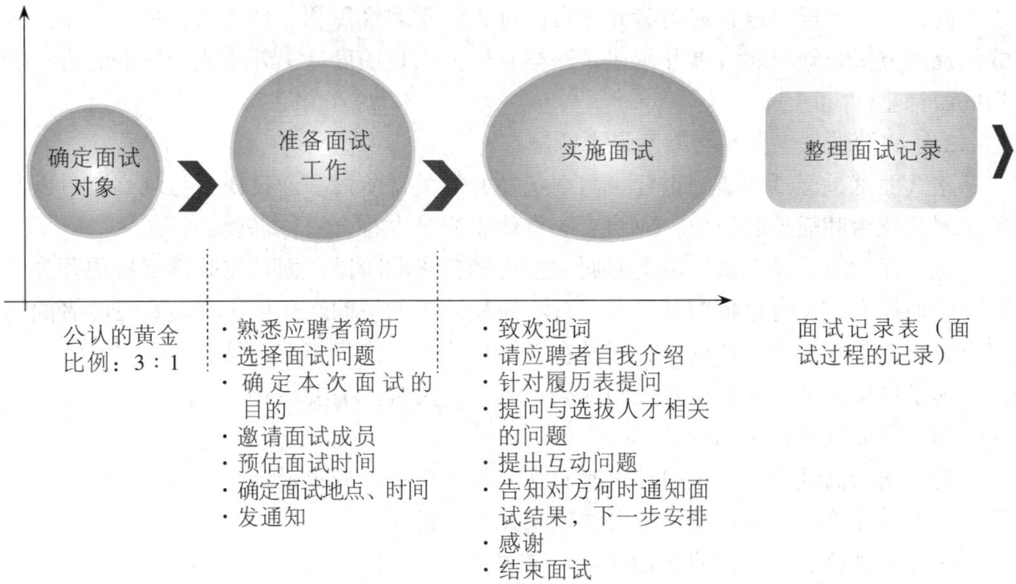

图2-7 常规面试的基本流程

下面我们重点阐述一下面试前的准备阶段、面试实施阶段以及评估阶段的关键工作。

（一）准备阶段

应聘者到你所负责的门店接受面试，这既是你代表公司考察应聘者的时候，也是应聘者考察用人单位的时候。用人单位在面试中的准备工作做得如何，会直接影响到公司的形象以及招聘工作的质量。

面试前准备阶段的主要工作内容包括：熟悉应聘者简历、确定面试的问题、科学设计面试问题、确定面试工作人员、确定合适的面试时间和地点及预估面试的时间（便于面试官提前做好工作安排），等相关细节都安排妥当之后，需要给应聘者发送通知，提醒面试相关事宜。作为门店管理者，面试对象的确定也需要根据拟招聘人数做好前期的简历筛选工作，尽量保证3：1的比例。

（二）面试实施阶段

1.面试开始

面试的正式实施过程中，作为面谈工作的组织方，首先要让应聘者放松心情，这个阶段应做好两个方面的工作：

第一，创造友好气氛，让应聘者放松心情。

应聘者带着“求职”的心态进入企业，心情有点紧张这是很正常的情况，尤其是刚步入社会的应届毕业生。因此，刚开始面试时，面试官不要太着急开场，可以寒暄几句，这有助于应聘者在短时间内放松心情，利于后续更加开放地沟通。可以简单讨论一些与工作无关的问题，如天气、交通情况等。可以这样闲聊：你今天是怎么过来的？我们这个地方好找吧？今天天气超热，先凉快一下……

第二，问基本问题，导入面试。

简单寒暄后，可以从应聘者能预料的、比较熟悉的问题开始提问，让应聘者轻松进入面试。这时候可以让应聘者介绍自己过去的学习经历和工作经历，可以采用开放式的提问方式，让应聘者展开阐述，这样有较大的自由度，另外也能为后面的进一步提问做铺垫。

2.正式面试——探寻与判断是否匹配

正式面试是面试官最为重要、需要把控好的关键阶段。通过谈话与观察，可以判断应聘者能否胜任拟聘岗位，应聘者的整体素质是否符合岗位需要。

正式面试阶段是面试官最需要面试技巧和艺术的阶段。面试官既需要按照预先设计的问题提问，又要根据应聘者的回答不断构建新的提问，还要认真观察应聘者的语气语调、面部表情和身体动作，同时在面试评价表上进行相应记录。

为了尽量保证正式面试阶段的效果，有几个关键点需要注意：

第一，面试评价表的设计。

为了便于面试官在面试中记录应聘者的相关情况，应该设计一份合适的面试评价表格，面试评价表格的设计对于面试效果尤为关键。

一份面试评价表格需要包括以下几个部分：

（1）表头。表头一般由标题、编号、日期等构成。例如：××门店店员面试评价表、××门店管理者面试计分表……编号是这类应聘者的序列号；日期是填写此表的具体日期。有了表头就便于归类整理与查找。

（2）基本信息部分。基本信息主要反映应聘者的基本信息，一般情况下，包括应聘者的姓名、性别、年龄、所学专业、应聘岗位等。在实际操作中，有的组织因为一类岗位所采用表格是同一套设计，所以基本信息部分不设计应聘岗位；有的组织会将面试评价表格与应聘者简历或者应聘者信息登记表等统一归档整理，所以在面试评价表格中只设计简单的基本信息内容。基本信息部分设计哪些填写项，取决于实际操作过程中组织的一些配套做法，并非机械套用规定。

（3）评价指标体系。评价指标体系是一组既相互独立又相关的并能较完整反映应聘者岗位胜任特征的评价因素的集合。各个测评维度、具体测评指标应该是相互独立的，不能相互重叠或包含。各个测评维度、具体测评指标是评价岗位应聘者的关键核心元素，各个指标是相关的，是为了达到整体测评目的而必不可少的。同时，各个测评维度、具体测评指标的集合是完整的，也就是说这些测评指标集合在一起，能够尽可能全面地评价拟聘岗位的应聘者。当然，指标体系的完整性是一个相对概念，不可能绝对完整，在开发测评维度、设计具体测评指标过程中要尽可能控制主观性。

（4）评价权重。权重是指指标的相对重要程度，设计权重是为了区分评价指标对于胜任应聘岗位的重要性程度。权重设计要注意：所有指标的权重之和为1。

在某些组织开发的面试测评表格中，会体现出权重设计的概念，但表述又不是权重，各指标对应具体分值，指标体系总分为100。这种方式利于操作，也反映出了各指标在整个体系中的重要程度。

（5）评价问题设计。面试问题设计的合理与否直接关系到面试的成败，通常情况下，门店管理者在思考如何设计面试问题时，需要遵循以下基本原则：

首先，面试问题的设计需要体现面试的目的。面试与笔试明显不一样，笔试的主要目的在于考察应聘者的知识水平。面试的主要目的是考察应聘者的经验、能力、技能，挖掘应聘者的动机、兴趣或者个性等方面的情况。遵循面试的目的，面试问题的设计才会明确、具体，不偏离方向。

其次，面试问题的设计应该突出面试的重点。我们并不能在有限的时间内对应聘者的方方面面进行详细考察，需要通过面试问题的设计，完成对重点内容的考察。面试需要考察的是应聘者是否具备与拟聘岗位相匹配的能力和综合素质。

再次，设计面试问题时应注重共性问题与个性问题相结合。共性问题是指求职动机、对组织的了解情况和对组织的发展期望等；对于应聘相同岗位的应聘者，共性问题还包括围绕岗位所需专业知识所提出的问题。个性问题要针对拟聘岗位要求和应聘者个人情况而提出，问题必须非常明确具体，能紧紧抓住岗位要求和个人情况中有代表性的内容，个性问题的提问不在多而在精。

最后，面试问题设计要遵循科学合理的原则。面试问题的设计一定要在语法、语义上做到科学合理，不可出现语义不清、模棱两可等情况。问题设计要注意政策、习俗，凡涉及个人隐私的问题应尽可能回避。提问的宗旨不是“问倒、问难”应聘者，而是给应聘者一个充分展示自己的机会。

了解了面试问题设计要遵循的基本原则，我们还要特别重视面试问题设计的基本程序，面试问题需要参照以下几步进行设计：

（1）明确面试目的。面试目的是设计面试问题的导向，为了明确面试目的，面试问题设计人员至少要做好三个方面的工作：一是了解企业文化、价值观和企业领导对拟招聘人才的核心要求；二是熟悉拟聘岗位的职责和任职资格条件，好好阅读工作说明书并向有关人员咨询；三是仔细研读应聘者材料，从中找出疑点和值得提问的地方。

（2）确定面试的重点。面试的时间有限，不可能在简短的面试中谈及所有有关岗位要求和求职材料中的问题，所以，设计面试问题时必须根据岗位关键胜任能力和求职材料中的关键点进行提问。比如：个人基本信息、教育经历一般情况下不应作为重点内容，求职动机、与岗位相关的工作经历和经验、团队合作性、学习能力等方面可以作为面试问题设计的重点。

（3）细化面试测试的内容。针对选定的测试重点内容，选定需要测试的能力素质，确定每一项能力的表现前提、表现形式、表现内容以及表现结果。以“团队合作”为例，要搞清楚团队合作包含哪些具体内容，在团队相处中的状态等。

（4）设计面试的具体问题。将相关内容融入具体的问题之中。

（5）修正完善面试问题。将设计好的问题对在岗人员进行测试，或向专家请教，根据反馈信息完善面试问题。

第二，面试官的追问及观察。

为了了解应聘者过去的真实信息，面试官需要灵活提问，一般可以就应聘者回答问题中的某个细节进一步发问，不断“追问”下去，这样可以判断应聘者所描述的经历、事实是否真实。当然，在这个沟通的过程中，面试官一定要认真观察应聘者的非语言行为，尤其是应聘者回答问题时的眼神。通过察言观色，密切观察应聘者的行为与反应，可以判断其是否在撒谎。

（三）评估阶段

面试官仔细倾听、认真观察，还要适当记录，可以记录一些关键性的回答中的要点和关键非语言行为中的要点，通过对照面谈记录表（或面谈评价表）的测评指标，进行客观判断，整理出面试评价结论。

对于有多个面试官评价的情形，必须将这些信息汇总，可以参考以下流程进行综合评估。第一，每位面试官签名确认自己对应聘者作出的面试评价；第二，核算各位面试官的评分，得到应聘者的平均得分；第三，公布各应聘者的面试评价得分，面试官进行讨论，作出综合评价；第四，得出面试工作的综合评估结论，制作管理表单，包括：应聘者基本情况（编号、姓名、性别、应聘岗位等）、面试情况（面试得分、评语、面试结论等）、面试官（签名）等。

技能训练2-5

表2-4是某组织招聘门店店员的面试计分表，请参照面试评价表的设计以及面试问题的设计等方面的知识，团队进行分析讨论，该面试计分表效果如何？可否优化？

面试计分表的结构、内容是否需要调整？

表2-4 门店店员面试计分表

测评维度	观察点行为与指标 （行为指标）	观察点行为与指标 （目标行为经典问题举例）	评分
团队合作 （满分15分）	1.能够快速融入团队 2.对团队有奉献精神 3.能够与团队成员友好相处	1.假如进入一个新环境，你要怎样才能让自己尽快熟悉？ 2.你有没有跟自己的团队做过一件很成功的事？请分享。 3.假如你跟你的团队成员发生矛盾，你应该怎么去处理？	
责任感 （满分15分）	1.能够明确自己的职责 2.不随意推卸责任 3.努力做好自己分内的事	1.我想听听你对自己工作的理解。 2.你觉得责任感在一个团队里有多重要？ 3.你觉得在一个团队中个人的作用大不大？会不会影响一个团队的发展？	
学习能力 （满分15分）	1.能明确自己的学习目标和学习能力 2.能把知识应用在自己的工作中 3.在面对困难和问题时保持学习热情	1.你读大学时最好的功课是哪门？你喜欢学习新知识吗？ 2.你能熟练使用Office系统或者其他的办公软件吗？ 3.面对工作中的困难，你应该怎么去解决？	
执行能力 （满分15分）	1.能正确理解和完成分配的工作 2.具备解决问题和发现问题的能力 3.对自己的工作有清晰的安排	1.假如工作安排发生变动，你能快速反应过来吗？ 2.在紧急工作中发现了漏洞，你应该怎么去解决？ 3.你是一个有规划的人吗？有没有做日程表的习惯？	
吃苦耐劳 （满分15分）	1.不早退，不随意请假 2.不抱怨自己分内的工作 3.每天都能在规定的时间内到场	1.对你来说，工作重要吗？ 2.你喜欢自己的工作吗？ 3.你是一个有时间观念的人吗？	
其他方面 （满分25分）	个人习惯与面谈时的仪表神情，对待此次面谈的态度		
计分表使用说明： 1.问题举例是经典问题，面试官可根据内容自行发问。 2.其他方面25分由面试官根据自身经验客观评分。 重要：70分以上纳入二轮面试，可根据面试分数排名录取。		应聘者姓名： 面试官（签名）： 时间：	

单元四　录用决策及试用期岗位留人

组织经过严谨的筛选面试流程后，需要最后决定录用人员。

一、录用决策

由于聘用的职位不同，录用决策的主体会不一样。录用的原则：谁用人，谁拥有决定权，谁就有责任选准人。在录用决定出现不一致的情况下，遵循以下原则：一是如果人事部门与用人部门在人选问题上意见有冲突，应尊重用人部门的意见；二是规范参加决策的人数。

作出录用决策后，需要及时通知被录用对象，并且拟定规范的录用通知。

（一）录用通知

1.录用通知的主要内容

录用决策确定下来后，负责招聘的相关人员应该及时通知被录用者。录用通知的主要内容包括：

第一，对新员工的加入表示欢迎，让被录用者知道他们的到来对于组织的重要意义。

第二，明确员工报到的相关内容。

第三，报到的时间和地点。

第四，如何到达以及其他应该说明的信息。

2.录用通知范例

录用员工报到通知书

×××先生（女士）：

您应聘本公司________职，经复审，决定录用，请于________年____月____日（星期________）上午________时，携带下列文件及填写好的附件表格，到公司人力资源部报到。

携带物品文件：

（1）居民身份证

（2）体检表（近一个月体检结果有效）

（3）本人开户的工商银行卡

（4）二寸半身照片________张（免冠、近照）

说明事项：

（1）按公司规定，新进员工必须试用____个月，试用期间暂定支付月薪为____。

（2）报到后，本公司将在愉快的气氛中为您做职前介绍，届时将为您简单介绍相关的人事制度、服务守则、福利及其他注意事项。

（3）报到地点和乘车路线：（略）。

（4）如果您有疑虑或困难，请与本部联系。

联系人：（略）

联系电话：（略）

××公司（盖章）

年 月 日

（二）新人报到指引

录用通知发送之后，新员工在未到岗前对组织的一些细节要求并不清楚，有的组织充分重视录用报到工作，会将报到指引形成文案推送给新入职者，这不仅能让新员工感受到组织的重视，也显示出组织管理工作的细致及严谨。分享一则战略合作企业在新人报到过程中推送的PPT文案：新人报到指引。

深圳市西遇时尚服饰有限公司（以下简称“西遇”）是编者所在单位的战略性合作企业，国内少有的轻潮快时尚品牌之一。为了新入职员工能感受到组织的重视，让其对即将要工作的岗位的一些细节要求了解到位，知晓其初到工作岗位的一些具体安排及相关事项，西遇人力资源部门会将设计好的新人报到指引形成简洁的PPT文案，呈现给将要入职的各位新员工。

从西遇新人报到指引文案当中，我们可以看出，在新人到岗之前，对其所关注的一些问题作出细致安排以及温馨提示，能让新人感受到组织的关怀及处事的专业。新人报到指引一般可以从以下方面展开：第一，与报到相关（时间、地点、需提前准备的资料、联系人及联系方式、交通指引等）；第二，与上岗前培训相关（培训时间、行程及相关培训内容等）；第三，与后勤支持相关（住宿安排、需提前准备的自带物资、工服相关事宜等）。

拓展阅读：西遇新人报到指引

二、试用期管理

新员工流失率高是很多组织关注的话题。新员工流失的原因主要集中在以下方面：领导及同事对新入职员工的关爱不够，工作环境压力大、找不到方向感，从老员工那里受到负面影响，抱着试试看的心态在上班，公司对入职的新人没有进行任何培训等。作为门店管理者，在作出录用决策后，除了高度重视新人报到的系列安排，让其感受到温暖、重视及管理规范之外，还需要高度重视对其在试用期内的指导、关心。试用期内，在考察新员工工作态度、工作能力等方面是否符合组织需要的过程中，作为管理者，试用期员工的管理尤为重要，关乎招聘阶段的最终效果。

试用期员工管理工作含试用期限界定、试用期内培训、试用期员工关怀、试用期内考核、试用期内成长指导、试用期转正等工作。门店管理者若是简单地将试用期看成试工，不对招聘录用的新人有完善的工作指引、关怀或规划，新人在试用期内流失的可能性就很大。因为新人进入企业，他们关注的是能力是否能得到提高，管理者或组织环境是否能为他们的工作和事业提供帮助。门店的管理者可以从培养、考核等方面着手，导入门店试用期员工管理机制。

（一）关注新人培养

新人在入职后如果管理失当，极容易离职。其最主要的原因是不能很好地融入这个团队，对于工作的茫然及无助等。有不少门店店长对新员工采取“放羊式”管理，甚至为了锻炼新人，安排其单独销售，员工感觉被忽视、被冷落，没有归属感，最终很容易放弃，从而离职。因此，在新人到岗之际最好导入师徒机制，选择合适且愿意指导新人的师傅对接新人的培养，关注其成长。

对于新入职的学徒来说，他们需要通过对自我角色定位、与同事上司等互动的社会化行为来获取自己的角色认同，从而开展与自己角色相关的工作。“我什么都不会，恨不得同事就一直在旁边帮我”“我很想放弃，很害怕被顾客投诉”，这是研究对象在回忆自己刚进企业时的真实心理写照。处于角色社会化初期的新人希望获得工作技能成长以胜任岗位能力要求，但更需要的是他人心理及情感的支持。这一阶段是新人们心理波动最大、情绪最不稳定的时候。对于这类新人，师傅承担着学徒培养的重要职责，要提供“一对一”或“一对多”的工作知识和技能的指导，学徒对于师傅给予的职业指导需求也明显增加。

综上所述，作为门店管理者，新人的适应转换绝不可“放羊”，师徒机制不仅适用于学徒类员工，对于一般的新人普遍适用，建议企业建立师傅的遴选机制、考核机制与动态调整机制。

（二）关注试用期考核

用人单位如果能证明劳动者不符合录用条件可以解除与试用期员工签订的劳动合同，因此对试用期内员工的工作态度、能力进行评价考核需及时与规范，争取在此阶段通过考核筛选出不符合组织目标的新人。

用人单位要解除试用期员工的劳动合同，举证责任在用人单位，要证明劳动者不符合录用条件，需要以考核结果为依据。考核需要围绕事先设定的录用条件进行。考核可以采用定期考核与不定期考核相结合的方式进行。考核的形式可以是笔试、面试或其他方式。

拓展阅读：西遇时尚服饰有限公司关于试用期员工的培养计划

“不符合录用条件”解除劳动合同，仅仅限于在试用期内，一旦超过试用期，用人单位就不能以此为由与员工解除劳动合同。试用期届满前，必须对试用期的员工去留做一个选择。

门店管理者在招聘录用阶段采用科学有效的方法进行人才筛选，作出录用决策的同时显示出对拟聘人员的重视；在试用期阶段对新人加以指导、关怀，经过这些严谨且规范的管理行为，相信最终转正的人才会为门店创造应有价值。

项目测试

一、简答题

1.什么是工作分析？

2.组织用来核定用人数量的基本方法有哪些？

3.人才盘点主要解决什么问题？

4.招聘渠道一般有哪些？

5.试用期员工管理要注意哪些事项？

6.简述面试的基本流程。

二、材料分析题

材料1　休闲食品门店员工招聘相关事宜

门店工作人员是店铺最前线队伍，由于直接面对顾客，他（她）的行为举止会影响销售及店铺整体形象；经常性的人员流失会影响店铺运作。如何妥当安排员工工作，提高其整体工作表现，令工作顺畅是人事管理的重要目标。

一、人事组织架构（如图2-8所示）

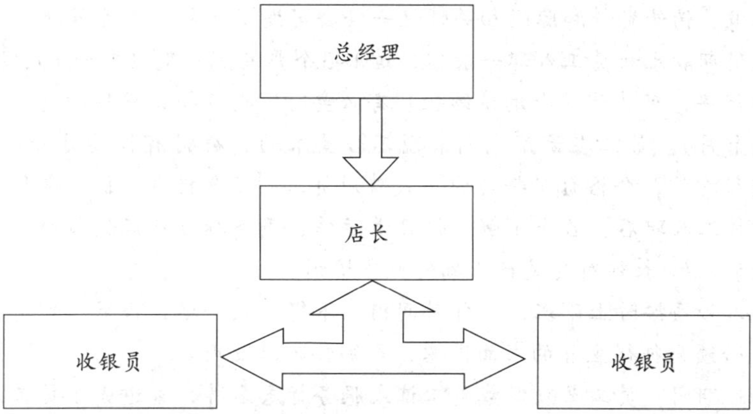

图2-8　休闲食品门店人事组织架构

二、招聘原则

1.门店招聘员工的主要原则是依据应聘者是否适合应聘岗位的素质和培养潜力，并以该职位人员应具有的实务知识和操作技能作为考核准则。

2.应聘者的综合素质和个人理念是否与总部要求相符是培养潜力的重要衡量标准。

3.特殊情况下，若应聘者实际工作经验缺乏，但个人综合素质良好又具备培养潜力的，可以录用。相反，就算应聘者有一定的工作经验，但素质和培养潜力不符合公司要求的，不可录用。

4.应聘者必须如实填写应聘表，经面试考核后方可聘用。

三、员工面试内容

切勿因人手短缺而随便雇用员工，应继续寻找符合公司要求的人选。

1.先在面试前看一遍应聘表；

2.与应聘者打招呼并介绍自己；

3.询问申请表上漏填的地方；

4.了解应聘者过往的经验；

5.请应聘者简述对公司品牌的认识；

6.解释营业员的工作范围；

7.介绍员工福利；

8.让应聘者发问有关工作的问题；

9.通知应聘者何时知道面试结果。

四、员工入职程序

1.新员工报到时，需向公司提供以下有效证件方可办理入职：身份证/户口簿的原件及复印件；学历证书/毕业证书原件及复印件；1寸免冠彩色照片2张；健康证原件和复印件。

2.员工必须保证向公司提供的个人资料真实无误，不得隐瞒传染病。个人资料更改后必须立即告知门店负责人，如地址、电话、受教育程度、婚姻状况等。

3.虚报、伪造资料和隐瞒相关情况一经公司发现立即无条件辞退。

4.试用期。凡新员工入职一般需经过1~3个月的试用期（包含7天实习期）。若新员工表现优异，可将试用期酌情缩短。有必要时，也可将试用期酌情延长（但延长期不超过3个月）。员工在试用期间表现不合要求的，公司有权随时辞退。试用期满，对员工进行考核，合格员工将转为正式聘用员工，不合格者将被立即辞退。

5.新员工入职后，首先了解店铺日常运作、服务标准及店铺各项注意事项。在入职前，负责人/店长须对其进行基础的业务培训。

6.员工必须按时上下班，工作时间内，不得无故早退，擅离工作岗位，如需要调班调休，必须先征得主管的书面同意，否则按旷工处理。

7.工作期间，员工必须佩戴员工证或服务标志名牌，如遗失了员工证或名牌应立即到人力资源部办理补领手续，并赔偿制证费。

8.员工必须保持制服清洁。如有遗失或损毁，员工要报告主管。离职时员工须交回工衣折旧费等（按个别门店要求）。

9.员工要爱护店内的财产及设施，不能擅自携带任何属于店铺的财物外出。损坏、遗失设施、设备要按价赔偿。

10.上班时间禁止在公司内接待亲友来访。

11.如遇客人投诉事件需紧急处理，员工必须耐心聆听客人的意见，当超越员工本身权力时，应立即通知店铺负责人处理。

12.员工违反员工守则与条例或渎职，将视情节轻重，给予必要的处分，直至辞退而无须进行任何补偿。合同制员工按所签订的劳动合同规定办理。

13.员工辞职必须递交辞职申请书，经店铺批准后，方可办理辞职手续。员工必须完成下列手续后方可离职：交还员工证或工牌；上交工装折旧费等（按个别门店要求）；交还所有领用的物品及店铺锁匙等。

材料2　某直营店店员招聘入职流程图（如图2-9所示）

问题：

1.综合以上两则门店招聘材料，分析两个门店是否存在招聘程序错漏？

2.如果你是门店管理者（店长），你会采用哪些类型的管理表单来规范招聘工作？

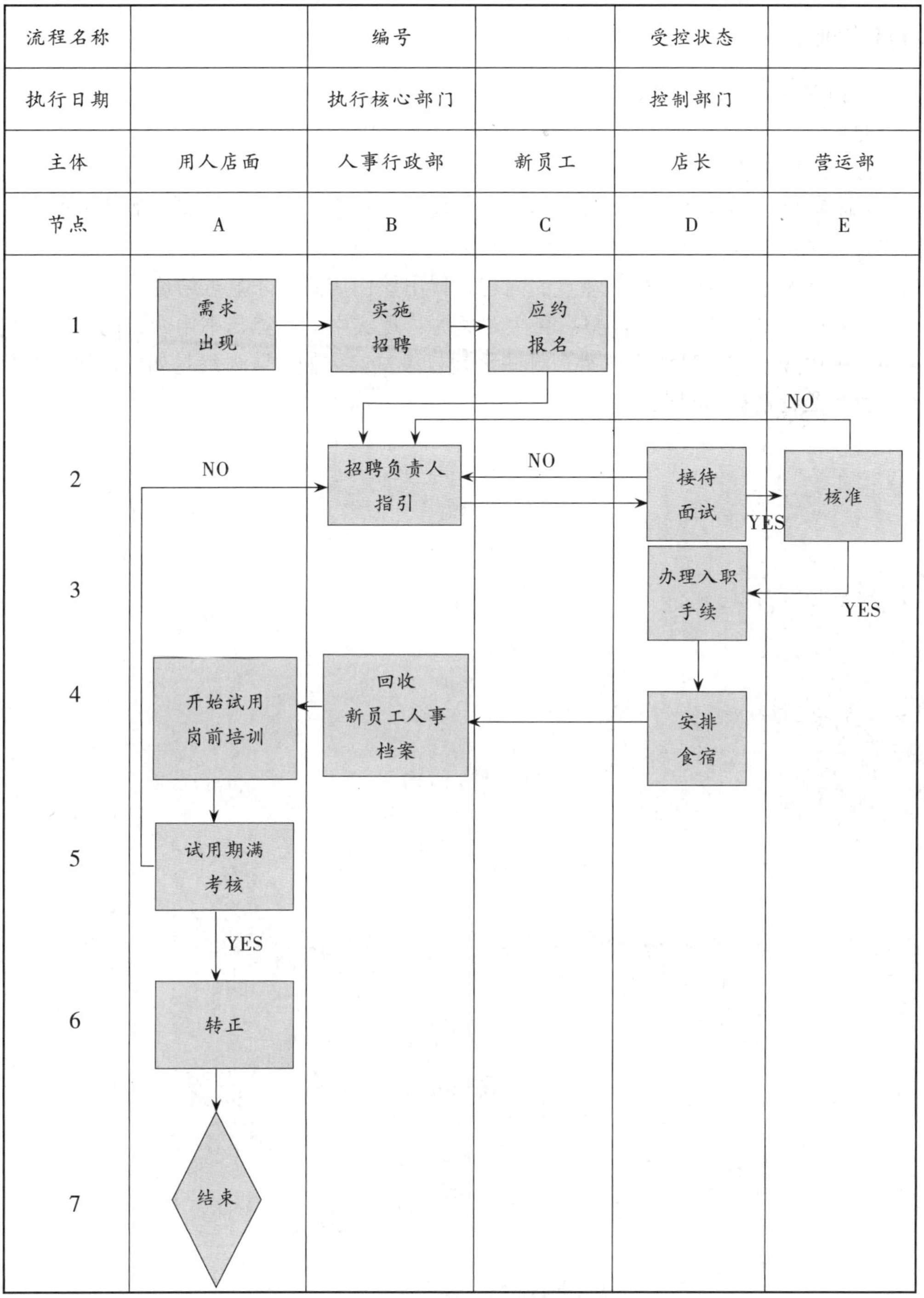

图 2-9　某直营店店员招聘入职流程图

资料来源　百度文库. 食品门店员工招聘相关事宜［EB/OL］.［2019-10-15］. https://wenku.baidu.com/view/1f6cdae4964bcf84b8d57b18.html? from=search；百度文库. 各直营店店员招聘入职流程图［EB/OL］.［2019-10-15］. https://wenku.baidu.com/view/5224881158fafab069dc02bc.html? from=search.

项目实训

实训内容：门店人才盘点。

要求：

1.每5人组建一个团队。

2.团队自行寻找调研对象（曾经或现在实习、兼职的门店，或学校周边商圈内的门店），获取其支持，对门店进行人才盘点。

3.注意人才盘点的流程，盘点的内容，得出该门店的人才盘点结论。

4.制作PPT，在课堂上汇报。可主要关注：现实中的盘点与书中介绍的盘点有何区别，书中盘点方法哪些可执行，哪些落地效果差？你们团队最终是如何操作的？最终的盘点结论门店认可吗？

项目三

店长如何培育店员

◎ 学习目标

知识目标：

能够了解员工培训与开发的含义与目的；掌握员工常用的培训方法；能够设计和实施具体的培训方案。

能力目标：

能够了解员工培训与开发过程中常见的问题；掌握培训需求计划拟订的流程和方法；掌握培训评估的内容、工具和程序。

态度目标：

使店员能够胜任近期的工作；长期激发他们的潜能；能实现组织经营的战略目标。

◎ 项目框架

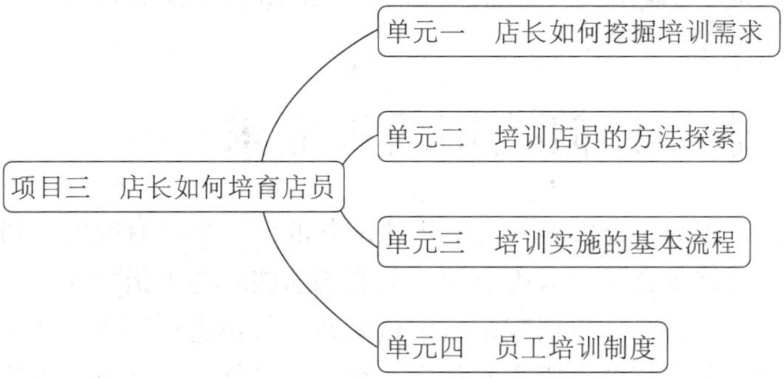

【项目导入】

星巴克的员工培训

查尔斯·都希格所著的《习惯的力量》一书中列举了这样一个真实的案例：男主人公的父母吸毒成瘾，男主人公的生活乱成了一团，但星巴克改变了他的命运。就职于星巴克后，男主人公在25岁时手下有了40名员工，是两家年收入超过200万美元的星巴克门店的经理，享受401（k）计划并且上班再也没有迟到过，工作时心情也不再忐忑。书中有这样的描述：“‘没人能伤害你。你想变得多坚强，你就会有多坚强’。”

这个培训改变了男主人公的一生。星巴克教会了他如何生活，如何集中精力，如何按时上班，如何控制自己的情绪。最关键的是，星巴克传授给了他意志的力量。

在入职第一年，星巴克的所有员工都会获得不少于50小时的课堂培训时间，并且还要花费更多的时间在家中学习工作手册，与委派的专属导师进行交流。星巴克教育的核心紧紧围绕着一项重要的习惯，就是意志力。大量研究表明，意志力是引导个人走向成功最关键的阶梯。早在初期，星巴克就开始研究如何指导员工调节自己的情绪，提高自律性，从而在提供各项服务的时候给人一种积极向上的感觉。如果雇员懂得如何保持精神的集中和自律，即使是在8小时轮班的最后一刻，他们也能一如既往地提供星巴克顾客所需要的更高级别的餐饮服务。星巴克已经支付了数百万美元用以开发员工的自律培训课程。

实际上，公司行政部门也编撰了工作手册以指导员工在生活中将对意志力的锻炼培养成一种良好的习惯。正是这些课程促使星巴克由一家一蹶不振的西雅图企业，发展为餐饮界巨擘。

回头看看我们国内的企业吧。花费数百万美元开发员工自律培训课程？怎么可能？除非是老板脑袋进水了。老板和管理者们心想："员工自律不自律关我什么事？员工只要将活干好，遵守公司的规章制度就可以了，至于员工是否自律不用我们操心。""员工们最重要的是做好本身的工作，至于他们'如何生活'我们管不着。"

案例启示：目前国内不少已经走在"成功"大道上的企业，其成功往往与企业的管理水平关系不大，与老板和员工的职业化程度也没多大关系。当然，我们知道星巴克在员工的教育训练上花费那么大的精力和成本也是系统的力量，不能指责国内企业的老板"没有格局""视野不够""胸怀不够"，因为这跟企业和整个社会的发展阶段有关。

资料来源　移动学习前言．星巴克的员工培训［EB/OL］．［2019-11-25］．http：//www.hrsee.com/？id=395.

单元一　店长如何挖掘培训需求

好的门店队伍规划是连锁企业进行人才配备的第一步，有效的人员招聘将为连锁企业各门店的开业储备充足的人力资源。但要想这些新进人员能在新店开业时如期上岗，连锁企业还要做的一件事情就是组织这些新进人员进行培训。从培训管理的角度来看，各个连锁行业、每个连锁企业都应有结合自己行业、企业特点的培训管理体系或制度，但因为各种原因，一些连锁企业对培训管理制度并不重视，以至于很多企业的培训并没有取得应有的效果。拥有高素质的人才是组织提高绩效必不可少的前提条件。员工的培训与开发是提高员工素质，使组织获取竞争优势，从而提高组织绩效的基本途径。

一、培训与开发

（一）培训的含义

培训有广义和狭义之分。广义的培训是一个为员工灌输组织文化，提供思路、理念、信息和技能，帮助他们提高素质和能力，提高工作效率，发挥内在潜力的过程。

狭义的培训是指给员工传授其完成某种工作所必需的基本技能的过程。培训包括对员工的基本技能培训（完成自身工作所需的技术）、了解生产工作系统和自我激发创造力培训以及与组织经营的战略目标和宗旨联系在一起的高层次培训等。

（二）开发的含义

开发是以挖掘、培养、发展和利用人力资源为主要内容的一系列活动和过程。它以人力资本投资为前提，包括人力资源的教育、培训、管理以及人才的发现、培养、适用与调剂等诸多环节，通过政策、法律、制度和科学方法的运用，提高人的素质和能力，挖掘人的潜力，力求人尽其才、才尽其用，使人力资源的潜能充分发挥出来。

（三）培训与开发的区别

培训与开发是企业通过各种方式使员工具备完成现在或者将来工作所需要的知识、技能并改变他们的工作态度，以改善员工在现有或将来岗位上的工作业绩，并最终实现企业整体绩效提升的一种计划性和连续性的活动。在每个企业的发展过程中，培训与开发都是必不可少的两个元素，培训是企业向员工提供其所必需的知识与技能的过程；开发则是依据员工需求与组织发展要求，对员工的潜能开发以及对其职业生涯发展进行系统设计与规划的过程。两者的最终目的都是通过改善员工的工作业绩来提高企业的整体绩效。对于组织而言，培训与开发都是提升员工素质、挖掘员工潜能的人力资源管理工作，员工的培训与开发同等重要。随着对员工培训与开发的日益重视，培训与开发的界限将日益模糊，开发被看成更广泛意义上的培训。因此，人们在使用这两个术语时，往往不作严格的界定与区分。基于此，员工的培训与开发是指为了实现组织目标而进行的有计划的活动。

对企业员工的教育培训，一方面是组织给在职或在岗人员增加或更新知识，提高岗位工作技能以及改变价值观，形成组织所希望的工作态度和行为的活动，这是教育的一种形式；另一方面是提高员工的技能和工作能力，这属于训练的范畴。

培训与开发的区别见表3-1。

表3-1　**培训与开发的区别**

项目	关注	时间	内涵	目标	参与	使用工作经验的程度
培训	当前	较短	较小	为当前做准备	强制	低
开发	未来	较长	较大	为变化做准备	自愿	高

二、员工培训的原则与作用

（一）员工培训的原则

培训与开发作为人力资源的一项重要手段，可以为企业创造价值，但这种价值的实现，还要求企业在进行培训的过程中，必须遵循以下几项基本原则。遵循这些原则也是培训与开发任务完成和目标实现的重要保证。

1.战略原则

企业必须将员工的培训与开发放在战略的高度上来认识。作为各个门店的管理者，应该正视这一点。员工培训有的能立竿见影，并反映到员工的工作绩效上；有的可能在若干年后才能收到明显的效果，尤其是对管理人员的培训。因此，许多企业将培训看成只见投入不见产出的“赔本”买卖，往往只看到当前利益，安排“闲人”去参加培训，而真正需要培训的人员却因为工作任务繁重而抽不开身。结果就出现了所学知识不会用或根本不用的“培训专业户”，使培训变成了只见投入不见产出的“赔本”买卖，与企业原本的培训目标背道而驰。因此，企业必须树立战略性的培训观念，根据企业发展目标及战略制订相应的培训计划，使培训与开发同企业的长远发展紧密结合。

2.理论联系实际，学以致用原则

员工培训应当有明确的针对性，从实际工作的需要出发与职位特点紧密结合，与培训对象的年龄、知识结构、能力结构、思想状况等紧密结合，其目的在于通过培训让员工掌握必要的技能从而完成其工作，最终为提高连锁门店的经济效益服务。只有这样，培训才能为连锁门店带来效益，才能提高工作效率。

3.知识技能培训与企业文化培训兼顾的原则

每个连锁企业都应有自己的文化，连锁门店的文化培训是服务于整个企业的。每个企业对于员工除了进行文化知识、专业知识、专业技能的培训之外，还应包括理想、信念、价值观、道德观等方面的培训。后者又要与企业目标、文化、制度、优良传统等紧密结合起来，使员工在各方面都能够符合企业实际的工作要求。

4.全员培训与重点提高相结合的原则

全员培训就是有计划、有步骤地对所有员工进行培训，这是提高全体员工素质的必经之路。为了提高培训投入的回报率，即培训的员工能为企业带来实际效益，培训必须有重点，即对企业兴衰有着重大影响的管理者和技术骨干，特别是中高层管理人员以及有培养前途的梯队人员，包括门店管理者和潜在管理者（比如管培生、储备干部等），更应该有计划地进行培训与开发。

5.培训效果的反馈与强化原则

培训效果的反馈与强化是不可缺少的重要环节。培训效果的反馈指的是在培训后对员工进行检验，其作用在于巩固员工学习的技能，及时纠正错误和偏差，反馈的信息越及时、准确，培训的效果就越好。强化则是指由于反馈而对接受培训人员进行的奖励或惩罚。其目的一方面是为了奖励接受培训并取得绩效的人员，另一方面是为了提高其他员工的培训意识，使培训效果得到进一步强化。

知识链接3-1

培训的原则

一般来说，企业培训主要参照以下原则来展开：

1.参与

在培训过程中，行动是基本的，如果受训者只保持一种静止的消极状态，就不可能达到培训的目的。为调动员工接受培训的积极性，日本一些企业采用“自我申请”制度，定期填写申请表，主要反映员工过去5年内的能力提高、发挥情况和今后5年的发展方向及对个人能力发展的自我设计。然后由上级针对员工申请与员工面谈，互相沟通思想、统一看法，最后由上级在员工申请表上填写意见后，报人事部门存入人事信息库，作为以后制订员工培训计划的依据。同时，这种制度还有很重要的心理作用，它使员工意识到个人对工作的“自主性”和对于企业的主人翁地位，疏通了上下级之间思想交流的渠道，更有利于促进集体协作和配合。

2.激励

真正要学习的人才会学习，这种学习愿望我们称之为动机。一般而言，动机多来自于需要，所以在培训过程中可应用各种激励方法，使受训者在学习过程中，因需要的满足而产生学习意愿。

3.应用

企业员工培训与普通教育的根本区别在于员工培训特别强调针对性、实践性。企业发展需要什么，员工缺什么就培训什么。不搞形式主义的培训，要讲求实效，学以致用。

4.因人施教

企业不仅岗位繁多，员工水平参差不齐，而且员工在人格、智力、兴趣、经验和技能方面，均存在差异。企业进行培训时应因人而异，不能采用普通教育“齐步走”的方式培训员工。也就是说，要根据不同的对象选择不同的培训内容和培训方式，有的甚至要针对个人制订培训发展计划。

资料来源　MBA智库·百科. 培训［EB/OL］.［2020-01-20］. https：//wiki.mbalib.com/wiki/%E5%9F%B9%E8%AE%AD.

（二）员工培训的重要性

1.增强员工对企业的归属感和凝聚力

连锁企业的人才队伍建设一般有两种：一是靠外部的引进，二是靠内部的培养。企业应不断进行员工培训，向员工灌输企业的价值观和行为规范，使员工能够自觉地按惯例工作，从而形成良好、融洽的工作氛围。通过培训增强员工对组织的认同感、归属感，增强员工与员工、员工与管理人员之间的凝聚力及团队合作精神。培训不仅提高了员工的技能，而且提高了员工对自身价值的认识，使其对工作目标有更好的理解。

2.提升员工技术、能力水平

员工培训的一个主要方面就是岗位培训，其中岗位规范、专业知识和专业能力的要求被视为岗位培训的重要内容。员工上岗之后仍然需要不断学习，参加更高层次的技术升级和职务晋升等方面的培训，使各自的专业知识、技术能力达到岗位规范的标准，以适应未来岗位的需要。

3.有助于企业建立学习型组织

学习型组织是现代企业管理理论与实践的创新，是企业员工培训开发理论与实践的创新。企业要想尽快建立学习型组织，除了有效开展各类培训外，更主要的是贯穿“以人为本”提高员工素质的培训思路，建立一个能够充分激发员工活力的人才培训机制。成功的企业将员工培训作为企业不断获得效益的源泉。学习型企业与一般的企业最大的区别就是：永不满足地提高产品和服务的质量，通过不断学习和创新来提高效率。

4.增强企业竞争优势

在知识经济时代，人力资源的作用凸显出来，人力资源成为企业建立竞争优势的重要资源。一个企业要想建立竞争优势，就必须提供比其他竞争对手质量更好的产品和服务，提供竞争对手所不能提供的创新性产品和服务，或者以更低的成本提供与其竞争者相同的产品和服务。研究表明，员工培训对企业竞争优势的建立有着强烈的直接影响。

（三）员工培训与开发的作用

连锁企业员工培训工作的有效实施，直接提高了企业管理者的管理水平和员工的技能水平，为企业提供了新的工作思路、知识、信息、技能，是提高员工才干和敬业、创新精神的根本途径，是比物质资本投资更重要、更高效的人力资本的投资。良好的培训对企业的作用有以下四点：

（1）培训能增强员工对企业的归属感和主人翁意识，也就是人们常说的责任感。就连锁门店而言，对员工培训得越充分、越有吸引力，越能发挥人力资源的高增值性，从而为门店创造更多的经济效益。

有资料显示，百事公司对深圳270名员工中的100名进行过一次调查，这些人都参加过培训。其中80%的员工对自己从事的工作表示满意，87%的员工愿意继续留在公司工作。

培训不仅提高了员工的技术、技能，更重要的是提高了员工对自身价值的认识，对门店的工作目标有了更好的理解。

（2）培训能促进企业与员工、管理层与员工之间的双向沟通，增强企业向心力和凝聚力。很多企业采取自己培训和委托培训的办法，这样做容易将培训融入企业文化。企业文化是企业的灵魂，是一种以价值观为核心向全体员工进行企业意识教育的微观文化体系。门店领导者和员工认同企业文化，不仅会自觉学习和掌握技术和技能，而且会增强主人翁意识、质量意识、创新意识等。这样能培养员工的敬业精神、革新精神和社会责任感，形成上上下下自学科技知识、自觉发明创造的良好氛围。

（3）培训能提高员工综合素质，提高生产效率和服务水平，树立企业良好的形象，提高企业盈利能力。美国权威机构的研究数据显示，培训的投资回报率一般在33%左右。在对美国大型制造业公司的分析中可以发现，公司从培训中得到的回报率可达20%~30%。

（4）适应市场变化、增强竞争优势，培养企业的后备力量，保持企业永续经营的生命力。21世纪，人才是最重要的资源，企业竞争说穿了就是人才的竞争。明智的企业家越来越清醒地认识到培训是企业发展不可忽视的“人本投资”，是提高企业“造血功能”的根本途径。

美国的一项研究资料表明，企业技术创新的最佳投资比例是5：5，即“人本投资”和硬件投资各占50%。人本为主的软技术投资，作用于机械设备的硬技术投资后，产出的效益成倍增加。在同样的设备条件下，增加“人本投资”，可达到投1产8的投入产出比。发达国家在推进技术创新中，不但注意引进、更新改造机械设备等方面的硬件投入，而且更注重以提高人的素质为主要目标的软技术投入。事实证明，人才是企业的第一资源，有了一流的人才，就可以开发一流的产品，创造一流的业绩，企业就可以在市场竞争中立于不败之地。

（四）员工培训与开发中应注意的问题

（1）培训与开发的内容应当与员工的工作相关联，与工作无关的不应当在培训与开发的范围之内，这样可以尽可能地减少连锁企业不必要的时间和金钱的支出，有效提高培训的回报效率。此外，培训与开发的内容还应当全面，与工作内容相关的各个方面都应该包括在内，比如知识技能、工作态度、企业战略规划、企业规章制度等。

（2）培训与开发的规划应有完整的体系，对象是连锁企业的全体员工（包括各个门店的员工），而不只是部分员工。虽然每次培训不必所有的人都参加，但全体员工都应该包括在培训与开发的体系范围之内，而不应该有人被排斥在体系之外，这样极容易造成员工之间的矛盾，使员工与领导者之间产生隔阂。

（3）培训与开发的主体应该是企业，连锁企业应对培训开发做统一的规划和积极的组织，以及实施效果的预测、反馈和考核等一系列的管理活动，以便在培训与开发的过程中取得更好的效果，然后将培训的相关内容下发到各个连锁门店去，以求进一步实施的可行性。

三、培训的类型

培训与开发的方法有很多种可选择，针对不同的培训内容、培训对象、培训时间等因素选择恰当的培训方法加以实施，才能得到良好的培训效果。

（一）按照培训的地点分类

按照培训的地点来划分，连锁企业培训可分为内部培训和外部培训两种。

1.内部培训

内部培训是指企业为了提升人员素质或技能、促进员工绩效改进，凭借自身的资源和力量来实施的培训和学习活动。一般而言，内部培训是企业培训体系中最重要的组成部分。它的优势是：（1）培训师由企业内部产生，对企业相对熟悉，更清楚学员及企业的需求；（2）培训费用相对低廉，企业容易接受；（3）实现能力和经验的传承，便于在员工之间实现快速嫁接；（4）能加强企业内部各部门、上下级甚至同级之间的交流，增强组织的凝聚力。

2.外部培训

与内部培训相对应的就是外部培训。外部培训主要指的是学员通过外部资源参与学习，并且不断提高的过程。尽管外部培训可能带来比如成本增加或脱岗学习等问题，但还是有越来越多的企业愿意对其进行投入。主要原因是：（1）外部市场范围更广，便于获得高质量的培训师；（2）通过外部培训可以使学员获取全新的理念，从而为企业带来更多的发展机遇。

无论内部培训还是外部培训都有各自的特点和适用性，不存在绝对的孰优孰劣。店长在组织培训时，应将二者结合，灵活运用，以期取得更好的效果。

（二）按照培训的对象分类

按照培训对象的不同，公司培训分为新员工培训和在职员工培训两种。

1.新员工培训

新员工培训，是由企业人力资源部门统一组织并实施的，一般可分为入职培训和岗位培训两个阶段。新员工培训主要采用集中培训的方式来进行。

2.在职员工培训

在职员工培训，主要分为在岗和脱岗培训两种类型，均可采取内部培训和外部培训的形式，方式上可采取自学、部门或门店组织学习等。

在职员工按照层次又可分为督导管理层、决策管理层和专业技术层。

督导管理人员是企业的中坚力量，包括部门经理以下的各级管理人员，如班组长或者门店经理。这一层次人员在企业管理中起举足轻重的作用。对督导管理人员的培训重点是管理概念与能力的培训，专业知识的深化培训以及如何处理人际关系等实务技巧。

高级管理人员是企业管理决策层的重要人物，包括正、副总经理等。作为企业管理的中枢，对决策管理层培训的内容主要是如何树立宏观经济观念、市场与竞争观念以及销售因素的分析与营销策略的制定、预算管理、成本控制和组织行为等。

企业各类专业技术人员和各技术工种实际操作人员的素质水平、技术熟练程度与工作态度直接影响着整个企业产品质量及服务水平。对这类人员的培训目标应着眼于提高他们的整体素质，即从专业知识、业务技能与工作态度三方面进行培训。

（三）按照培训的形式分类

从培训的形式上划分，分为岗前培训、在职培训和脱岗培训。

1.岗前培训

岗前培训也称就业培训、职前培训，即企业员工上岗前的培训。通过岗前培训可为企业提供一支专业知识、业务技能与工作态度均符合经营要求的员工队伍，这对企业发展具有至关重要的作用。岗前培训依其性质与目的的不同，分为两类：

（1）一般性岗前培训。主要目的是向新录用的人员介绍企业的一般情况（如组织结构，各部门职能，公司历史，主要的政策法规、今后发展方向及员工的权利、义务与责任等），以增进新进人员对本企业的了解与信心。

（2）专业性岗前培训。专业性岗前培训的主要目的在于使新员工切实了解处理业务的原则、技术、程序与方法，以期在培训结束后，马上就能适应并胜任所分配的工作。

2.在职培训

在职培训是指企业员工在工作场所以及在完成生产任务过程中所接受的培训。对员工的在职培训是岗前培训的继续和发展，是从低水平培训的初级阶段迈向中级阶段的重要方法与步骤。岗前培训是为企业员工做好就业的准备，是每个员工加入企业的必经之路；而在职培训则是岗前培训的深化过程，它持续的时间比岗前培训要长。对一个注重培训的企业来讲，在职培训会贯穿每一个员工就业的全过程。在职培训按性质与目的不同可分为下列各类：

（1）补充学能培训：指各企业对所属员工做现任工作所需要的学识技能中的欠缺部分，经由训练予以补足，使其能胜任工作和提高工作效率。参加此种培训的人都是现职员工，按其主要训练课程可分为技术培训、学识技能培训、行政管理培训等。

（2）储备学能培训：指各企业对工作成绩优异以及具有发展潜能的员工，对其将来担当更繁重工作所需的学识技能，先进行培训储备，以便遇到职位空缺时可随时调升并使其能立即胜任新的职位的培训。

（3）人际关系培训：指各企业为增进员工对人际关系的了解，以加强员工相互间的合作、团结以及协调的训练。根据主要课程可分为公共关系训练、信息沟通训练、领导系统训练等。

（4）激发技能训练：指各企业为解决有关问题，召集部分员工，激励他们高度运用智慧思考，提出处理问题的策略、程序与方法，以协助领导者解决企业相关问题。这种训练根据运用智慧与思考方式的不同，又可分为解决问题训练、创造力训练、启发智力训练、模拟训练、激发意愿和发挥潜能训练等。

3.脱岗培训

脱岗培训又称脱产培训，是指企业因业务发展或员工由于工种变更、职位提升等需要进行的某种专业训练。这种培训要求受训员工暂时脱离岗位或部分时间脱离岗位参加学习或进修，因此又称为职外培训。根据受训时间安排、受训员工脱产时间的长短，职外培训又可分为全日式、间日式与兼时式三类培训。

（四）按照培训的时间分类

从培训时间上划分，分为短期培训、中期培训和长期培训三种。

短期培训，一般指培训周期在1年以内的培训；中期培训，一般指培训周期跨度在1~3年的培训；长期培训，一般指培训周期跨度在3~5年的培训。

这三种培训是一种从属的包含关系，中期培训是长期培训的进一步细化，短期培训则是中期培训的进一步细化。另外，除非特别指明，一般情况下我们所说的培训都是指短期培训。

（五）按照培训的内容分类

从培训的内容上来划分，可将培训分为知识培训、技能培训和态度培训三种：

1.知识培训

知识培训，指的是以业务知识为主要内容的培训，要求员工学习各种相关知识，并将其运用到工作中去，促进和改善所从事的工作。知识培训的内容包括：（1）人文社科类，如经济、心理、社会等理论知识；（2）管理理论知识，如管理学、市场营销、财务管理、供应链管理、组织行为学等业务知识；（3）本组织的相关知识，如组织的发展目标、经营方针、规章制度、组织文化等。

2.技能培训

技能培训指的是以工作技术和工作能力为主要内容的培训。员工必须掌握一定的技能才能完成组织要求的任务，这些技能包括：判断与决策能力、创新创造能力、人际关系能力、计算机运用能力、基本文字处理能力、各项业务操作能力等。

3.态度培训

态度培训又称态度学习，主要涉及对员工的价值观、职业道德、认知、情感、行为规范、人际关系、工作满意度、工作参与度、组织承诺、个人行为活动方式选择等内容和项目的培训与开发。员工的工作态度是影响员工工作状态及组织绩效的重要因素。

以上三种培训中，态度培训是基石，知识培训是基础，技能培训是核心。

四、培训需求分析

“培训很贵，不培训更贵”。大家都知道培训很重要，于是许多企业都会有各种各样的培训，但是，哪些培训是企业和员工真正需要的呢？你的企业是否有“搭错线”的无谓培训？做好培训前的需求调查与分析是确保培训成功的前提，值得我们反思。

做好培训需求的调查分析，首先要搞清楚的是从哪里入手，即培训需求从哪里来的问题。

（一）培训需求从何而来

从差距和需要中来，这个差距和需要更多的是以组织（企业和部门）层面需求为主。我们往往会按照以下思路来思考和挖掘：

首先，从组织的发展战略来考虑。人力资源战略是为企业整体业务战略服务的。为实现组织的战略目标，人才的素质和能力是否具备？差距在哪里？企业是否有新的业务战略需求？比如企业开拓发展新的项目、新的市场、新的行业、新的产品、新的技术等等。业务战略发展目标指到哪，企业的人才培养方向就朝哪个方向努力。这是确定培训需求的根本出发点。

其次，从业务流程和工作任务来考虑。这是从熟悉和掌握应该具备的工作流程和基本工作技能角度来考虑给员工进行的培训。还有从岗位人员胜任力满足角度来考虑的，如新员工入职培训、岗前培训、上岗培训、业务流程培训、工艺操作规程培训、晋升培训等。这是正向前置的需求分析点。作为门店领导者，更需要关注的是这部分培训的需求。

再次，从员工的绩效短板来考虑。根据员工过往工作表现和绩效考评结果，与绩效目标对比，其离绩效目标的差距或绩效短板是什么？造成这种差距和短板的原因是什么？如果是员工个体的主观原因，如态度不够端正、对政策不够熟悉、知识能力不足、方法使用不当、缺乏技巧等等，这些是可以培训的。这是逆向推动的需求分析点。作为门店的管理者，员工个人的培训需求也是需要关注的，个人是组成一个团队的基础。就像水桶原理所指出的，作为店长必须要注意的不是水桶的长板有多长，而是水桶的短板有多短，否则水桶里倒进再多的水，也会因为短板过短而白白流失。

最后，从员工的个人需求来考虑。适当结合员工的个性化需求进行分析，如果其需求对组织是有利的，或这一需求是大部分员工的共性需求，企业又具备培训的条件和资源的，那么这种培训就可以实现双赢，也是最受员工欢迎的，因为组织和员工都喜欢，都需要。但有时候往往并不能两全其美，企业所安排的培训并不是所有员工都喜欢的，怎么办？一般来说，还是应做好员工的思想工作，以企业的战略需要为主，从而设置培训内容。

找准了需求来源点，接下来就是要选择好的方法进行调查搜集和统计分析工作。

（二）如何来调查分析培训需求

找到真正的需求是确保培训效果的关键，挑选适当的需求分析方法是提高课程质量的保证。通常情况下，培训管理者经常使用的调查方法有：现场观察法、接触访谈法、问卷调查法。

“一把钥匙开一把锁”，需要什么样的调查效果就要匹配什么样的方法。对于时间较紧、质量要求高的调查，就可以采用进入现场，仔细观察的方法；内容多并要求深入详细的调查，就应该采用接触访谈法；需要精细的定量分析的调查，应该用问卷调查法。

（1）现场观察法是培训调查者进入员工工作现场，用自己的感官及辅助工具，观察记录被调查对象的表现，从而获得第一手资料的调查方法。按照观察者是否参与被观察者的活动，现场观察法又可以分为参与观察与非参与观察两种。

参与观察是指观察者直接介入被观察者的活动当中，与被观察者发生联系，以内部成员的角色参与他们的活动，在共同活动中观察搜集有关资料。一般来说，参与观察比较全面、仔细，能获得较直观的感性材料，但观察结果易受观察者情绪波动的影响，带有一定的主观色彩。参与观察法一般适用于无法从外部观察的场景。

非参与观察是指培训调查者不参与被观察对象的活动，而是以局外人的角色对调查对象进行观察，不干预员工工作的过程，只是记录工作事件发展的自然情况。非参与观察比较客观、公正，但只能看到一些表面的东西，观察难以深入进行。非参与观察一般适用于无法或无须介入被观察者的情况。

现场观察法作为调查者有目的、有计划的认识活动，与人们日常生活中随意的、无计划的观察活动不同。培训需求调查的现场观察，是在假设的需求指导下进行的，事先需要制订观察计划，对观察的内容、手段、步骤、范围作出具体的规定，还要对参与现场观察的人员进行相应说明，从而搜集到所需要的调查资料。

（2）接触访谈法是培训需求调查者依据需求调查提纲与调查对象直接交谈，搜集需求信息、资料的方法，这是一种口头交流式的调查方法。这种方法适用面广、操作灵活、信息直接、易得到支持和配合；缺点是信息的主观性强，并且处理的难度较大，还需要配备高水平的培训访谈人员。根据访谈对象的数量，可以分为群体接触访谈和个别接触访谈。

群体接触访谈是从培训对象中选出一部分具有代表性且熟悉问题的员工，作为代表参加一对多的访问谈话。一般在访谈前，培训调查者要事先准备一个大致的访谈提纲，但访谈的方向则完全根据访谈对象的回答，以及培训需求调查者的追问技术来决定。群体接触访谈容易造成受访者从众的心理，从而使搜集到的信息不准确。

个别接触访谈是培训调查者分别访问调查对象，通过个别谈话的方式搜集信息。由于培训调查者和被调查者双方是个体接触，容易建立起相互之间的信任关系，有利于排除干扰，减少从众心理的压力，让被调查者讲真话，使搜集到的信息比较客观、具体和真实可靠。

（3）问卷调查法是调查者运用统一设计的问卷，利用书面回答的形式，向被调查员工了解情况并搜集需求信息的方法。问卷调查法是培训需求调查中最常用的需求搜集方法，常用于较大规模的抽样调查。调查所用的问卷是用来搜集资料的一种工具，用来测量被调查员工的行为、态度和素质能力特征等。问卷调查费用低，可以大规模展开，搜集信息比较齐全；缺点是持续时间长，回收率不能得到保证，某些开放性问题得不到回答。

问卷调查法需注意的地方。不论哪一类培训需求调查问卷，在主体内容的设计中，都应做到“8要”，即：①问题要单一具体，问题之间要预留空间。问卷中的问题不要复合混杂。例如：“你身边的同事是否喜欢在周六、周日培训？”而事实上，有可能员工中只有一部分喜欢，另一部分则不喜欢。不要笼统抽象，问题要具体。例如：“您觉得我们企业的培训怎样？”“您觉得某某老师的课程怎么样？”这样的提问就太宽泛了。同时，问题之间的空间间隙不能太小，预留填写空间便于受测者作为评论之用。②用词要简洁，通俗易懂。问题用词要少用形容词和副词加以修饰。例如："您是否特别爱学习?"而在实际工作中，许多人"爱"学习，但并不是特别"爱"，选择答案时就拿不准了。不要用员工感到陌生或专业的术语。例如："您觉得我们企业的培训投资回报率达到多少为宜?"这样提问就显得过于专业化。③语义要准确，尽可能用量词而少用副词。例如："您经常还是偶尔参加培训?"对于"经常""偶尔"这类副词，每个员工的理解就可能不一样。类似"您每个季度能接受2~4次的培训吗?"员工较易理解和回答。④观点要中立，不要加入影响其回答的内容。例如："您愿意为利企利人的企业大学捐款吗?"对这样的问题，被调查的员工就不可能进行否定性回答。⑤答题者的自尊要尊重，敏感问题要迂回。要对答题者的自尊和个性给予理解，不要过于直白和鲁莽，不要增加其心理压力。例如："当领导讲课枯燥时，您会不会以发短信、玩游戏来打发时间?"涉及某些敏感问题时，要采用迂回策略，使被调查员工在不知不觉中道出心语。例如："您想了解××事业部的凝聚力情况吗?"直接发问未必能得到真实的答案。但如果问"您来到××事业部感到自豪吗?"或者"您的亲友是否知道您在什么单位?"等问题，就有可能从这一侧面了解到更真实的情况。⑥选择题所列项目要互斥，所列选项要有穷尽。选择题所列项目不要出现包含情况。例如："您认为这种课程最适合谁? A.男员工；B.女员工；C.部门经理；D.客服人员……"而在现实工作中，客服人员有男也有女，部门经理中，亦有在客服部门担任负责人的，这让员工怎么答? 随便一勾，其结果一定不准。选择题所列选项不能穷尽的可加一项"其他"，不能让员工找不到应填的位置。例如：文化程度，除了中专、大专、大学外，还应包括中技、职高和大学以上——硕士研究生、博士研究生等状况。⑦问卷数字要准确，不要交叉。例如：涉及被调查者年龄问题，应指明是周岁，列出"A.25岁以下；B.26~30岁；C.31~35岁；D.36~40岁……"。如果是"A.25岁以下；B.25~30岁；C.30~35岁；D.35~40岁……"则出现了交叉，令部分员工难以选择。⑧要有时间观念，要问近期之事，不要问难以回忆的事。例如：可以问"您今年第一次培训是在什么时候?"或者问"您最近一次接受培训是在什么时候?"但不要问"自您毕业以来，共接受了多少次培训?"这类让人一时无法回答的问题。

问卷调查中，问题的提出一般分为开放式和封闭式两种形式。

开放式问题，如："您对本次主讲导师的印象如何?"(您认为主讲导师存在的主要问题是什么?)其优点是可以帮助调查人员开阔思维，发现急需调查和了解的问题，有时还能搜集到一些培训调查者事先未曾预料到的问题。其缺点是被调查员工有可能填写许多与调查无关的意见，资料不标准化，难以进行定量分析。

封闭式问题，如："假如以培训质量为标准，将我公司所有内训课分为五个等级，您认为，今天的课程属于哪一等级：A.5★；B.4★；C.3★；D.2★；E.1★。"其优点是被调查者回答标准化，可比较性强，容易分析和处理，回答者对问题的回答比较方便。其缺点是容易使没有看法或不知如何回答的人猜着答，难以弄清被调查者在填写问卷时的内心真实感受。例如，"作为新入职员工，您是否对岗前培训感到满意?"这里所指的"满意"有不同的含义。所以，封闭式问题往往要问数个问题，才能确定一种真实的想法。

问卷发放要“预测”。设计完问卷要先进行试调查，不要贸然发出去。试调查的范围可大可小，一般在3~10人范围内作预测试，以便确定问卷中所使用的关键词及一般概念对被调查员工是否适用，从中可发现不足，积累经验。如果贸然发出，一旦出问题就不好处理。问卷审查要“挑剔”。培训组织者要对回收来的问卷进行细致整理，挑选合乎要求的有效问卷，淘汰回答不正确、不完整的无效问卷，以提高需求调查信息的可靠性和准确性，为最后确定培训目标奠定基础。

培训需求调查结束后，通过系统分析可以将结果以培训需求报告的形式呈现。一般来讲，培训需求报告包括以下几个方面的内容：报告提要，即对报告要点的概括；需求分析实施的背景；开展需求分析的目的和性质；概述需求分析实施的方法和流程；培训需求分析的结果；对分析结果的简要评析，并提供参考意见；附录，包括搜集和分析培训需求时，使用的相关图表、原始资料等，其目的在于鉴定搜集和分析相关资料及信息所采用的方法是否合理和科学。

（三）其他应注意的培训事项

（1）需求点面结合，既有系统性的、共性的，也应有各职级、各岗位的层次性和差异性。

（2）需求注重员工不足和缺点提升的同时，也应注意员工现有素质和能力上的拔高，应具有一定的前瞻性和超前性，以更好地满足未来战略发展的需求。

（3）并不是所有调查搜集上来的需求都要去满足，要有所取舍。该如何判断呢？一是要看企业发展战略需要，二是要看员工的普遍共性需求，三是要看企业的现有条件和资源状况等。先解决企业最急需的、员工普遍性的、最容易实现和满足的需求，后解决较不急需、较难实现的需求。

（4）培训需求不是连锁企业人力资源管理部门或相关培训人员单独作出来的，更多的是人力资源管理部门来带领和辅导各门店作出来的。这也是让各门店支持和认同人力资源管理部门培训工作非常重要的一点。做到了以上这些，我们的培训需求调查分析就找准找对了，基本上也就成功了。

单元二　培训店员的方法探索

一、培训与开发的方法

连锁企业培训的效果在很大程度上取决于培训方法的选择。当前，连锁企业培训的方法有很多种，不同的培训方法具有不同的特点，其自身也各有优劣。要选择合适有效的培训方法，需要考虑到培训的目的、培训的内容、培训对象的自身特点及企业具备的培训资源等因素。

下面介绍培训常用的几种方法。

（一）讲授法

讲授法属于传统模式的培训方式，指培训师通过语言表达，系统地向受训者传授知识，期望这些受训者能记住其中的重要观念与特定知识的一种培训方法。

培训师应具有丰富的理论知识和工作经验；讲授要有系统性，条理清晰，重点、难点突出；讲授时应语言清晰，生动准确；必要时运用板书等教学工具；应尽量配备必要的多媒体设备，以加强培训的效果；讲授课程完毕，应留下适当的时间让培训师与学员进行充分沟通，用问答方式获取学员对讲授内容掌握程度的反馈。

该方法运用方便，可以同时对许多员工进行培训，这样经济高效；有利于学员系统地接受新知识；容易掌握和控制学员的学习进度；有利于学员加深理解难度大的内容。

但该方法学习效果易受培训师讲授水平的影响；由于主要是单向性的信息传递，缺乏培训师与学员之间必要的交流和反馈，学过的知识不易被巩固，故常被运用于一些理论性知识的培训。

（二）工作轮换法

这是一种在职培训的方法，指让受训者在预定的时期内变换工作岗位，使其获得不同岗位的工作经验，一般主要用于新进员工的培训。现在很多企业采用工作轮换法是为了培养新进入企业的年轻管理人员或有管理潜力的未来的管理人员。

在为员工安排工作轮换时，要考虑培训对象的个人能力以及他的需求、兴趣、态度和职业倾向，从而选择与其匹配的工作；工作轮换时间长短取决于培训对象的学习能力和学习效果，不应规定某一时间结束。

工作轮换法能丰富培训对象的工作经历；工作轮换能识别培训对象的长处和短处，企业能通过工作轮换了解培训对象的专长和兴趣爱好，从而更好地开发员工的所长、激发员工的潜力；工作轮换能增进培训对象对各部门管理工作的了解，扩展员工的知识面，为受训对象以后完成跨部门、合作性的任务打下一定的基础。

如果员工在每个轮换的工作岗位上停留的时间太短，那么他所学的知识就不精；由于此方法鼓励对员工“通才化”的培养，适合于一般直线管理人员的培训，不适用于职能管理人员的培训。

（三）学徒培训法

这种方法是由一位有经验的技术能手或直接主管人员在工作岗位上对受训者进行专门的培训，如果是单个的一对一的现场个别培训则称为师带徒培训。负责指导的师傅的任务是教给受训者如何做，提出如何做好的建议，并对受训者进行鼓励。这种方法一定要有详细、完整的教学计划，还应注意以下几点：第一，关键工作环节的要求；第二，做好工作的原则和技巧；第三，要避免、防止的问题和错误。这种方法应用广泛，可用于对基层生产工人的培训。

培训前要准备好所有的用具，如教案、教具、施工工具等；让每个受训者都能看清示范物；教练一边示范操作一边讲解动作或操作要领。示范完毕，让每个受训者反复模仿实习；对每个受训者的试做给予及时反馈。

该方法通常能在培训者与培训对象之间形成良好的关系，有助于工作的开展；一旦师傅调动、提升、退休或辞职时，组织能有训练有素的员工马上顶上。

但需要注意的是，该方法在实施过程中不容易挑选到合格的师傅，有些师傅担心“带会徒弟饿死师傅”而不愿意倾尽全力。所以，挑选具有较强沟通能力、监督和指导能力以及宽广胸怀的师傅，是这一方法有效实施的前提。

（四）研讨法

研讨法按照费用与操作的复杂程度又可分成一般研讨会与小组讨论两种方式。研讨会多以专题演讲为主，中途或会后允许学员与演讲者进行交流沟通，一般费用较高。小组讨论则费用较低。研讨法培训的目的是提高能力，培养意识，交流信息，产生新知。比较适宜于管理人员的培训或用于解决某些特定难度的管理问题。

使用该方法每次讨论都要建立明确的研讨目标，并让每一位参与者了解这些目标；要使受训人员对讨论的问题产生内在的兴趣，并启发他们积极思考。

该方法强调学员的积极参与，鼓励学员积极思考，主动提出问题，表达个人的感受，有助于激发学习兴趣；讨论过程中，教师与学员间、学员与学员间的信息可以多向传递，知识和经验可以相互交流、启发、取长补短，有利于学员发现自己的不足，开阔思路，加深对知识的理解，促进能力的提高。据研究，这种方法对提高受训者的责任感或改变工作态度特别有效。

运用该法时对培训指导教师的要求较高；讨论课题的好坏将直接影响培训的效果；受训人员自身的水平也会影响培训的效果；不利于受训人员系统地掌握知识和技能。

（五）视听技术法

该方法就是利用现代化的视听技术、设备（如投影仪、录像、电视、电影、电脑等工具）对员工进行有针对性的培训。

培训前要清楚地说明培训的目的；依据授课的主题选择合适的视听教材；以播映内容来发表个人的感想或以“如何应用在工作上”来讨论，最好能边看边讨论，以加深理解；讨论后培训师必须做重点总结或将如何应用在工作上的具体方法告诉受训人员。

由于视听培训是运用视觉和听觉的感知方式，相对而言更为直观鲜明，所以比讲授或讨论法留给学员的印象更深刻；教材生动形象且给学员以真实感，所以也比较容易引起受训人员的兴趣；视听教材可反复使用，同时也可根据现实环境加以修改，从而能更好地适应受训人员的个别差异和不同水平的要求。

但采用该方法视听设备和教材的成本较高，内容易过时；选择合适的视听教材不太容易；学员处于消极的地位，反馈和实践较差，一般可作为培训的辅助手段。

（六）案例研究法

案例研究法指为参加培训的学员提供员工或组织如何处理棘手问题的书面描述，让学员分析和评价案例，提出解决问题的建议和方案的培训方法。案例研究法目前广泛应用于企业管理人员（特别是中层管理人员）的培训，目的是训练他们具有良好的决策能力，帮助他们学习如何在紧急情况下处理各类突发事件。

案例研究法通常是向培训对象提供一些描述完整的经营问题或组织问题的案例，案例应具有真实性，不能随意捏造；案例要和培训内容一致，培训对象则组成小组来完成对案例的分析，作出判断，提出解决问题的方法。随后，在集体讨论中发表自己小组的看法，同时听取别人的意见。讨论结束后，公布讨论结果，并由教员再对培训对象进行引导分析，直至达成共识。

学员参与性强，变学员被动接受为主动参与；将学员解决问题能力的提高融入知识传授中，有利于学员参与企业实际问题的解决；教学方式生动具体，直观易学；容易使学员养成积极参与和向他人学习的好习惯。

案例的准备时间较长，且对培训师和学员的要求都比较高；案例的来源往往不能满足培训的需要。

（七）角色扮演法

角色扮演法指在一个模拟的工作环境中，指定培训者扮演某种角色，借助角色的演练来理解角色的内容，模拟性地处理工作事务，从而提高处理各种问题的能力。这种方法比较适用于训练态度仪容和言谈举止等人际关系技能。比如询问、电话应对、销售技术、业务会谈等基本技能的学习和提高。适用于新员工、岗位轮换和职位晋升的员工，主要目的是使其尽快适应新岗位和新环境。

培训师要为角色扮演准备好材料以及一些必要的场景工具，确保每一事项均能代表培训计划中所教导的行为。角色扮演法应和授课法、讨论法结合使用，才能产生更好的效果。

学员参与性较强，学员与培训师之间的互动交流充分，可以提高学员培训的积极性；特定的模拟环境和主题有利于增强培训的效果；通过扮演和观察其他学员的扮演行为，可以学习各种交流技巧；通过模拟后的指导，可以及时认清自身存在的问题并加以改正。

角色扮演法效果的好坏主要取决于培训教师的水平；扮演中的问题分析限于个人，不具有普遍性；容易影响学员的态度但不易影响其行为。

（八）情景模拟法

情景模拟法是一种模拟现实中真实的工作与生活场景，让受训者在一种人造、仿真且没有风险的环境中学习正确的技能、决策和行动的培训方法。

由于情景模拟法所模拟的环境必须与实际工作环境的构成要素相同，并能够像一定条件下的真实设备或情景一样对受训者的指令和行为作出反应，因此，受训者通过这种方法可以看清自己的决策或所作所为在工作中可能产生的影响和后果，从而可以便捷并有针对性地学习和掌握正确的技能和行为，修正不正确的技能和行为。

情景模拟法可经常用来传授和改善生产和加工技能、管理技能、人际沟通技能等。以开发员工管理技能为主的情景模拟重点是仿真实际的管理环境、角色因素、情节矛盾、资源条件、人际关系等。

开发模拟设备与模拟环境的成本通常很高，并且还需要随着情况与信息变化而不断投入并改进。

近些年来，人们在情景模拟领域中广泛使用虚拟现实技术，使用能够为受训者提供三维空间学习体验的计算机技术，从而大大降低了成本。

技能训练 3-1

培训方法的实际运用

■ 主题：作为未来的连锁门店店长，你将面对各种各样的顾客，有好说话的、有不好说话的……面对不同的顾客及他们的不同需求，你准备好了吗？

■ 要求：让学生扮演店长，体验受冷落和热情时的心理感受，从而改善服务态度，提高员工培训水平。

■ 方式：用角色扮演法在课堂上做游戏，一位同学扮演店长，两位同学扮演顾客，其他同学扮演群众。要求扮演顾客的学生尽量提出刁钻的问题，扮演群众的学生也可在一旁帮腔。

■ 考查内容：学生临场应变能力，特别是扮演店长的同学的临场应变能力。

二、一线管理者的培训方法

作为一名连锁门店的主管、领导者或店长，不仅仅是一个头衔、一个名号、一个称谓，重要的是要在现场实际管理着几个、十几个，甚至几十个、上百个人，使他们有条不紊地工作、按部就班地执行任务，更重要的是要带领这个团队完成组织既定的目标，并且是高效地完成。这就需要连锁门店的管理者要学会解决自己所负责的现场及其他一些问题，才能使工作顺利展开。TWI（Training Within Industry）是每一位连锁门店管理者都应学习的技能，是一种针对一线管理者的培训方法。

TWI即督导人员训练，或一线主管技能培训，TWI在1950年由日本产业界引入日本以来，到目前为止，至少有一千万的日本企业界领导、专业人员及员工都接受了TWI培训或其系统培训。TWI是一套针对生产基层主管设计的成熟课程，至今仍被日本与欧美等先进国家和地区广泛应用。日本丰田公司总裁曾说过，丰田生产模式中最重要的是TWI；VSM的创始人John Shook极其推崇TWI，认为TWI是丰田生产体系成功的关键，并在美国积极组织学习推广TWI。TWI是一整套成熟、简单、实用、有效的课程，可协助企业建立工序、落实管理并稳定发展。

（一）TWI的四大特征

（1）TWI是针对一线班长、组长或店长等开设的关于培训的基础课程，能让他们掌握培训的基础原理与原则。TWI采取高度定型化、标准化的课程，在实际应用中具有很强的可复制性。

（2）在培训过程中把现场的问题和实习素材带入课堂，通过讨论和实际操作使得学员有很强的代入感，让培训要求更加具体，实践性更强。

（3）比起知识培训，TWI更强调技术方面的培训，比起“应知”，更重视“应会”。

（4）讲义通俗易懂，有速效性，把各阶段方法简明扼要地总结为一张卡片，易于执行。

（二）训练体系

（1）工作养成——员工从学校、部队、乡村走向企业，做事之前先要学会做人。踏踏实实做人，是我们融入未来企业的立身之本。怎样做人？做一个什么样的人？是进入未来企业的第一课。

（2）工作方法——集体智慧的财富。做事，就要掌握工作的方式、方法，以使我们少走弯路，这样才能顺利地开展自己的工作。怎样做事？应该做什么事？是履行工作职责的前提条件。

（3）工作关系——现代企业强调的是“品质、成本、交货期”必须兼得，仅靠一己之力是做不好工作的。这就需要工作人员之间相互支援与协作。与其他人员保持良好的人际关系，冷静地分析和处理人际关系问题，调和相互之间的分歧与矛盾，这就需要我们能站在对方的立场上去思考问题，只有这样才能有效地解决问题。

（4）工作改善——为所有员工实现自我价值搭建了一个简易平台，是所有人都能看得见和摸得着的，并且可以充分展示自己才华。企业的大事都是细小事情汇集起来的。从发现和解决身边的小事做起，可以提升工作效率与效能，这就是改善的魅力。

（5）工作指导——工作有程序和标准，基层管理者指导员工正确地理解这些程序与标准，就可以使员工尽快地接受正确的工作方法和工作指令，使他们的工作更加有成效。这不仅是在帮助别人，也是在帮助自己。

（6）工作安全——工作就不可避免地会出现错误，错误可大可小。但是，不能因为怕出错误，就不做事。只要我们掌握了规避错误的对策和方法，错误就不可能成为灾难。其实，错误也是一种学习，有一句话说得好："失败乃成功之母。"允许员工犯错误，但不允许他们重复犯同样的错误，这就是工作安全的底线和真谛。

TWI把现实中的问题和素材带入教室，帮助企业一线管理人员训练员工，使新入职员工从无知到有知，并尽快进入工作角色，为企业构建稳定的现场行为和经营能力，以保障企业健康、有序、稳定、持久发展。

面对日益激烈的全球竞争，未来连锁企业更需要TWI。出于对人性的尊重以及科学的研究，TWI所代表的训练模式必将成为低迷时期连锁企业发展的主要推动力。

（三）TWI的核心内容

TWI是通过高度定型化、标准化、模块化的训练课程，以标准化、流程化的训练方式，实现提升一线主管、班组长"教、管、改"的核心技能。通过他们去教导员工，挖掘员工的潜力，与员工一起持续改善现有的作业状况，消除生产过程的人、财、物的浪费及不均衡、不合理，降低成本，提高团队的产出和效益。

1.指导的技能

作为一线主管，不仅自己要熟练掌握工作知识和操作技能，而且要能够将其准确无误地传授给下属，并指导他们在日常工作中不断改进与提高。工作教导模块通过两个核心训练来提升一线主管的指导技能：一个是教导前的准备，包括制定训练预定计划表和工作分解表；另一个是教导员工工作的四阶段法。用这种科学有效、简单易学、实用的训练方法，去指导员工的工作，可大大缩短新员工、新方法的培训时间，并且能够做到一次教会，一次教对，减少人、财、物的浪费和不良品及返修品的产生，减少灾害的发生和工具设备的损坏，保证产品质量的一致性和稳定性。

2.管人的技能

一线主管必须通过员工来完成上级指派的任务，他们必须能够积极有效地处理工作中的人际关系，特别是主管与员工及员工之间的人际关系，使员工乐于追随主管并心甘情愿、同心协力地工作，提高整个团队的工作效率和效能。TWI-JR模块通过"建立良好人际关系的要诀"和"处理人际关系问题的四阶段法"训练主管预防问题发生和快速有效地处理问题的技能。

3.改善的技能

这是一种对日常工作的细节加以研究和分析，通过去除、简化、合并、重组等手段，使工作变得更加简单、省力、舒适、有序、有效的技能。工作改善不是大范围的对机械、设备的更新和变动，而是通过消灭人力和财物浪费，实现现有的人力、机械、设备、材料的有效利用。

TWI-JM 模块是通过对一项工作现有做法按动作进行详细分解，然后对分解后的每个细目进行“5W2H”（七问分析法）。

这七问分别是：做什么事？为什么做这件事？由谁来做？什么时间做？在什么地方做？用什么方法做会更好？需要多少费用？（后文将对“5W2H”进行详细解释）并结合材料、机械、设备、工具、设计、配置、动作、安全、整理整顿进行追问思考，在追问思考中实现去除、合并、重组、简化，梳理出改善点和新方法，且持续进行，永无止境。

单元三 培训实施的基本流程

培训实施的基本流程一般分为三个步骤，制订培训计划（准备期），实施培训计划（实施期），评估培训效果（评估期），如图3-1所示。

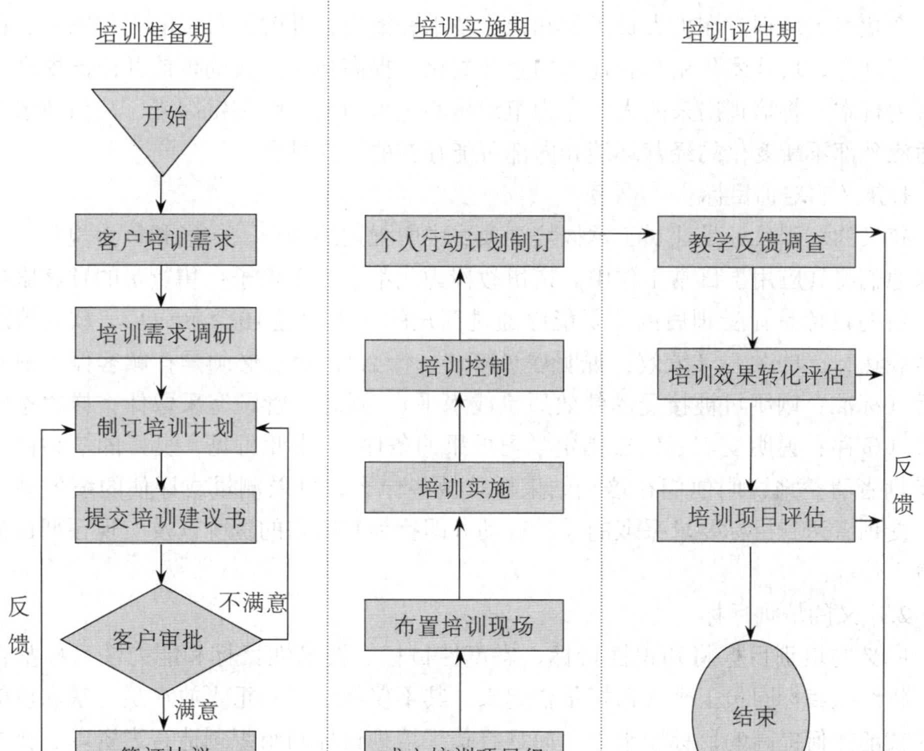

图3-1 培训流程图

接下来我们将分别对上图中的培训准备期、培训实施期、培训评估期进行详细讲解。

一、培训准备期——制订培训计划

培训不是组织或某一位员工，在某一阶段、某一方面的事情，应该贯穿于组织实现长远发展目标的过程中和每一位员工的整个职业生涯中。日本松下电器公司有这样一句名言："出产品之前先出人才。"换言之，一个好的培训架构就是一整套产生"人才"的程序，能让每一位接受培训的员工的人力资本价值增值。

制订培训计划，即根据既定目标，确定培训项目的具体形式、培训时间、地点、培训师、教学大纲、课程设置、考核方式等内容的计划。事实上，制订培训计划就是培训开始前的准备阶段。简而言之，培训计划应明确和培训相关的人员、课程、考核等。

下面将通过5W2H的原理，来规划企业培训计划的架构及内容。5W2H是指以Why（为什么培训?）、Who（培训谁？由谁来培训?）、What（培训什么?）、When（什么时候、时间培训?）、Where（在哪里培训?）、How（培训是如何进行的?）、How much（培训需要花多少钱?）7个单词（短语）的第一个字母组成的。对应培训中的各个体系如下：Why指的是培训的目标、Who指的是培训人员的组成、What指的是培训的内容、When指的是培训的时间、Where指的是培训的地点、How指的是培训的方法、How much指的是培训的预算。

（一）培训的目标（Why）

企业组织培训意在扩大员工的知识、技术和能力，并改善员工的工作态度、行为及价值观念，培养团队精神和优秀的企业文化，提高员工个人的价值并由此提高组织的人力资本，将培训出来的人才作为组织核心竞争力的一个关键因素，从而使组织能够适应外部不断变化的经营环境和内部可能存在的工作挑战。

1.狭义的培训目标

狭义的培训目标是让员工掌握培训项目中所强调的知识、技能和行为规范，并且要求他们将其应用于日常工作中。诺伊教授为此举了一个例子：售货员的顾客服务培训项目的目标是让受训后的雇员能够通过简短的（不超过10个单词）道歉向愤怒的顾客表达自己的关心（绩效：说明雇员应该做什么），而且必须是在顾客停止抱怨后进行（标准：阐明可被接受的绩效质量或水平），同时不管顾客采取什么样的态度和方式（条件：说明受训者完成指定学习成果的条件）。由此可见，良好的培训目标能向受训者清楚地说明他们在培训结束后该做些什么，可以测量或评估的绩效满意标准，受训者达到目标要求采取的某种行动（即行为）所需的资源以及实现预期目标的背景条件等。

2.广义的培训目标

广义的培训目标将知识性目标、态度性目标、技术性目标和能力性目标整合起来，将组织目标同员工个人目标结合起来。其不仅将培训的重点放在员工基本技能和高级技能如何提高的目标要求上，而且将员工培训目标同组织创造智力资本、获取竞争优势、提高人力资本投资效益的途径结合起来，要求员工努力获取更广博的知识，学会知识共享，学会如何学习，并综合性地、创造性地运用所学知识来改善产品或服务质量，同时还应了解产品或服务的开发系统。

从培训的目的来看，培训目标一般分为三大类：

第一类是技能培训，通过培训使员工能够掌握必备的完成本职工作所需的技能。

比如，销售、文秘、分析、决策、沟通、人际关系技能等。

第二类是知识培训，通过培训使员工具备完成本职工作的基本知识的能力，并让员工了解企业的基本情况，如企业文化、规章制度、经营状况等。

第三类是态度培训，通过培训使员工和企业之间产生相互信任，旨在培养员工对企业的忠诚度和归属感，培养员工的精神属性和工作态度等。

（二）培训师和培训的对象（Who）

负责培训的管理员，虽然依企业的规模、行业及经营者的经营方针、策略不同而归属的部门各有不同，但大体上，规模较大的企业，一般都设有负责培训的专职部门，如训练中心、人资部门等，来对公司的全体员工进行有组织、系统的持续性训练。因此，当我们在设立某一培训项目时，一定要明确具体的培训负责人，使之全身心地投入到培训的策划和运作中去，避免出现培训组织的失误。对于一般连锁企业来说，大多数门店新员工入职的培训是由门店的店长或者店长指派的某位有着丰富经验的老员工来指导进行的。

另外，在遴选培训讲师时，如公司内部有适当人选时要优先聘请，如内部无适当人选，再考虑聘请外部讲师。受聘的培训师应具有广泛的知识、丰富的工作经验及专业的技术，才能受到员工的信赖与尊敬；同时，还要有卓越的训练技巧和对教育的执着、耐心与热情。

培训的对象，可依照级别（垂直的）及职能（水平的）加以区分。级别大致可分为普通操作员级（一般工作人员）、主管级（店长、班长等）及中、高层管理级；而针对职能部门的培训又可以分为生产系统、营销系统、质量管理系统、财务系统、行政人事系统等。我们在组织、策划培训项目时，首先应该决定培训的对象，然后再决定培训的内容、时间期限、培训场地以及授课讲师。培训学员的选定可由各部门推荐，或自行报名再经甄选程序而决定。门店的新入职员工必须参加培训。

（三）培训的内容（What）

培训的内容包括开发员工的专门技术、能力、知识，或改变工作态度的企业文化等，可依照培训人员的对象不同而分别制定不同的培训方法。在确定培训内容以前，应先进行培训需求的分析调查（可参阅前面培训需求分析的内容），了解企业及员工的培训需要，然后研究员工所担任的职务，明确每项职务应达到的任职标准，然后再考察员工个人的工作实绩、能力、职称、态度等，并与岗位任职标准比较，如果该员工尚未达到该职位规定的任职标准，不足部分的知识或技能便是企业的培训内容，需要通过内部培训补充。

（四）培训的时间（When）

培训项目的时间和期限，一般而言，可以根据培训的目的、讲师及受训者的能力等决定。一般新进人员的培训（不管是基层操作人员还是中、高层管理人员），可在实际从事工作前实施，培训时间可以是一周或十天，甚至一个月；而在职员工的培训，则可以以培训者的工作能力、经验为标准来决定培训期限的长短（参考前面关于按照培训的时间划分培训类型的内容）。另外需要注意的是，培训时间要尽可能不影响员工正常工作。

（五）培训的地点（Where）

培训可以根据培训内容和方式的不同而选择不同的地点，可利用内部培训场地或利用外部专业培训机构和场地等。

内部培训场地的培训项目包括：工作现场的培训（即工作中培训）和部分技术、技能或知识、态度等方面的培训等，主要是利用公司内部现有的场地、设备、机器、人员、材料等对员工实施培训。其优点是组织方便、贴近实际、节约费用，缺点是培训形式较为单一且受外部环境影响较大。外部专业培训机构和场地的培训项目主要是一些需要借助专业培训工具和培训设施的培训项目，或是利用其独特的环境来实施一些重要的专题研修的培训。其优点是可利用特定的设施、器械、环境、专业培训体系、专业培训师等，员工能够离开工作岗位专心接受培训，应用的培训技巧较内部培训多样化；缺点是组织较为困难，且需要脱离岗位参加培训，培训费用较高。

（六）培训的方法（How）

在各种培训方法中，选择哪些方法来实施培训，是培训计划的主要内容之一，也是培训成败的关键因素之一。根据培训的项目、内容、方式不同，所采取的培训技巧也有区别。不同的技巧与方法所产生的培训效果是不一样的，需要我们在制订培训计划时与培训师共同研讨并确定，以期达到培训效果的最优化。

（七）培训的费用（How much）

根据确定的培训课程，结合市场行情，核算相应的培训费用，即培训预算。一般情况下，在本年度的年末制定下一年的年度培训预算，并在公司整体培训预算的基础上，再确定各分公司、各部门、各门店的培训预算及人均培训费用等明细。下一年的年度培训预算一般参照上一年的年度培训预算的执行情况，并进行适当调整。

在制定培训预算的过程中，培训管理部门应该与企业财务部门做好沟通，争取公司高层方面的支持。一般培训费用包括场地费、培训师费、培训教材费、差旅费、材料费、住宿费等，一项培训课程应全面考虑这些费用，制订大致的预算方案。在得出培训预算后，还要在原有的培训费用总数的基础上，上浮10%~20%，用以保留培训预算的弹性空间，便于灵活运用。

培训计划的制订不是只有以上七点，还包括培训课程的设置、培训效果分析等等，需要综合考虑多方因素才能把培训的前期准备工作做好，并为下一步培训的有效实施创造良好的开端。

二、培训实施期——培训实施计划

培训的实施是组织培训工作的一个重要阶段。主要任务是培训计划的实施和控制，要根据培训目标和计划，对培训过程中出现的问题及时作出调整，并确保整个培训过程的顺利进行。

（一）培训实施计划安排

1.实施计划的拟订

实施培训前，要有培训实施进度和安排，最好以文字形式呈现。事先要设计好培训活动的各个环节，并预估培训可能达到的效果，以便制定合适的应对措施。完善详细的培训实施计划是培训活动取得良好效果的前提条件。一般情况下，培训实施计划的拟订分为培训实施前、中、后三个阶段。每个阶段具体内容的细分需要企业根据培训的实际情况进行确定，这就要求与培训相关的组织单位做好各部门之间的沟通和协调工作。另外，培训时间越长，培训安排的项目就越复杂，培训实施计划就要做得越详细。以培训时长为1~3天为例，实施计划见表3-2。

表3-2 培训实施计划表

实施阶段	时间	计划内容
培训前	培训前7天	1.拟定培训通知、培训所需准备的文件资料表、培训分工表，报上级主管审批
		2.下发培训通知
	培训前4天	1.召开培训工作分工会议，把任务落实到每个人，把分工表、培训日程安排表下发给每个人
		2.制作培训宣传条幅
		3.确定培训场地
	培训前2天	1.填写住宿、就餐审批单（如有需要），并请领导签字
		2.与培训讲师沟通，询问需要打印的资料并进行打印
		3.准备与课程内容相关的图书资料向学员推荐学习
		4.再次确认参训人数并根据参训人数安排好学员的住宿和餐饮（培训时间较短的除外）
	培训前1天	1.准备培训所需的物料、设备
		2.提前半天布置会场
	培训前30分钟	1.工作人员按自己的分工准备到位
		2.设备开启与调试
	培训前20分钟	发放资料，播放培训开场音乐和PPT
培训中	培训全程	1.培训主持人上场，推荐讲师，宣布培训纪律
		2.为讲师及学员提供服务（服务内容根据企业情况确定）
		3.实施课程培训
		4.现场环境控制（包括现场的温度、湿度和空气清新度）
		5.休息房间及就餐确认（根据培训时间长短进行安排）
		6.录像、照相
		7.音乐播放（包括开场前、休息时间播放音乐放松）
		8.发放培训评估表（包括测评老师、学员以及组织方的测评表）
培训后	培训后1小时内	1.搜集培训测评表
		2.搜集培训物料及培训设备
		3.关闭音响、灯光、空调、窗户、电源等
	培训后1天内	1.发布培训新闻，在企业内部和外部进行宣传（如有需要的话）
		2.督促学员制订培训实施计划，将学习内容落实
		3.填写评价表
		4.完成培训的各项统计（包括学员、讲师以及组织者方面）
	培训后2天内	1.评价表整理完毕并反馈给培训讲师即培训负责人
		2.处理培训视频、材料等，准备存档
		3.完成培训后总结
	培训后1个月内	及时跟踪参训人员的培训落实情况

2.培训组织分工

培训实施计划拟订后，培训组织方内部要根据培训的规模、性质、内容、形式、重要性等因素，召开培训组织分工会议，确定各成员的确切工作职责和内容，从而确保培训计划的顺利实施。一般情况下，培训组织分工要形成书面的培训组织分工表，各成员依据分工表实施培训计划，组织者对培训活动全程进行掌控和监督。

培训组织分工是为了保证培训的效果，事先设想培训实施过程中的各个环节，并对可能发生的问题进行预判，设计多种应对突发和意外事件的解决方案，并配备相应的人员进行解决，防止意外造成培训中断，影响培训的效果。突发事件处理预案见表3-3。

表3-3 **突发事件处理预案**

序号	预期事件	应对措施	负责人
1	学员迟到	及时与学员进行电话沟通，了解情况	
2	投影仪、电脑不能正常使用	及时更换备用的投影仪、电脑	
3	突然停电，无法进行培训摄像工作	1.准备好录像机电池，及时更换继续录像	
		2.如果之前的录像是内录，则应改为外录	
4	话筒效果不好	更换电池或启用备用话筒（如果话筒没电）	
5	个别学员无培训资料或缺少培训资料	1.各项资料要多准备至少5份以上，方便及时查找补发给学员	
		2.随身携带电子版的培训资料，随时打印补充	
	录像电脑内存不够	准备U盘，方便及时拷贝录像文件	
	讲师迟到	培训负责人及时与讲师联系，培训主持人救急，带领大家进行团队活动	

（二）培训组织实施的现场监控

每一项培训活动的组织实施都需要一位总负责人进行全程掌控和把关。这位总负责人一般由企业人资部门负责人担任或者门店主管担任。通常情况下，总负责人需要处理的工作包括培训前制定工作分工表，召开工作调度会议，制作日程安排表，与其他工作人员对培训流程进行梳理；实施培训过程中，负责监督和指导其他工作人员的工作完成情况，并对突发情况进行处理等。当然，在实施培训过程中，培训现场的监控并不只是由总负责人负责，其他承担培训分工任务的参与者也有义务对自己责任范围内的工作负责，对培训进行有效监控。

1.对培训学员的监控

培训学员在培训期间的表现都要纳入整体考核中，与其个人绩效、薪酬及未来晋升发展挂钩。学员的出勤率、学习态度、课堂表现、训后培训技能的转化等，都需要进行观察。一般情况下，可以设置一些表格，由专人负责监督并记录下来。

2.对培训设备及环境的监控

为保证培训的顺利进行，需要时时监控培训的相关设备情况，比如与培训相关的各种设备、器械、材料等是否运转正常，各项设备的操作、保管是否有专人进行跟踪维护，一旦出现故障是否有应急预案等。同时，培训现场的环境也是需要监控的，比如温度、湿度、空气清新度等。应根据现场实际情况进行适当调试，良好的室内环境是保证培训效果的关键。

3.对培训师的监控

实施培训的过程中也需要对培训师进行监控。培训师能否提前到达培训现场、培训师在授课过程中是否需要工作人员配合、培训师授课的现场效果如何、培训师是否需要延长培训、培训师在培训过程中是否有其他的需求等，这些都需要专人负责监控。这里的监控主要是指培训相关工作人员为培训师提供一种帮助，或是达到一种有效的沟通程度，以及监督其有效授课以达到培训的目的。

（三）培训结束后的工作

现场培训结束之后并不代表整个培训工作已经结束，事实上，对于培训活动来说，前期的培训准备即制订培训计划是培训能否取得成功的关键，培训组织实施是将培训计划实现的过程，但最重要的是培训结束后学员是否有收获，对员工的态度、技能等是否有帮助。培训结束后，除了要回收并统计培训评价表，将培训记录和测评成绩反馈给讲师或者学员，撰写培训新闻稿，在公司范围内扩大宣传（如有必要的话），将各项培训资料整理并汇总存档外，更重要的是培训结束后培训学员如何将培训内容真正吸收转化。因此，培训结束后的一项非常重要的工作，就是督促员工列出培训知识转化的计划，要求学员思考如何在日常工作中落实培训内容。检测及评价学员的培训效果，是一场培训结束后的核心工作。

关于培训效果评估和转化的内容，我们将在后面进行详细论述。

三、培训评估期——评估培训效果

评估培训效果是员工培训的最后一个环节，指的是在受训者完成培训任务后，对培训计划是否完成或达到效果进行的评价、衡量。其内容包括对培训设计、培训内容以及培训效果的评价。一般通过受训者反应、学习、行为、结果四类基本培训成果来测定。

（一）评估培训效果的作用

（1）通过评估可以帮助培训组织者从中吸取教训，为企业的决策者提供有关培训的系统信息，帮助决策者进一步完善培训方案，以便在今后的培训中达到更好的效果；

（2）通过评估可以使员工发现自身存在的不足，并通过培训激励他们在今后的工作中不断改进和提高；

（3）通过评估可以实现组织对培训的全面控制和监督，从而使培训更加符合组织的要求，让培训活动更加有效、培训计划更加准确，并使培训结果更加符合实际工作的要求。

（二）柯氏四级培训评估模式

柯氏四级培训评估模式（Kirkpatrick Model）由国际著名学者唐纳德·L.柯克帕特里克（Donald L.Kirkpatrick）教授于1959年提出，是世界上应用最广泛的培训评估工具，在培训评估领域具有难以撼动的地位。该模型认为完整的培训评估必须包括四个方面的内容，包括受训者的反应、学习、行为和结果，需要对这四个方面进行培训效果的评估。柯氏四级评估内容及问题对照表见表3-4。

表3-4 **柯氏四级评估内容及问题对照表**

评估级别	主要内容	可询问的问题	衡量方法
一级评估：反应层评估	观察学员的反应	• 学员喜欢该培训课程吗？ • 课程对自身是否有用？ • 对培训师及培训设施等有何意见？ • 课堂反应是否积极主动？	问卷、评估调查表填写，评估访谈
二级评估：学习层评估	检查学员的学习结果	• 学员在培训项目中学到了什么？ • 培训前后，学员知识及技能方面有多大程度的提高？	评估调查表填写，笔试、绩效考试，案例研究
三级评估：行为层评估	衡量培训前后工作表现	• 学员在学习基础上有无改变行为？ • 学员工作中是否用到培训所学？	由上级、同事、客户、下属进行绩效考核、测试、观察和绩效记录
四级评估：结果层评估	衡量公司经营业绩变化	• 行为改变对组织的影响是否积极？ • 组织是否因培训而经营得更好？	考查事故率、生产率、流动率、士气

1.一级评估常用的工具

柯氏四级评估中，一级评估最常用的工具是培训效果评估表或调查表，通过这类表格填写的方式考查学员对培训的反应。培训效果调查表见表3-5，培训效果评估表见表3-6。

2.二级评估常用的工具

在柯氏四级评估中，二级评估常用的工具主要包括测验试卷、评估问卷、成绩评估表等。某汽车连锁4S店培训考试试卷见表3-7。

表 3-5　**培训效果调查表**

第一部分：关于培训课程					
序号	项目	评分			
1	您认为本次培训课程目标的明确性	□10	□8	□6	□4
2	您认为本次培训对您的工作是否有帮助	□10	□8	□6	□4
3	您认为本次培训课程的时间长度	□10	□8	□6	□4
4	您认为本次培训课程的适用性	□10	□8	□6	□4
5	通过这次培训，您的收获	□10	□8	□6	□4
6	影响您培训收获的原因可能是	□培训课程内容安排的逻辑层次问题 □培训组织人员的问题 □培训讲师的问题 □自己的问题			
7	回顾培训的课程内容，请列举给您留下深刻印象的几个部分				
第二部分：关于培训讲师					
1	表达能力，逻辑、条理	□10	□8	□6	□4
2	对学员的关注程度	□10	□8	□6	□4
3	对学员提出问题的解决程度	□10	□8	□6	□4
4	把握课程进度能力	□10	□8	□6	□4
5	仪容仪表	□10	□8	□6	□4
第三部分：关于培训实施					
1	您认为本次培训的组织工作如何	□10	□8	□6	□4
2	您认为本次培训场地是否符合培训的要求	□10	□8	□6	□4
3	您认为本次培训的辅助设备、培训材料是否齐全	□齐全　　□不齐全 请列举需要补充的辅助设备和培训材料：			

表 3-6 **培训效果评估表**

填表时间： 培训课程： 培训讲师：

项目 内容	评定内容	评定结果 （请在对应栏目划√）					简述理由
		十分满意	满意	基本满意	不满意	极不满意	
评定项目	1.你对本次培训的课程安排是否满意						
	2.你对本次培训的形式安排是否满意						
	3.你对讲师的安排是否满意						
	4.你对场地的安排是否满意						
	5.你对培训时间的安排是否满意						
	6.本次培训是否达到你的预期目标						
	总体效果综合评估						
备注：1.本评估不记名，请客观、公正填写。 2.只需要在对应的栏目里划√即可。							

表 3-7 **某汽车连锁4S店培训考试试卷**

销售满意度考试试卷

1.厂家SSI满意度考核有：

____________、____________、____________、____________和____________五个环节。

2.神秘顾客考核内容有：

____________、____________、____________、____________、____________、____________、____________和____________八个方面。

3.电话铃响（　　）声内或（　　）秒内有人接听，标准话术为：

____________________________________。

4.对话最后接线员需____________________________________。

5.销售顾问接待客户第一时间应____________________________________。

6.主动提供（　　）种以上饮品，为客户进行展示，并邀请客户续杯（　　）次。

7.主动了解客户____________________________________经历，此目的是____________________________________。

8.主动询问客户购车用途，此目的是____________________________________。

9.结合客户需求，为客户介绍至少（　　）款车型。

10.试乘试驾方面要注意____________________________________和____________________________________两个方面。

3.三、四级评估常用的工具

在柯氏四级评估中，三、四级评估通常借助各种评估调查表对员工进行培训，产生行为的改变，并对组织绩效的提升进行调查统计。某连锁企业试用期员工考核表见表3-8。

表3-8　　某连锁企业试用期员工考核表

试用期员工考核表（第一周）		
员工姓名：	部门：	岗位：
上级主管：		入职时间：　年　月　日
考核时期：自　年　月　日至　月　日		
请试用期员工填写下述问题：		
1.入职第一周实际情况跟自己的预期有哪些偏差：		
2.本周主要完成的工作：		
3.本周最大收获：		
4.本周遇到的问题：		
5.对公司有哪些新的认识、意见和建议：		
6.下一周的计划和目标：		
被考核者对考核结果确认签名：		

技能训练3-2

柯氏四级培训评估模式

■ 主题：作为未来的连锁门店店长，你真的会使用柯氏四级培训评估模式对手下员工进行培训评估吗？

■ 要求：参照上文柯氏四级培训评估模式中的内容及各级培训评估中所列的表格示例，并根据门店实际情况（可任选一个连锁企业门店，如连锁快餐店、连锁超市等，通过资料搜集或实地考察等方式掌握其具体情况），制作各级评估常用工具（各级评估常用工具最少选择一种）。

■ 方式：推荐以小组形式展开此项任务，各小组配备4~6人为宜。

■ 考查内容：（1）小组成员协作配合能力及组长统筹指挥能力；（2）对四级培训评估模式的掌握能力。

（三）其他培训效果评估模型

1.考夫曼（Kaufman）五层次评估模型

考夫曼扩展了唐纳德·L.柯克帕特里克的四层次模型，他认为培训能否成功，培训前的各种资源的获得至关重要，因而，他在模型中加入了对资源获得可能性的评估，并将其放在模型的第一个层次上。

考夫曼还认为培训能否成功，与社会环境以及客户的支持等密切相关，同时，培训产生的效益也会反作用于社会环境和客户，两者相互起到促进作用。因此，他又加了一层，主要评估社会和客户的反应等情况。考夫曼五层次评估模型见表3-9。

表3-9 **考夫曼五层次评估模型**

评估层次		评估内容
1	可能性和反应评估	可能性因素说明的是针对确保培训成功必备的各种资源的有效性、可用性、质量等问题
		反应因素旨在说明方法、手段和程序的接受情况和效用情况
2	掌握评估	用来评估学员的知识掌握能力情况
3	应用评估	评估学员在接受培训项目之后，其在工作中知识、技能的应用情况
4	企业效益评估	评估培训项目对企业的贡献和报偿情况
5	社会效益产出评估	评估社会和客户的反应，以及利润、报偿情况

2.菲力普斯（Phillips）的五级投资回报率（ROI）模型

菲力普斯于1996年提出该模型，该模型在柯氏四级评估模型上加入了第五级评估，即投资回报率评估。投资回报率指的是培训带来的收益与成本之间的比率，以此来衡量培训带来的组织效益的真正提升。

（四）评估员工培训效果的流程

（1）评估前的准备工作；

（2）设计评估方案；

（3）实施评估方案；

（4）反馈并撰写评估报告；

（5）改进培训活动。

知识链接3-2

麦当劳员工培训的4个层次的评估

麦当劳员工培训的4个层次的评估如下：

第一是“反应”，就是在上课结束后，大家对于课程的反应是什么。例如，评估表就是搜集反应的一种评估方法，可以借助大家的反应加以调整，以使培训更符合学员的现实需求。

第二是“知识”。在知识方面，麦当劳汉堡大学也有考试，上课前会有入学考试，课程进行中也有考试，这些考试主要是想测试大家究竟掌握了多少知识，从而了解训练的内容是否符合组织的初衷。除此之外，汉堡大学非常重视学生的参与，会把学生的参与度量化为一个评估方法，当学员提出问题，或者和大家互动分享时，就可以知道他的知识掌握程度，并且在每天的课程中去做调整，以符合学生的学习需求。

第三是“行为”。在课程中学到的东西，能否在回到工作岗位以后变为自己的行为，达到更好的绩效呢？在麦当劳有一个双向调查，上课前先针对学生的职能做一些评估，再请其老板或直属主管做一个评估，然后经过3个月的训练之后，再做一次评估。因为学生必须回去应用他所学的知识，所以麦当劳会把学生行为前后的改变做一个比较，来衡量训练的成果。

第四是“绩效”。课后行动计划的执行成果和绩效有很大关系。每一次上完课，学生都必须列出他的行动计划，回去之后认真执行，执行之后再由他的主管来为他做鉴定，以确保训练与绩效有机结合。

资料来源　郭克莎．人力资源［M］．北京：商务印书馆，2003.

单元四　员工培训制度

培训的各项制度是为了促进培训的有效实施，以期实现连锁企业组织培训的既定目标。

培训的各项制度包括：培训管理制度、培训部门管理工作职责细则、培训考核与培训奖励制度、员工在职培训制度、培训档案管理与培训跟踪制度、培训考试与发证制度等。

以下将通过××连锁集团公司培训管理制度的呈现，使我们深入了解员工培训制度中相关内容的制定、细则等。需要注意的是，各企业员工培训制度的设计和制定，需要依据企业自身的实际情况来作出，不能照搬。

××连锁集团公司培训管理制度

一、总则

为促进企业的业务发展，提升人力绩效，提高员工素质，规范企业员工培训教育管理，特制定本制度。

二、范围和原则

（一）企业全体员工均享有接受培训和教育的权利和义务；

（二）员工培训和教育以不影响员工本职工作为前提，讲求实效性，遵循学习与工作需要相结合，坚持以短期为主、业余为主、自学为主的原则。

三、内容和形式

（一）新员工入职培训

1.培训对象：所有新进人员。

2.培训目的：协助新进人员尽快适应新的工作环境，顺利进入工作状态。

3.培训形式：相关负责人以内部授课方式进行。

4.培训内容：

（1）企业的发展历史、现状、特色和奋斗目标；

（2）企业的业务范围及组织的机构设置，各部门人员组成；

（3）企业的办公流程，各项规定制度；

（4）员工道德、情操和礼仪要求；

（5）工作环境和工作条件，辅导使用办公设备；

（6）新员工实际工作操作实行“一带一”或“一带二”的导师固定责任制培训形式，具体“导师”由各部门/各门店负责人确定，新员工的培训考核结果作为指定“导师”的半年考核内容。

（二）内部培训

1.培训对象：全员。

2.培训目的：依靠企业内部讲师力量，最大效度地利用公司内部资源，加强内部的沟通与交流，在公司内形成互帮互助的学习氛围，并丰富员工的业余学习生活。

3.培训形式：在公司内部以讲座或研讨会、交流会的形式进行或请外部讲师在企业内部授课。

4.培训内容：涉及公司技术类、市场类、管理类的多个方面以及员工感兴趣的业余知识、信息等。

（三）外部培训

1.培训对象：全员。

2.培训目的：依靠外部师资力量，提升从业人员在本职工作上所应具备的专业知识、管理知识、技能技巧，以确保各项工作的完成质量，提高工作效率。

3.培训形式：参加外部公开课、交流研讨会、参观考察等。

4.培训内容：

（1）常规实用性培训——涉及专业技术知识、销售技巧、管理方面、领导技能、经营理念等；

（2）适合高层领导的培训——含企业战略性、发展性等方面的内容。

（四）学历教育

1.教育对象：全员。

2.教育目的：通过参加长期的在校教育，以提升员工自身知识、能力、素质水平，从而更好地服务于本职工作。

3.教育形式：通过参加国家组织的统一考试，参加长期的在校教育并获得学历证书。

4.教育内容：为企业工作所需的教育内容。

四、培训教育管理

（一）培训教育规划制订

1.企业高管人员和直属部门、各门店员工教育培训计划由企业人力资源部制订。

2.结合企业整体战略目标及发展计划，由企业人力资源部依据内部员工培训需求调查的结果以及企业相关培训的政策、财务预算等，统筹各部门、各门店的需求，于每年年初拟订年度培训计划，并呈报审核。

3.企业的培训教育计划报企业人力资源部备案。

（二）审批原则

申请的培训教育应同时满足以下几个方面：

（1）该培训师是企业各部门、门店开展工作所急需的；

（2）该培训可解决企业各部门、门店新增业务的理论需要；

（3）该培训提供的知识或技能不是申请人员职位说明书要求的入职时的必备技能（若是入职必备技能，则说明该人员达不到入职要求，须自行进行学习补上）。

（三）培训教育的组织实施

1.集体学习。

（1）类型：新员工入职培训、内部培训、外部培训。

（2）组织部门：人力资源部组织实施。

（3）审批程序：报相关领导审核并经中心主任同意。

（4）组织实施：

①新员工入职培训应在上岗前或上岗后最长不超过十个工作日之内（除特殊情况外）进行，门店主管、相应部门的负责人或企业领导担任主讲。

②内部培训和外部培训根据每年的教育培训计划实施。

（5）培训费用：新员工入职培训和由企业组织的内部培训所发生的费用由企业承担，员工参加外部培训所发生的费用，企业视具体情况进行部分或全额报销。

2.个人学习。

（1）类型：学历教育、业余自学等。

（2）审批程序：个人学习如果影响工作，员工应以书面形式提出申请，并按《人力资源管理权限》规定报批。

（3）培训费用：员工自理或企业部分、全额报销。

（四）学历资格、证书审定

员工在接受培训和教育后所取得的合格证书或学历证书，均由人力资源部根据国家有关规定认定，未经认定的不予承认。

（五）考核

1.员工参加各类培训教育后，由人力资源部和相关领导对员工的培训教育结果进行考核，填写考核评语。

2.员工培训教育考核结果纳入员工整体考核指标体系，对培训考核不合格或参加学历教育未取得毕业证书的员工采取延长试用期、降薪、调整岗位、降职、辞退等措施。

五、培训费用报销和补偿

报销费用主要指员工参加外部培训和个人学习所产生的费用，企业可酌情报销。

（一）申请手续

1.培训教育结业或毕业后，凭学校（培训机构）证明、证书、学费收据，在30天内申请费用报销。

2.员工报销培训教育费用时，须注明各项费用额度。

3.经部门负责人、门店主管同意，人力资源部和财务部审核后，报相关领导批准。审批权限参照相关领导的财务审批权。

4.个人难以承受的培训费用，经企业领导批准后可预支使用。审批权限参照相关领导的财务审批权。

学习成绩不合格者费用自理，费用属于预支使用的在培训教育结束1个星期内全额退还。

（二）培训教育费用限额

每年以企业前一年营业收入的1%计提培训教育专项基金，且遵循以下原则：

1.高层管理人员全年的培训费每人不超过2万元。

2.中层管理人员全年的培训费每人不超过1万元。

3.普通员工全年的培训费每人不超过5 000元。

以上情况不包括学历教育，在企业工作2年以上的员工申请报销的培训费可适当增加，具体的金额报企业负责人批准。

（三）服务年限

1.员工参加由企业出资的外部培训和个人学习教育须签订培训协议，承诺在企业的服务年限。

2.服务年限起始日：

（1）服务年限的计算采取累加方式，即第一份培训协议签订的服务年限是在原劳动合同约定的服务年限基础上增加，而第二份协议签订的服务年限又在之前累积的服务年限基础上累加，以此类推。

（2）学历教育（是指全脱产的学历教育或在规定工作时间内参加的学历教育）服务年限的起始日自学习结束后回单位工作之日起计算。

（四）提前终止培训协议

培训申请人（不包括转岗再就业、领导决定调职、未被聘任落选后调离、企业由于调整组织构架而被精减人员的情况）应向企业支付补偿费用。

1.补偿费用的计算：

（1）补偿费用基数=（培训费用+工时费）÷应服务年限×剩余服务年限+企业支付的培训费用×15%

工时费=培训期间月工资÷21.75天×培训天数

15%指企业因员工培训后离职产生的间接人力成本费用系数；服务年限折算到月，不足一个月的按一个月计算。

（2）若有多个培训协议，则每个培训协议分别按上述公式计算，所得补偿基数总和为该人员最终需补偿的基数。

（3）企业工龄在2年以下（指最后一次培训协议签订时）的自愿解除劳动关系的离职人员按补偿基数的100%补偿；企业工龄在2~4年的人员按基数的80%补偿；企业工龄在5年以上的人员按基数的50%补偿；因纳入外部公开课管理的参观考察活动所签的培训协议，终止协议时按上述方法计算后的补偿金额的50%进行补偿。

（4）签订学历教育培训协议的，在提前终止协议时须按补偿基数的100%补偿方能终止。

（5）因违反国家法律或严重违反公司制度（如盗窃、斗殴、赌博），或因过错给公司造成经济损失的被开除人员按补偿基数的100%补偿。

2.补偿费用由调出（辞职）人员自离开企业前一周工作日内付清。

六、其他

1.培训期间实行严格的考勤制度，并将员工考勤结果作为培训考核内容。

2.凡经企业批准的各类教育培训，成绩合格者，薪酬全额发放，享受社会保险福利待遇；不合格者，扣除全部薪酬。

3.企业本着对口培训的原则，选派员工参加培训后，一般不调换岗位；确因需要调岗位，按企业相关制度处理。

4.下列情况由企业提供学习机会，并视情况支付部分或全部培训费用，员工不需要与单位签订培训协议：

（1）因企业原因，对员工部门职责、岗位职责进行调整，要求员工所具备的知识、技能发生变化，员工为了适应变化要求所参加的培训。

（2）因企业原因，员工岗位发生变动，并且有相关国家政策法规规定员工新任职岗位必须持“资格证书”和“职业认证”上岗的，员工为取得上岗证书所参加的培训。

七、附则

本办法由企业人力资源部制定、修改并解释。

八、附件

1.《培训协议》

2.《培训需求调查表》

3.《人员培训审批表》

4.《培训意见反馈表》

项目测试

一、简答题

1.简述培训与开发的含义，并说明它们的区别。

2.培训的类型有哪些？

3.培训与开发的方法有哪些？

4.企业需对各连锁门店的店长开展哪些培训？

5.柯氏四级培训评估模式中，每一级常用的工具有哪些？

6.关于员工培训制度的制定，各连锁门店是否可以保持一致？

二、材料分析题

某连锁企业对行业规范和相关标准执行较严格，每月会对人员的专业知识和销售技巧进行二次培训，所以一线人员的专业能力略高于同行业其他企业。同时，本企业在当地具备一定的知名度。但是由于工资、福利及管理等多方面因素的影响，该连锁企业的店员经常被当地同行业企业挖走。针对这样的连锁企业，怎样才能更有效地进行人才培养和人才留用呢？

问题：

1.能不能为避免人才流失而减少人才培养呢？

2.人才流失的原因是什么？

3.人才培养与人才流失是否有必然的联系？

项目实训

实训内容：

让学生在模拟环境中参与门店实践工作，以便将所学培训与开发理论知识同门店培训管理的实践相结合，从而提高学生的实际操作能力和专业知识水平，强化服务、高效、创新等意识，更好地适应连锁门店对于人才的要求。

以小组为单位（建议4~6人为一小组），主要任务为编制某连锁门店（门店为真实连锁企业下的连锁门店）详细的培训组织策划方案，应具有可操作性，并且在考虑培训工作组织环节的基础上编制详细的培训预算。

项目四

店长如何激励店员

◎ 学习目标

知识目标：

能够明确员工的真实需求；掌握激励的方法；明确建立激励体系的目的；了解团队建设的必要性。

能力目标：

能运用科学的激励手段和方法，提升领导能力；能组建高效的组织团队。

态度目标：

店长应通过激励手段，实现员工的需求；制定完善的门店激励制度；能建设优秀的团队，实现组织目标。

◎ 项目框架

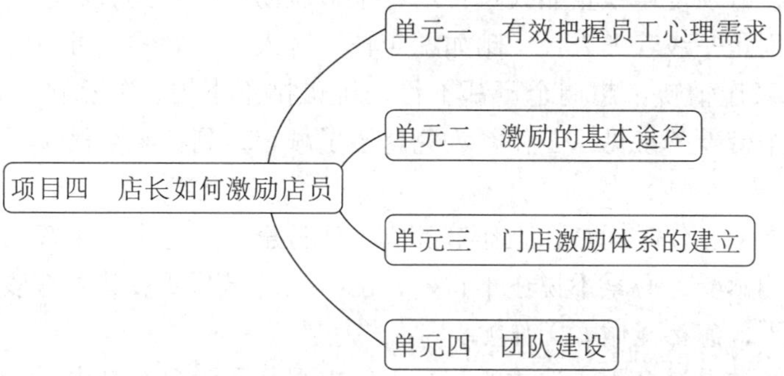

【项目导入】

“对你而言，工作中什么东西很重要，或者是令你感到兴奋的？”上课的时候我经常会提出这样的问题，不出意外，一些人会说是“钱”，也有一些人可能会说“有更好的发展前景”或者“有挑战性的工作”等等。究竟是什么激励了你？事实上连你自己可能都不清楚。如果你对此有更深刻的理解的话，那么将有助于你在选择工作的时候准确作出判断。

以下是你在选择一份工作时可能会纳入考虑范围的12种因素。阅读以下内容，请你按照重要性排序，1代表重要性最高，依次排列，12代表重要性最低。

——高薪酬；

——优越的工作条件；

——友善的、能给予你支持的团队；

——富有弹性的工作时间；

——提供更多发展和新挑战的工作机会；

——体贴的上司；

——对你有所影响的决策具有包容性；

——相对公正平等的待遇；

——工作保障；

——有上升空间的工作机会；

——优越的福利待遇（指休假时间、退休计划等）；

——相对自由和独立的创作空间。

排列好后，请相互比较大家的选项。大家的偏好相似程度如何？排序结果是否一模一样？

案例启示：可以预见，要找到一模一样的排序结果，机会非常渺茫。这个测试告诉我们：首先，每个人重视的因素各不相同，特别是在如何看待自己的工作方面；其次，通过这个结果能理解你在工作中到底追求的是什么。

单元一　有效把握员工心理需求

一、需求概述

关于需求，首先我们需要思考的是用工荒，这是一个非常严重的问题，大家都哭着喊着说缺人，特别是连锁企业人员特别紧张、流动性特别大。对这个问题大家一直都很苦恼，特别是一线管理人员。比如说店长，客人多的时候，可用的店员太少，有时候客人多起来连轴转，想调个班都不行，排班排不下去，怎么排下面的人都有意见。员工一个个带着“意见”工作，难免怠慢了顾客，到头来东西卖不出去，还是店长的责任。

许多员工觉得工作时间长，工作节奏快、任务重、休息少、工资低，每天连轴转还要顾及顾客的感受，心累不说还不讨好，出一点差错都要被计入考核、要扣钱，在这种工作压力下，怎么能做好工作呢？

用工荒的问题是诸多因素造成的，员工需求得不到满足是其中一个比较突出的原因，而且员工需求得不到满足直接影响员工自身的工作态度，甚至影响到公司的效益。那么员工有哪些需求？企业需要满足员工哪些方面的需求？作为店长是否能掌握员工的真实需求呢？这些都是需要我们仔细分析和探讨的。

所谓需求，就是指在一定的时期下，在一定的价格水平下，顾客愿意并能够购买的商品的数量。

“需求”这个词在我们生活中经常出现，比如肚子饿了需要吃饭充饥，渴了需要喝水补充，上班时需要穿着相对正式的衣服以示对企业的尊重等。可以说，“需求”一词无论在生活、工作、学习中无处不在。

在经济学中，“需求”一词一般伴随着“供给”出现，一般强调的是在市场中，需求量（需求的具体数量或者质量）和供给量相等的水平，即均衡的状态，市场的均衡状态又决定着市场的物价水平。在市场上，当商品的需求量大于供给量的时候，会出现“供不应求”的情况，市场上商品流通紧张（可能是人为因素造成的，也可能是天灾等因素造成的），急需补充，造成物价飞涨，也就是所谓的“通货紧缩”；当商品的需求量小于供给量的时候，会出现“供大于求”的情况，市场上商品出现大量的囤积，急需倾销出去，造成物价下跌，也就是所谓的“通货膨胀”。

在经济学中哪些因素对需求产生积极的影响呢？比如同为冰淇淋，哈根达斯的价格比一般的冰淇淋贵了10倍以上，而这款昂贵的冰淇淋却总是引得大批“信徒”趋之若鹜。似是无理，却又合理。从其制作原料到其休闲小店甚至到其消费群体的定位，都让人想到一个词——矜贵。它卖的不是冰淇淋，而是对美好生活的追求。

那么顾客对哈根达斯的需求受哪些因素的影响呢？（1）商品本身的价格因素；（2）相关竞争商品的价格因素；（3）消费者的收入水平因素；（4）消费者偏好（嗜好）因素；（5）消费者对未来的预期因素；（6）政府的消费政策因素（指导性政策）。

对于连锁企业门店的店员来说，他们的需求是什么呢？

企业花钱雇用店员，肯定要提出一定的要求。企业希望得到优秀的店员，即能力强；并且希望这些店员能够长期为企业效力，即稳定性高；还希望这些店员能够通力协作，即协同性好。人力资源管理的各模块无不是针对以上要求：通过招聘筛选人，通过绩效考核分辨绩优、绩劣者，通过素质测评评判胜任力，通过薪酬管理激励人，通过培训使店员更适合企业需要，通过岗位调整用人所长……

企业往往单方面将企业的要求当成标准，以此来要求、评判店员。解雇店员，给出的理由往往是“工作能力差所以被淘汰”；店员主动离职，企业则往往称之为“不适合企业”；不给店员涨工资，解释是“能力未达到要求”，总之都是店员的问题。店员在企业内部可以算是相对弱势的群体，然而店员和企业之间本就是双向选择关系，店员可以用离职来表达对企业的不满，因而企业并非总是强势，正因如此，企业必须认真关注店员对企业的需求，也就是店员为什么会或者不会留在企业。

店员不满情绪的现实版本为“工资太低”“离家太远”等，冠冕堂皇版本为“没有上升空间”“个人能力得不到锻炼”等。事实上呢？我们可以举出太多的例子：工作压力大、和同事关系紧张，对上司不满意，学不到东西，没有上升空间或晋级机会，管理层混乱，工资待遇不合理，对公司前景不看好等，可以看出，店员的不满情绪就是对企业的需求。

知识链接4-1

需求的相关概念

需求显示了随着价格升降而其他因素不变的情况下，某个体在每段时间内愿意购买的某货物的数量。在某一价格下，消费者愿意购买的某一货物的总数量为需求量。在不同价格下，需求量会不同。需求也就是价格与需求量的关系。若以图形表示，便为需求曲线。需求曲线如图4-1所示。

需求曲线是根据需求表中商品的不同价格与需求量的组合，在平面上拟合的一条曲线。

需求函数：假定商品的价格与需求量的变化具有无限的分割性，把商品价格视为自变量，把需求量作为因变量，则：D=f（P），即为需求函数。

需求函数的扩展形式为：Q_d=f（P，m，P1）

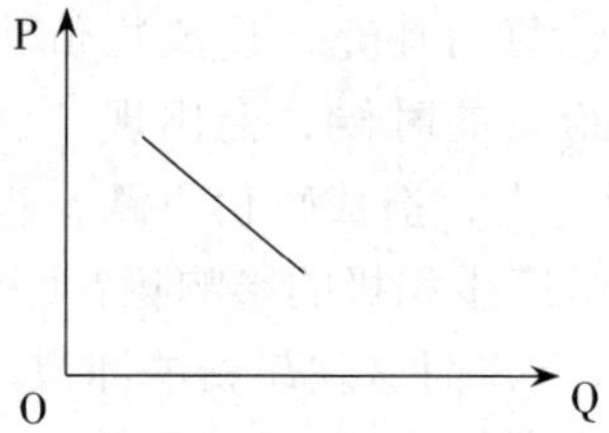

图4-1 需求曲线

在公式中，P代表商品的价格，m代表消费者的收入，P1代表其他商品的价格。

当影响商品需求量的其他因素不变时，商品的需求量随着商品价格的上升而减少，随着商品价格下降而增加。这就是我们常说的需求规律。当然需求还有些特例，这里我们就不展开讨论了。只有向右下方倾斜的需求曲线才符合需求定理。

二、员工需求的种类

想要留住店员，就要先弄清楚他们需要什么？基本需求是什么？如果能满足其基本需求，店员自然也就留下来了。

（一）安全需求

安全稳定的工作环境是需求中最基本的一项，关系到每个人和家庭在社会上能否生存下去。作为连锁企业店员，当然也希望通过自身的职业获得安全和稳定的满足，把员工当作兄弟姐妹，创造一种“安全感”“归属感”就十分必要了。

这里的安全需求指的是身心安全。首先，我们在门店上班，大家可能会有这样的感受：都是年轻人，到了门店，这里的人都横眉竖眼，整天看你这个不顺眼，那个不顺眼，你心里肯定不舒服，缺乏安全感；领导太凶了，老员工也凶巴巴的，问个问题总感觉自已像做错了事似的，心理打鼓，生怕被骂、被嘲笑、被嫌弃。想想在家里，我们的爸爸妈妈总是天天指责我们这个做不好、那个做不好，你心里也是会有失落感的，矛盾一旦被激化，你甚至会有离家出走的冲动。

当店员来到门店的时候，作为店长，如果我们能够以诚相待，热情、主动地帮助他们适应环境，那我们给店员的感受是什么样的呢？大家会发现，新员工到店之后，前一个星期或10天左右，能留住就留下来了，留不住的话，再怎么挽留都没用，因为这段时间就是一个“安全期”，在这段时期内，店长一定要特别注意观察新到店员的心理情况。你要让他感受到真诚、热情，感受到门店是有爱的地方，无论何时何地，有问题总有人能帮到他，让他感受到如家般的温暖，他在这个地方自然就放松，就舒服，就愿意待得更长久。

（二）尊重需求

如今连锁企业的待遇比以前提高了不少，但由于入职门槛低，自然就成了很多毕业生和刚进城务工人员的首选。由于店员普遍年龄较小，且多来自于偏远地区，他们不善于与人沟通，缺乏自信，觉得这是个伺候人的活，这也是造成服务型行业人员流动性较大的原因之一，作为店长，应该怎样解决员工的这个心理需求呢？

人与人之间本应该相互尊重，这一点无可厚非。可真实情况却并非如此，你会发现在门店内，店员与店员之间、店长与店员之间相互不尊重，有的时候店员因为店长的一句话或者因为老员工的一句话就想走人。店员会因为“店长说话太难听”这么点儿小事就要走吗？真的会出现这种情况，因为一些店面甚至企业内部长期存在着一种相互不尊重的氛围。为什么不尊重人，原因很简单，就是企业里面的老员工、资深店长，甚至管理层经常盛气凌人、指手画脚，总以为自己高人一等，对别人没有恭敬之心，这就让店员心里不舒服了，在哪里上班不是上班呢？非要在这里看别人的脸色吗？

要养成尊重别人的习惯，店面甚至整个企业都倡导这种文化，员工的感受就不一样了。连锁企业的相关人员要做到尊重手下的员工，从身边的小事做起，养成一个相互尊重的习惯，有敬人之心。

（三）娱乐需求

娱乐是每个人的基本需求之一，对于连锁企业的员工同样如此，甚至占据更大的比重。

娱乐方式有很多，要有效地组织积极健康的娱乐项目来解决员工的娱乐需求。连锁企业的员工工作时间固定，工作内容枯燥乏味，每天面对顾客就那么几句话，很多人早就厌倦了这种沉闷的生活。作为现代的年轻人，他们需要的不仅仅是物质上的满足，更多的是精神层面的满足。你不给他安排活动，他自己就会找乐子，放任玩就会出事情。作为店长，一定要有清醒的认识，与其让员工单独玩，不如大家一起玩，一方面满足大家的娱乐需求，另一方面把它当成一种团建活动，在玩的过程中加深店员之间的情谊，能使其认识到团队的重要性，学会一起成长。

在工作之余适当地通过一些娱乐手段去调节工作可能带来的压力，往往会带来意想不到的收获。与其一边想着工作，一边惦记着玩耍，不如先玩后工作，效果更好。作为店长，在适当的时间组织一次娱乐活动是有必要的。活动要带着目的，要有计划，甚至回来要有总结，这样才能劳逸结合，寓教于乐。

（四）公平需求

在追求经济利益外，店员也会追求精神上的满足，尤其是人格上的尊重，并希望企业在薪酬、权利等各项资源分配上，能贯彻人人平等的原则。

试想一下，在一个店面上班，如果这个店长做事不公平，对人不对事，你愿不愿意在他手底下做事呢？自然是不愿意。“为什么对他那么好？对我那么多指责？”“为什么他总是对的？而我总是错的？”如果没有一个公平的环境，相信店员很快就会离职的。

店长平时对员工的考核一定要实事求是，不能因个人关系等原因造成不公平的情况出现，那样对员工打击非常大，影响非常坏。比如升职机会，作为店长如果有推荐机会，就需要通过公开竞争、公平竞争的原则，能者上、庸者下，让有能力的员工得到他应得的机会。如果因为私心，和哪个员工关系好就照顾他，其他员工一定会觉得不公平，会造成恶劣的影响，甚至对公司产生负面的情绪。

（五）成长需求

员工都希望能通过自身的努力获得荣誉和称赞，提升自身的地位。连锁企业如果能为员工提供好的晋升机制或晋升渠道的话，就会给员工极大的自信和勇气，满足他们更高层次的需求。

成长分为技术成长和心灵成长。与技术成长相比，最重要的是心灵的成长。在一个企业里，如果不能为员工创造一个成长的平台，是很难留住人的。

如何实现心灵的成长呢？先做人、后做事。如何做人就是心灵的成长，而如何卖东西就是技术的成长。作为店长，你的职责不仅要让你的店员变得优秀，还要让他们越来越好，让他们在一个良好的环境下成长，这就是满足他们成长的需求。如果企业里面没有这种文化，你感觉待了一段时间，自己变得越来越懒散、越来越缺乏动力、越来越丧失目标，那么你肯定迟早会提出离职申请的。

（六）和谐需求

构建和谐的连锁企业门店内部环境是十分重要的。门店不仅是员工们工作的场所，也是我们每天生活的地方。作为店长，营造一个和谐的工作、生活氛围就变得十分重要了。

比如规定属下的店员之间不许相互借钱。借钱可能会造成员工之间的矛盾，影响人际关系。

员工流动是正常的，不要把所有的员工离职都视为不正常。企业要求店员以店为家，首先要创造一个家的和谐氛围，作为店长要先把门店视为自己的家。

只要企业能满足以上六大员工需求，员工自己也不舍得离开门店，因为感情的付出是相互的。

三、店长应如何对待员工的需求

员工的需求是多元化的。当现有的需求得到满足以后，一些新的需求又会出现，而且多种潜在需求会逐步转化为现实的需求。作为店长应如何对待员工的需求呢？

（一）了解需求

要充分了解和把握员工的需求，在思想上加以高度的重视。

（1）换位思考，要站在员工的角度来思考问题，体验他们的切身需求，了解他们所处的环境和他们的真实感受。

（2）把员工当作企业的内部客户，运用内部营销的方法和技术，比如一对一访谈、问卷调查、实地观察等，去了解员工的动机、情绪、信仰、价值观等细节，以此准确了解和把握员工的情感、需求和欲望等信息。

（3）加强交流和沟通，建立内部正式的和非正式的互动式的沟通和反馈渠道，通过情感沟通，了解不同员工的不同需求以及不同时期的需求重点。

（4）通过对员工外部环境（比如家庭、亲戚朋友、顾客、供应商、离职员工）的调查和访谈，间接了解员工的真实需求情况。

（二）满足需求

这里所说的满足需求是指满足员工有效的和适当的需求。作为店长不能无限度地满足员工的所有需求和欲望（包括切合实际的和不切合实际的），即使企业有能力也不能够完全满足。要做到有效或适当满足，就必须考虑以下几个因素：激励效果、主导需求和企业能力。

实现员工的各种愿望，前提条件是店长必须具备这种承受能力。

（三）转变需求

面对员工的需求，作为店长不能只是被动地、一味地去迎合、去满足，应主动分析和处理。对于那些能够起到较大激励作用，或是占据主导地位，但超出了企业所能承受范围的需求，应当通过引导使员工产生企业能力范围之内的新的需求，以淡化原来的需求。这样就可以将员工的需求引向店长所期望的方向，而且企业也有能力满足。这样的结果自然会是店长和员工都满意，实现了双方的共赢。

单元二 激励的基本途径

一、激励概述

大家都知道，让驴拉磨的方式有两种：一种是蒙上它的眼睛，牵着它转几圈，然后驴就会一直转下去；另一种是在驴的额头前吊一根胡萝卜，驴闻到胡萝卜的香味就想把它吃掉，为了吃胡萝卜就会拼命往前走，但始终吃不着，只有在拉完磨之后才能吃到，这是对它“工作”的奖赏。

（一）激励的概念

激励是管理学中一项非常重要的内容，通常，通过激励的手段可以使下属充分发挥其潜能，从而保持工作的高效性。

在上述情境中，第一种方法无疑是愚蠢的，对于驴或许可以适用，但对于人则万万用不得。在一开始不知情的情况下，人或许会听从，但一旦知道了真相，也就发挥不了作用了，甚至会起到反作用。第二种方法类似于激励作用，因为驴想吃胡萝卜，有吃东西的需求，人巧妙地抓住了驴的这种需求，并让它知道只有拉完磨才能吃到胡萝卜，所以胡萝卜就成了一种激励的工具。显然，这是我们需要借鉴的一种管理手段。

美国心理学家研究表明，一个人在没有任何外界刺激的情况下，其能力只能发挥20%~30%，如果能充分调动他们的工作积极性，其潜能最少能发挥75%，将两者之间的差额用于提高劳动生产率，效果将非常可观。这里所提到的“外界刺激”或者“充分调动他们的工作积极性”，就是激励。

在这里，人的行为是由他们的动机所支配的，动机又是由需要引起的，行为的方向即实现目标、满足需要。所以，人的行为的心理活动过程，就是实现目标的过程。事实上，人们由于未能满足的需要引起需求，这种未满足的需要使得人们心理紧张、躁动不安，继而产生满足这一需要的动机。同时动机导致行为，这一行为的结果又能使需要得到满足，从而达到目标，使人的紧张感消除，而满足程度如何又会反过来衡量最初的需要。正是由于人们的这种心理机制特点，才使得激励成为可能。

所谓激励，从字面上理解就是激发和鼓励的意思，是管理者通过某种方式或者手段，激发和鼓励人们朝着希望的目标采取行动的过程。

美国管理学家贝雷尔森（Berelson）和斯坦尼尔（Steiner）给激励下了如下的定义：“一切内心要争取的条件、希望、愿望、动力等都构成了对人的激励……它是人类活动的一种内心状态。”管理中的激励，是指组织中的管理者，根据组织的目标和被管理者的需要，设计适当的奖惩机制和工作环境，并运用各种管理手段，激发、引导组织成员的行为，使其朝着组织和组织内成员所期望的目标发展的过程。通俗地说，激励就是调动人的工作积极性，使其潜能充分发挥出来。

使人愿意做某事，也就是常说的调动下属积极性的过程，就是激励。比如学生没有学习兴趣，作为老师需要通过各种途径提高学生学习的兴趣和积极性，可以口头表扬、奖励小红花等，这些都属于激励的范畴。

（二）激励的基本原则

建立一套完善的组织激励机制及其配套措施需要遵循一些基本原则，这样才能收到预期的效果。

1. 目标结合原则

在激励机制中，设置目标是一个关键的环节。如果组织目标实现了但忽略了员工的需求，组织可能无法继续运转下去，因为员工一定会有微词甚至提出辞职；如果员工需求得到满足，却无法实现组织目标，这自然是组织管理者不愿意看到的。所以在设置目标时，必须将组织目标纳入其中或将组织所希望出现的行为列为目标导向行动，员工只能在完成组织目标后才能满足自身需求，发挥相互结合、相互影响的作用。

2. 物质激励和精神激励相结合的原则

在实施具体的激励措施过程中，物质激励是基础，精神激励是根本，在两者结合的基础上，要逐步上升到以精神激励为主。

3. 引导性原则

引导性原则是激励过程的内在要求。外在的激励措施能不能达到预期的效果，不仅取决于激励措施本身，还取决于被激励者对激励措施的认识和接受程度。对于被激励者，激励应该是自觉接受而非管理者强加的。管理者应设置实现组织目标的具体要求，并确保每位员工都清楚，通过激励将个体成员的积极性集中体现到组织目标上来，实现个体与组织的协调发展。例如护士长应积极投入工作，以身作则，引导其他护士以实际行动热爱护理事业，热爱自己的集体。

4. 合理性原则

激励的合理性原则包括两层含义：其一，激励的措施要适度，要根据所实现目标本身的价值大小确定适当的激励量；其二，奖惩要公平，惩罚标准不一会起到极大的负面作用。

5. 明确性原则

激励的明确性原则包括三层含义：其一，明确。激励的目的是需要做什么和必须怎么做。其二，公开。特别是涉及分配奖金等大量员工关注的问题时，更为重要。其三，直观。实施物质奖励和精神奖励时都需要直观地表达它们的指标。另外，直观性与激励影响的心理效应成正比。

6. 时效性原则

要把握激励的时机，“雪中送炭”和“雨后送伞”的效果是不一样的。激励越及时，越有利于将人们的激情推向高潮，使其创造力连续有效地发挥出来。

7. 正激励与负激励相结合的原则

所谓正激励就是对员工的符合组织目标的期望行为进行奖励。所谓负激励就是对员工违背组织目的的非期望行为进行惩罚。正负激励都是必要而有效的，不仅作用于当事人，而且会间接地影响周围其他人。“杀鸡吓猴”“杀一儆百”就是这个道理。

8.按需激励原则

激励的起点是满足员工的需要，但员工的需要因人而异、因时而异，并且只有满足最迫切需要（主导需要）的措施，其效价才高，激励强度才足够大。因此，领导者必须深入进行调查研究，不断了解员工需要层次和需要结构的变化趋势，有针对性地采取激励措施，才能收到实效。

（三）激励的过程

激励的过程，就是激发人的动机的心理过程，也就是人的需要、动机、行为和目标相互联系、相互作用、彼此制约的过程。人类有目的的行为都是出于对某种需要的追求。未得到满足的需要是产生激励的起点，进而导致某种行为。行为的结果，可能是需要得到满足，之后再发生对新需要的追求；也可能是遭受挫折，追求的需要未得到满足，由此而产生消极的或积极的行为。这种激励过程可用图4-2来描述。

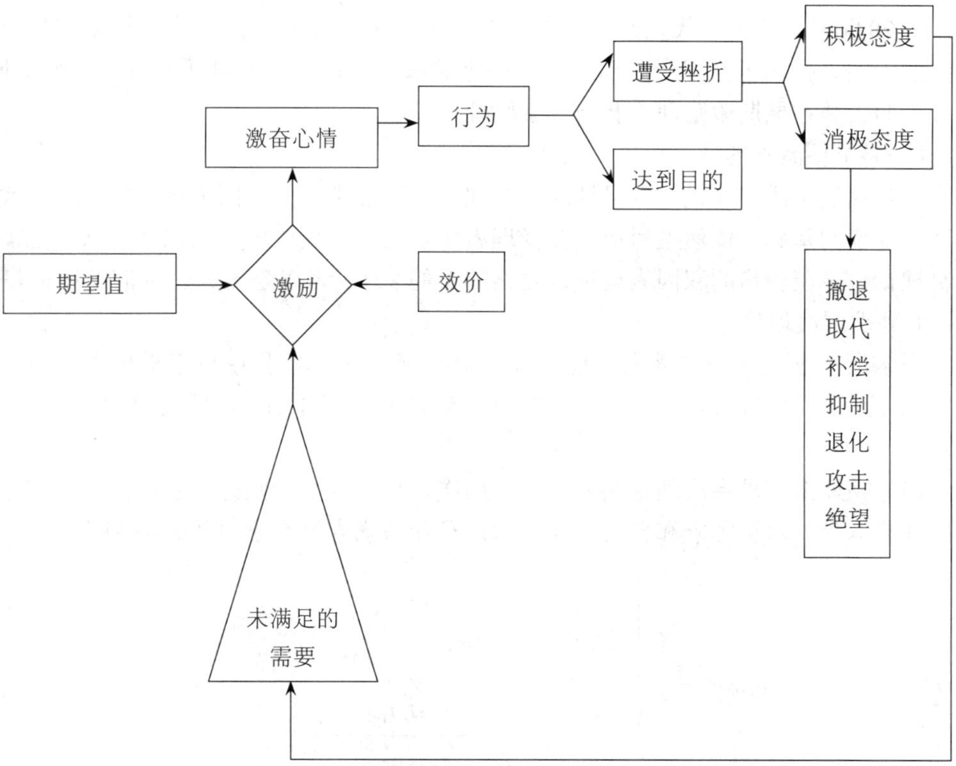

图4-2 激励的过程

由此可见，激励的实质是以未满足的需要为基础，利用各种目标、诱因激发动机，驱动和诱导行为，促使实现目标，提高需要满足程度的连续的心理和行为的过程。

在激励的过程中，有四个要素相互作用，构成了对下属的激励，它们分别是：外部刺激、需要、动机和行为。四个要素及它们与激励的关系见表4-1。

表4-1 激励的四要素

要素	内容	和激励的关系
外部刺激	管理者为实现组织目标而对被管理者所采取的种种管理手段及相应形成的管理环境	这是激励的基本条件
需要	人的需要是人的积极性和创造性的源泉和实质	需要是激励的起点与基础
动机	动机是一种推动人们从事某项活动的心理动力，动机驱使人们向满足需要的目标前进。需要产生动机，而动机是需要的表现形式	动机是激励的核心要素
行为	人在激励状态下，为动机驱使所采取的实现目标的一系列动作表现	行为是激励的目的

二、各学派的激励理论

激励理论是关于如何满足人的各种需要、调动人的积极性的原则和方法的概括总结。

自20世纪二三十年代以来，国外许多管理学家、心理学家和社会学家结合现代管理的实践，提出了许多激励理论。这些理论按照形成时间及其所研究的方面不同，可分为两大类：早期激励理论及当代激励理论。

（一）早期激励理论

尽管我们生活在当代，但早期的这些理论仍然非常重要，因为这些理论是当代激励理论演变的基础，依然被目前很多管理者所使用。早期激励理论包括：马斯洛需求层次理论；赫茨伯格的双因素理论；麦格雷戈的X理论和Y理论；三种需求理论等。

1.需求层次理论

需求层次理论由美国著名心理学家亚伯拉罕·马斯洛于1943年提出来。他认为人类有五个层次的需求。这一理论揭示了激励的一般规律，得到管理界最广泛的认可。

（1）马斯洛需求层次理论共分为五个层次，自下到上分别是：生理需求、安全需求、社交需求、尊重需求和自我实现需求。马斯洛需求层次理论如图4-3所示：

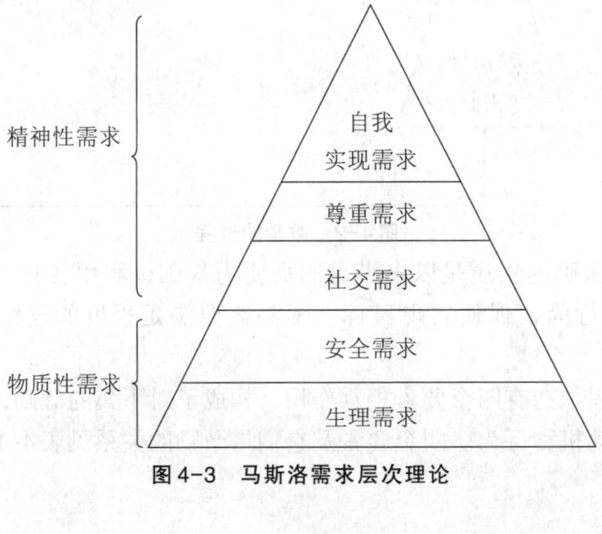

图4-3 马斯洛需求层次理论

①生理需求是人类最原始的基本需求，包括衣、食、住、行以及其他方面的生理需求。人类的这些需求得不到满足就无法生存，也就谈不上其他需求。但是，生理需求也是有限的，如果这种基本需求得到相应的满足，则其推动力就会相应地减少，它的激励作用也会相应减弱。

②安全需求包括劳动安全、环境安全、就业保障、经济上的保障、心理安全感等。安全需求是人类安居乐业的基本保证。强调安全需求，是因为它直接影响到人们的工作情绪和态度，安全需求作为一种工作背景，会影响到人们对工作的选择。单位安全可靠，员工情绪稳定，工作热情高，无后顾之忧，人们就会有较高的工作热情。但是，一个人过分强调安全性，他的进取心、创造力就可能被抑制。

③社交需求指人在友谊、爱情、归属及接纳方面的需求和欲望。当生理及安全需求得到相当的满足后，社交需求便占据主要地位。马斯洛认为，人是一种社会性动物，人们的生存和工作都不是独立进行的。人们希望在社会生活中得到别人的注意、接纳、关心、友爱和同情，在感情上有所归属，属于某一个群体。

④马斯洛认为，当一个人社交需求满足后，通常不只是满足作为群体中的一员，还会产生尊重的需求，即自尊和受到别人的尊重。自尊意味着“在现实环境中希望有实力、有成就、能胜任和有信心，以及要求独立和自由”。受人尊重是指“要求有名誉或威望，并把它看成别人对自己的尊重、赏识、关心、重视或高度评价”。自尊需求的满足使人产生一种自信的感情，觉得自己在这个世界上有价值、有实力、有能力、有用处。而这些需求一旦受挫，就会使人产生自卑感、软弱感、无能感。

⑤马斯洛认为，在他的需求层次理论中，自我实现需求是最高层次的需求。它具体是指一个人需要从事自己最适宜的工作，发挥最大的潜力，成就自己所希望实现的目标等，这种需求往往是通过胜任感和成就感来获得满足的。

（2）人的需求分等分层，呈阶梯式逐级上升趋势。马斯洛将人的需求按照由低到高的顺序，排列为金字塔状的层次结构。生理需求和安全需求是低层次的需求，而社交需求、尊重需求和自我实现的需求是较高层次的需求。在同一时期内，人可能存在几种不同的需求，总有某一种需求在起着主导的激励作用，可称之为主导需求，它决定着人们的行为方向。只有当低层次的需求满足后，人才会产生更高层次的需求；而高层次的需求满足后，并不意味着低层次的需求就此消失，只是不再成为主要的激励力量了。

（3）未被满足的需求才有激励作用。需求的存在是促使人产生某种动机的行为基础。当一个人一无所求的时候，也就没有什么动力与活力了；反之，若一个人有所需求，就必然存在着激励的因素。

（4）一般生理需求和安全需求属于物质需求范畴，而社交需求、尊重需求和自我实现需求则属于精神需求范畴。研究认为，物质需求容易满足而精神需求不容易满足，当物质需求满足以后如何进一步激励员工，就需要从精神需求层次进行考虑。从马斯洛需求层次理论也可以看出，物质需求是比较基础的需求，容易满足，也容易丧失其效果；精神需求的激励作用更加持久，也更应被各企业所重视。关于物质需求和精神需求对于员工的激励作用，后面的内容还会进一步阐述。

接下来让我们看一个小猴子的案例，来体会激励的作用。小猴子想进城，可没人拉车。他想呀想，终于想出了一个好主意。他在车上系了三个绳套：一个长，一个短，一个不长也不短。他叫来了小老鼠，让他闭上眼睛，拉长绳套；又叫来了小狗，让他闭上眼睛，拉短绳套；再叫来小猫，在小猫背上系了一块肉骨头，让小猫闭上眼，拉不长不短的绳套。小猴爬上车，让大家一起睁开眼睛。小老鼠看见身后有猫，吓得拉着长绳套拼命跑；小猫看见前面有只老鼠，拉着绳套使劲儿追；小狗看见猫背上的肉骨头，一直往前撵。小猴快活地坐在车里，不一会儿就进城了。启示：调动员工的积极性，最重要的是要分析员工的不同需求，为员工设置看得见的目标，让他们感到有奔头、有动力。在这个故事中，小猴分别为小猫、小狗准备了小老鼠和肉骨头，使它们不仅看得见，而且几乎伸手可及。无疑，小老鼠对小猫、肉骨头对小狗都是极具诱惑性的，这就驱使小猫和小狗使劲儿拉着车往前跑，以期抓住它们的“猎物”。

2.赫茨伯格的双因素理论

双因素理论也叫“激励因素-保健因素”理论，是美国心理学家赫茨伯格于20世纪50年代提出来的。

（1）激励因素是和日常工作内容相关的因素，主要包括成就感、责任感、荣誉感、创造性、挑战性、发展前景与晋升机会等因素。当上述因素具备时，员工会对工作产生浓厚的兴趣，工作主动性增强，对员工有明显的激励作用。此类因素不具备时，则员工工作积极性差，但不会产生明显的不满情绪。

（2）保健因素属于与工作环境或工作条件相关的因素，主要包括政策与制度、监督与控制、工作环境与条件、人际关系环境、报酬福利、职务地位、工作安全等。当人们得不到这方面的满足时，就会产生不满情绪，积极性下降，从而影响工作；当这些因素具备时，员工工作情绪稳定、工作安心，是保持员工努力工作的基本条件，但对员工起不到明显的激励作用。这些因素就像保健药品一样，只能预防疾病，故称之为“保健因素”。

两类不同因素的具体内容见表4–2。

表4–2 **激励因素与保健因素**

赫茨伯格双因素激励理论	
激励因素	保健因素
成就 承认 工作本身 责任 晋升 成长	监督 公司政策 与监督者的关系 工作条件 工资 同事关系 个人生活 地位 保障 与下属关系

（3）马斯洛关心的是人们一般意义上的动机来源，而赫茨伯格关心的是与工作和工作成就相关的动机来源。这两种理论的重点在于，都试图说服员工重视某些与工作绩效有关的因素。激励因素相当于马斯洛需求层次理论中较高层次的需求，而保健因素则相当于马斯洛需求层次理论中的生理、安全和社交的需求。可以这样认为，双因素理论在一定程度上验证了马斯洛的需求层次理论（如图4-4所示）。

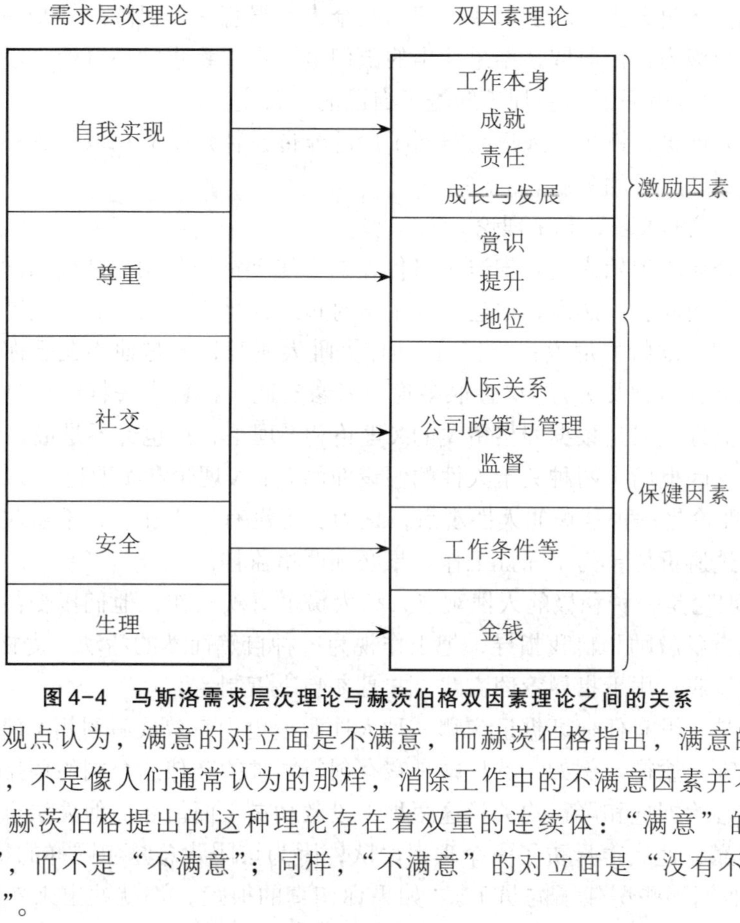

图4-4 马斯洛需求层次理论与赫茨伯格双因素理论之间的关系

传统的观点认为，满意的对立面是不满意，而赫茨伯格指出，满意的对立面并不是不满意，不是像人们通常认为的那样，消除工作中的不满意因素并不必然带来工作满意。赫茨伯格提出的这种理论存在着双重的连续体："满意"的对立面是"没有满意"，而不是"不满意"；同样，"不满意"的对立面是"没有不满意"，而不是"满意"。

根据赫茨伯格的观点，带来工作满意的因素和导致工作不满意的因素是不相关的和有区别的。因此，领导者努力消除工作中的不满意因素可能只会带来平静，却不一定有激励作用。这些因素只能安抚员工，而不能激励员工，即为保健因素。当它们得到充分改善时，人们就没有不满意感了，但也不会感到满意。赫茨伯格认为，要想真正激励员工努力工作，必须注重激励因素，因为只有这些因素才能增加员工的工作满意度，从而努力工作。

赫茨伯格的双因素理论也存在着许多缺陷。比如，调查取样的数量和对象缺乏代表性，问卷的方法和题目有缺陷，某些保健因素不能对高级劳动者产生激励作用，但不等于对其他员工也如此。曾经有过这样一个"不了解员工核心利益引发的冲突"案例。财务部陈经理结算了一下上个月部门的招待费，发现有1 000多元没有用完。按照惯例他会用这笔钱请手下员工吃一顿饭，于是他走到休息室叫员工小马通知其他人晚上吃饭。快到休息室时，陈经理听到休息室里有人在交谈，他从门缝看过去，原来是小马和销售部员工小李两人在里面。小李对小马说："陈经理对你们很关心呀，我看见他经常用招待费请你们吃饭。""得了吧！"小马不屑地说道，"他就用这么点儿本事来笼络人心，遇到我们真正需要他关心、帮助的事情，他没一件办成的。你拿上次公司办培训班的事儿来说吧，谁都知道如果能上这个培训班，工作能力会得到很大提高，升职的机会也会大大增加。我们部门几个人都很想去，但陈经理却一点儿都没察觉到，也没积极为我们争取，结果让别的部门抢了先。我真的怀疑他有没有真正关心过我们。"陈经理听后满腹委屈地躲进了自己的办公室。

但双因素理论自诞生以来还是得到了广泛流传，特别是应用双因素理论提出的工作丰富化受到了广泛的关注。

3. 麦格雷戈的X理论和Y理论

英特尔公司的创始人之一安迪·格鲁夫如今是英特尔公司的高级顾问，他因对员工的坦率直言而闻名。然而，他也因为常常对员工大吼大叫而出名。英特尔公司的首席执行官保罗·欧特里尼说："当安迪冲你大吼大叫时，不是他不在乎你。他这样做是因为他想要你做得更好。"尽管很多管理者像安迪·格鲁夫一样，只是希望他的员工能够做得更好，但是根据麦格雷戈的X理论和Y理论，这也许不是最好的方式。

麦格雷戈因提出了两种关于人性的假设而闻名：X理论和Y理论。

（1）X理论是一种消极的人性观点，认为员工没有雄心壮志，不喜欢工作，只要有可能就会逃避责任，为了保证工作效果必须严格监控。

（2）Y理论是一种积极的人性观点，认为员工喜欢工作，他们接受甚至主动寻求工作责任来自我激励和自我指导，把工作视为一种自然而然的活动。麦格雷戈认为Y理论人性假设应该用于指导管理实践，并且参与决策制定。

遗憾的是，没有任何证据证实哪一种人性假设更为有效或者利用Y理论是管理者激励员工的唯一途径。例如，黄仁勋是富有创新精神的英伟达公司的创始人，因为同时采用了安心的拥抱和严苛的关爱这两种手段激励员工而闻名。他无法容忍犯错误的人。一天早晨，他大声斥责了一个项目团队，因为该团队总是犯同样的错误。"你们很烂吗？"他问那些愣住了的员工。"如果你们真的很烂，那就站出来然后说自己很烂。"按照传统的X理论假设来解释，它的意思是如果你需要帮助，那你就寻求帮助。这是一种严苛的方式，但是在这种情况下，它确实有效，因为员工必须懂得坦白承认他们的错误并想方设法避免这些错误。

4. 三种需求理论

美国哈佛大学教授戴维·麦克利兰通过对人的需求和动机进行研究，于20世纪50年代在一系列文章中提出了成就动机理论，也称三种需求理论或成就需要理论。该理论认为，特定的需求是在个人的生活过程中获取的。也就是说，人们的这种需求并不是与生俱来的，而是在其生活经历中不断产生的。除了生理需要外，人们的其他需要分别是成就需要、归属需要、权利需要。

（1）成就需要：达到标准、追求效率、争取成功的需要。

（2）归属需要：建立友好亲密的人际关系的愿望。

（3）权利需要：影响或控制他人且不受他人控制的欲望。

具有强烈成就需要的人往往显示出以下三个特征：①喜欢能够发挥独立解决问题能力的工作环境。他们喜欢独自面对挑战性的问题，只有问题是靠他们自己的努力解决时，他们才会感到满足。因此，高成就需要的人愿意对其行动承担责任，在工作中相信自己的能力，敢于作出个人决断。②往往倾向于谨慎地确定有限的成就目标。他们对成功有一种强烈的要求，同时也非常担心失败。他们对待风险采取了一种现实主义的态度，倾向于承担中等程度的风险。③希望得到对他们工作业绩的不断反馈。高成就需要的人很想了解其工作业绩的优劣，如果能够从上级那里得到嘉奖或表扬，他们就会感到莫大的满足。

我们再用一个例子说明何谓成就需要。假如你的面前有一袋豆子和五个靶子。你的任务是要用豆子击中靶子。靶子一个比一个远，一个比一个更难击中。靶子A只有一步之遥，击中会得到2美元；靶子B稍远一些，约有80%的人能击中，报酬是4美元；靶子C约有50%的人能击中，报酬是8美元；靶子D约有20%的人能击中，报酬是16美元；靶子E几乎没人能击中，报酬是32美元。如果你只有一次机会，你会选择哪个目标呢？如果你选择了靶子C，恭喜你，你就是一个高成就需要的人。

培养人们高成就需要的方法：

（1）个体应努力获得有关自己工作情况的反馈，以提高自己获得成功的信息，从而提高追求成功的欲望。

（2）选择一种获得成功的模式，如模仿成功任务的做法。

（3）努力改变自己的形象，把自己设想为某个追求成功和挑战的人。

（4）根据现实情况审时度势，提出切实可行的目标，并付诸实施。

这一理论把重点放在鉴别和培养成就需要上，丰富了马斯洛对自我实现需要的描述，它对于管理者发现高成就需要的人及培养下属的成就需要是非常有用的。

（二）当代激励理论

当代激励理论可能不如前面所讲到的那些早期理论著名，但是也获得了实证研究的支持，主要包括强化理论、公平理论、期望理论等。

1.强化理论

强化理论是美国心理学家和行为科学家斯金纳、赫西、布兰查德等人提出的。斯金纳生于1904年，他于1931年获得哈佛大学的心理学博士学位，并于1943年回到哈佛大学任教，直到1975年退休。他在心理学的学术观点上属于极端的行为主义者，其目标在于预测和控制人的行为而不去推测人的心理过程和状态。他提出了一种“操作条件反射”理论，认为人或动物为了达到某种目的，会采取一定的行为作用于环境。当这种行为的后果对他有利时，这种行为就会在以后重复出现；不利时，这种行为就减弱或消失。人们可以用这种正强化或负强化的办法来影响行为的后果，从而修正其行为，这就是强化理论，也称为行为修正理论。

刚开始，斯金纳只将强化理论用于训练动物，如训练军犬。之后，斯金纳将强化理论进一步发展，用于人的学习上，发明了斯金纳的程序教学法和教学机。他强调在学习中应遵循小步子和及时反馈的原则，将大问题分成许多小问题，循序渐进。他还将编好的教学程序放在机器里对人进行教学，收到了很好的效果。

斯金纳所倡导的强化理论是以学习的强化原则为基础的关于理解和修正人的行为的一种学说。所谓强化，从其最基本的形式来讲，指的是对一种行为的肯定或否定的后果（报酬或惩罚），它至少在一定程度上会决定这种行为在今后是否会重复发生。

根据强化的性质和目的可把强化分为正强化和负强化。在管理上，正强化就是奖励那些组织上需要的行为，从而加强这种行为；负强化是指为了使某种行为不断重复，减少或消除施于其身的某种不愉快的刺激。负强化的方法包括批评、处分、降级等，有时不给予奖励或少给奖励也是一种负强化。正强化的方法包括奖金、对成绩的认可、表扬、改善工作条件和提升、安排担任挑战性的工作、给予学习和成长的机会等。

接下来我们通过两个案例加深大家对于强化理论的理解：

（1）海尔正激励。海尔集团开始宣传“人人是人才”的时候，员工反应平淡。他们想：自己没有受过高等教育，仅仅在工厂当个工人能算得上什么人才呢？但是海尔把一个普通工人发明的一项技术革命成果，以这位工人的名字命名时，在工人们之间就掀起了一股革新之风。例如，李启明发明的焊枪被命名为“启明焊枪”，杨晓玲发明的扳手被命名为“晓玲扳手”。这一举措大大激发了工人的创造激情，创新成果接连出现。可见，对员工创造价值的认可，就是正激励，激发了员工更大的创造性。

（2）拿破仑救人。拿破仑一次打猎的时候，看到一个男孩落水，他一边拼命挣扎，一边高呼救命。河面并不宽，拿破仑不但没有跳水救人，反而端起猎枪，对准落水者，大声喊道：“你若不自己爬上来，我就把你打死在水中。”那男孩见求救无用，反而增添了一层危险，便更加拼命地奋力自救，终于游上岸。

由此可见，自觉性强的员工也有满足、停止、消沉的时候，也有依赖性，适当的批评和惩罚能够帮助他们认清自我，重新激发新的工作斗志。

另外，需要强调的是，强化理论应有的行为原则需通过以下五点来遵守，它们是：

（1）经过强化的行为趋于重复发生。

（2）依照强化对象的不同采取不同的措施。

（3）分阶段设立目标，并对目标进行明确规定和表述。

（4）及时反馈。

（5）正强化比负强化更为有效。

2. 公平理论

亚当斯的公平理论又称社会比较理论，是美国心理学家约翰·斯塔希·亚当斯在1965年出版的《在社会交换中的不公平》一书中提出的。侧重于研究报酬的合理性、公平性及其对职工工作积极性的影响。其理论基础是，人的工作积极性不仅与个人实际报酬的多少有关，更与人们对报酬的分配是否感到公平相关，因此，管理者必须对员工的贡献给予恰如其分的承认，否则员工就会产生不公平的感觉，如图4-5所示。

公平理论

觉察到的比率比较*	员工的评价
$\frac{\text{所得A}}{\text{付出A}} < \frac{\text{所得B}}{\text{付出B}}$	不公平（报酬太低）
$\frac{\text{所得A}}{\text{付出A}} = \frac{\text{所得B}}{\text{付出B}}$	公平
$\frac{\text{所得A}}{\text{付出A}} > \frac{\text{所得B}}{\text{付出B}}$	不公平（报酬太高）

*A代表某员工；B代表参照对象

图4-5 公平理论

目前，在我们的企业管理中，许多领导不注意各种不公平现象对人们生产积极性的影响。如在实际工作中，存在着能力贡献相同而待遇不同的现象，或在待遇相同的情况下经常出现忙闲不均的现象等。更为普遍的是，不少企业和单位仍然存在“大锅饭”和“绝对平均主义”等问题，这不仅给一部分员工的生产积极性带来消极影响，还严重影响了人与人之间的关系，亟待采取措施，迅速加以消除。

当然，在实际工作中，引起不公平感的原因很多，对此，应该具体问题具体分析，只有这样，才能有的放矢地做好工作。一般说来，使员工产生不公平感的原因有以下三个方面：

（1）个人的错误判断。少数人由于个人主义比较严重，好逸恶劳，贪图享受，干活越少越好，奖金越多越好。这种人往往容易过高估计自己的成绩，过低估计别人的成绩，把本来合理的分配看成不合理，把公平的差别看作不公平。对这种人要批评教育，做好思想政治工作。

（2）奖金、工资制度本身的某些问题。目前，一些单位和企业，在奖金、工资制度的执行过程中，还存在一些普遍性的问题。例如，有些工种定额容易超产，有些工种定额不容易超产；有些班组任务太多，有些班组任务不足；有定额的工人多劳多得，工作紧张，出了事故还要扣奖金，无定额的人员工作轻松，奖金却旱涝保收，等等。这些由于管理制度不完善而带来的不公平，应该在经济体制改革中加以妥善解决。

（3）领导作风不正。有的领导工作不深入，或偏听偏信，或想当然地处理一些重要问题；个别领导对员工亲疏不一，处理事情不实事求是，一碗水端不平；极个别领导，一事当前，先为自己打算，甚至侵吞集体财产、与员工争名争利等。这些问题应该在健全领导班子的过程中加以解决。

社会情况比较复杂，要做到绝对公平是很难的，就是对公平的理解，不同的人也有不同的标准。有的人认为贡献和报酬应该相当，有的人是以人们的公平分配需要为标准来评价的，有的人认为“大家得到的一样多”就是公平的。现实生活中难以做到公平合理，但绝不是不要在这方面努力。这就要求领导者要有甘当公仆的思想，要有遵纪守法、廉洁奉公、工作在前、享受在后的道德品质和作风，对员工要一视同仁，要杜绝拉帮结派、损公肥私、假公济私、行贿受贿、官官相护、任人唯亲等不正之风。只有这样才能避免员工不公平感的产生。当然，企业中每个员工也应该提高精神境界，增强自我教育的自觉性和主动性。处处事事都能从国家的振兴和人民的富强着想，顾大局、识大体，不斤斤计较个人得失和与人争名夺利，这样更有利于达到自我心理平衡。

3.期望理论

期望理论又称“效价-手段-期望理论”，是北美著名心理学家和行为科学家维克托·弗鲁姆于1964年在《工作与激励》中提出来的。这一理论并不关注人们需求的类型，它关心的是人们用来接受奖励的思考方式。它以个人的努力和所取得的成绩，以及与之关联的期望产生的成就之间的关系为基础。

期望理论是以三个因素反映需要与目标之间的关系的，要激励员工，就必须让员工明确：工作能提供给他们真正需要的东西；他们期望得到的东西是和绩效联系在一起的；只要努力工作就能提高他们的绩效。这也就是我们常说的三个变量：努力、绩效和奖赏。

（1）努力-绩效的联系。个人感觉通过一定程度的努力而达到工作绩效的可能性。

（2）绩效-奖赏的联系。个人对于达到一定工作绩效后即可获得理想的结果的信任程度。

（3）奖赏-个人目标的联系。这一奖赏能否实现个人的目标？吸引力有多大？

在期望理论中包含以下四个步骤：第一步，员工感到这份工作能提供什么样的结果？这些结果可以是积极的，如工资、人身安全、同事友谊、信任等，也可以是消极的，如疲劳、厌倦、挫折、焦虑等。第二步，这些结果对员工的吸引力有多大？他们的评价是积极的、消极的还是中性的？这一问题与员工的态度、个性及需要有关。如果员工发现某一结果对他有特别的吸引力，他将努力实现它；反之，则放弃。第三步，为得到这一结果，员工需采取什么样的行动？只有员工清楚明确地知道为达到这一结果必须做些什么时，这一结果才会对员工的工作绩效产生影响。比如，员工需要知道在绩效评估中“工作出色”是什么意思，使用什么样的标准来评价他的工作绩效。第四步，员工是怎样看待这次工作机会的？

期望理论的基础是自我利益，它认为每一位员工都在寻求获得最大的自我满足。期望理论的核心是双向期望，管理者期望员工的行为，员工期望管理者的奖赏。期望理论的假设是管理者知道什么对员工最有吸引力。期望理论的员工判断依据是员工个人的知觉，而与时间情况不相关。不管实际情况如何，只要员工以自己的知觉确认自己经过努力工作就能达到所要求的绩效，达到绩效后能得到具有吸引力的奖赏，他就会努力工作。

弗鲁姆提出的期望理论在人力资源管理中的实际价值如下：

①管理者应该同时注意提高期望概率和效价。仅仅重视激励是片面的，应该提高工作人员的素质，包括提高他们的思想素质和业务能力，通过提高他们对自身的期望概率去提高激励水平，创造较高的绩效。

②管理者应该提高对绩效与报酬关联性的认识，将绩效与报酬紧密结合起来。绩效与报酬的联系越紧密，要实现的目标能够满足受激励者需要的程度相对较高，目标

对受激励者的吸引力也就越大，激励的水平也就相对提高。

③管理者应该将物质奖励与精神奖励结合起来。期望理论表明，目标的吸引力与个人的需要有关。价值观的差异会产生需要的差异。因此，管理者应该了解自己的管理对象，在可能的情况下，有针对性地采取多元化的奖励形式，使组织的报酬在一定程度上与工作人员的愿望相吻合。

通过下面“军民的期望”这个案例，我们可以更加了解期望理论。

宋朝时期，某位将军被派驻边地镇守。他到了边地之后发现守城的都是些老弱残兵，虽然人人都会武艺，但全都是些花拳绣腿，根本无法打仗。用这样的军卒来防守，根本抵挡不了如狼似虎的金兵，怎么办？这位将军计上心头。他颁布了一条命令，即用一块银子做靶，凡是射中靶子的人，便能拿走银子。此后，边地军民争以习箭为任，箭术均有提高，个个精于箭术。不久，金兵入侵，边地军民同仇敌忾，把金兵打得抱头鼠窜，成功守住了边城。

正是这位将军把军民期望得到银子的心理运用到训练中，使得军民人人习箭，最终达到了守城的目的。作为领导者，也可以将这种心理应用于激励下属的措施中，定会取得良好的效果。

三、激励的方法

前面我们研究了激励的相关理论，理论的作用是对现实进行解释，对未来作出预测，为管理工作提供理论依据。但理论不等于技能，不意味着可以直接运用到工作中去。

心理学中把人的需求分为两大类，即物质需求和精神需求。物质需求是人类生存的起码条件和基础；而精神需求则是人类所特有的一种精神现象。激励作为对人的管理中最核心的手段，其基础就是首先考虑到人的精神需求，进而在工作中把满足个人需要与满足组织需要有机地结合起来。下面重点介绍一些关于有效激励的方法和技能。

（一）物质激励

所谓物质激励，是指通过合理的分配方式，将人们的工作业绩与报酬挂钩，即以按劳分配的原则满足人们对物质条件的需求，进而激发人们更大的工作积极性。

1.基本收入激励

基本收入是员工生活费用的基本来源，其中工资是最主要的部分。利用工资作为激励的方式有两种：第一，用工资来反映员工的贡献大小、业务水平的高低，鼓励员工以多贡献和多钻研业务来取得相应的报酬；第二，改革工资制度，用工资晋级择优、浮动工资等作为激励的手段。

2.奖金激励

从理论上讲，奖金是超额劳动的报酬。但在现实中，许多企业将奖金变成了工资附加部分，没有起到“对工作上具有倡导和鼓励价值的表现予以额外奖励”的作用。奖金应该是组织对符合企业倡导精神的员工的一种奖励方式。

3.福利激励

职工福利设施、社会保险、公费医疗等在当前和将来相当长时期内，一些大型的福利项目，如住房、煤气、公费旅游、配车等，仍然作为激励的手段被企业界广泛采用。被用作激励的这些大型或需分期获得的福利条件要具有吸引力，一般通过成绩和贡献积累形成，在达到一定程度后，方能给予。

4.其他物质激励

对在工作期间有创造发明、为企业作出重大贡献或在一定期间内工作成绩突出、弥补或避免了重大经济损失的员工，除了前述的物质奖励手段外，还可给予大笔奖金或较高价值的实物进行奖励，同样可以起到相当不错的激励效果。

常见的绩效薪酬方案有计件工资、佣金、利润共享、员工持股、股票期权等，见表4-3。

表4-3 **常见的绩效薪酬方案**

方案	具体内容
计件工资	领导者根据每个员工生产的产品数量向他们支付报酬
佣金	领导者以个人销售额的一定比例向员工支付报酬
利润共享	公司给员工一定比例的利润
员工持股	企业内部员工出资认购本公司的部分股份，委托专门机构进行管理运作，并参与持股分红
股票期权	企业资产所有者对高层次经营和技术人才实行的一种长期激励的报酬制度

技能训练4-1

了解门店的薪酬方案

■ 主题：作为未来的门店店长，你设想过自己门店的薪酬方案吗？

■ 要求：根据门店实际的薪酬激励情况，编写一份“××门店的薪酬方案”。其中包括基本收入、奖金、福利及其他物质激励等。

■ 方法：通过调查访问、网络搜索等方式，以小组的形式搜集信息、整理材料、制作表格。

■ 考查内容：（1）表格规范性；（2）小组成员协作能力；（3）薪酬方案合理性。

（二）精神激励

人的精神活动非常独特，除了与生存相关必不可少的物质需求外，还有尊重需求和自我实现需求。尊重需求是人对名声、威望、赞赏的追求。自我实现需求则是希望自己的个人能力能够得到社会的认可，希望自己能胜任繁杂的工作，希望自己能得到别人的尊重、信赖和高度评价。自我实现需求是最大限度地发挥自己的潜力、实现个人的理想和抱负，发挥特长并在事业上取得成功的欲望。因此，抓住员工的精神激励是使员工热爱团队、焕发工作积极性的重要措施。当员工的物质需求得到满足后，一方面他们会对物质需求有更高层次的追求；另一方面他们会进一步追求精神方面的满足。

1.成长激励

管理者要多为员工创造发挥才能的机会，使人尽其才，要帮助员工在平凡的工作中去寻找发挥聪明才智的机会。再有就是顺应员工自我实现的愿望，帮助他们解决其能力不足的问题。积极主动地为他们提供各种长见识、增才智的机会，培养和强化员工对工作的自信心。

成长激励形式通常包括利用各种机会把员工有选择地送到各级院校、培训中心学习；送往国内外进行考察、进修学习；员工通过深造具备一定能力后及时给予相应专业技术职称等。

2.关怀激励

管理者对员工各方面的情况应尽可能多地主动去了解，比如身体状况、亲属情况、个人工作愿望、能力上的长处与不足之处、上下班路途、交通方便程度等。经常给予关心和必要的帮助，员工会感到上级不是把自己当作一部工作机器或赚钱工具，而是把自己真正当作“人”来尊重、来关怀。这种激励方法在员工情感上产生的效应是积极、强烈且持久的，对培养员工积极的工作态度和良好工作动机可产生积极有效的影响。

3.形象激励

员工对管理者的期望值较高。管理者形象可尊重、可信赖，员工的工作热情就能有保证。如果管理者在员工心中是一个自私自利、吃拿卡要、任人唯亲、处事不公的形象，员工的工作热情就会受到影响。要想调动员工的工作积极性，靠强权管制是无法奏效的，只有当管理者的所作所为得到员工心理上的认同，员工才会心甘情愿去跟随。员工只有跟随一心为公、清正廉洁、处事公正的管理者，自己的利益才能得到保障，自己的勤奋才能有所回报，自己才会得到认可和尊重，才会有真正的“前途”。任何一个企业的管理者绝不能忽视自身的形象所带来的激励作用。

4.荣誉激励

不求上进有时不是个人原因，主要原因在于环境。从人的基本心理特征来看，人人都希望得到别人的尊重，都有荣誉感和自豪感以及。荣誉激励就是给有贡献的员工一种荣誉称号，并以此激发其工作积极性和对企业以及工作的责任感与义务感，激励未获荣誉称号的员工奋发进取，争取以优异的成绩获得组织和领导的认可以及他人的尊敬。企业中所设置的荣誉称号有优秀员工、微笑大使、服务之星、先进工作者、精神文明标兵、十佳服务员、劳动模范等。

在授予荣誉称号时应注意：

（1）荣誉称号的获得者必须有突出的成绩、业绩或表现，必须得到群众的认可。

（2）评选标准公开、透明、明确，群众参与评选并愿意接受其评选条件。

（3）荣誉称号评选前后要大力宣传，并举行相应的仪式，旨在扩大其影响力。

（4）荣誉称号要和物质利益挂钩，这样激励的效果会更理想。

5.晋升激励

晋升是指给予员工一定的职位或升迁机会。晋升说明个人的价值在升值，个人要挑起更重要的担子和担负更重要的责任，随之也会带来更高的社会地位和声誉。

晋升对全体员工来说应是平等的，机会也应是均等的，从而使晋升成为人人可追求的目标而起到激励作用。

6.目标激励

目标是具体的目的要求。无论组织或员工，都应有自己的奋斗目标。组织的目标体系包括：总体目标、部门目标、小组目标和个人目标等。个人目标始终是包括在组织目标体系中的一部分，也就是说个人目标应与组织目标一致。在实现组织目标的同时应鼓励员工尽量去实现自己的个人目标。只有这样才能使员工和组织有机联系在一起，也只有这样才能让员工感受到组织对其目标的尊重以及其存在于组织中的意义。

另外，实施目标激励应注意：

（1）各级目标要求应明确具体，与员工应保持密切关系并具有激励性。

（2）目标的制定应科学合理，组织或个人通过努力应能实现其既定目标。

（3）目标要具有阶段性，以使激励及时发挥其重要的作用。

（4）实现目标后，与个人利益相关的部分要及时兑现，使激励真正起到作用。

7. 命运共同体激励

企业与员工双方互为依托、相依成体，即是命运共同体。命运共同体的基础是企业和员工目标一致，相互依赖、相互认可、相互融合，企业的声望、地位、效益、前途和个人利益息息相关。为了企业的兴旺发达，也为了自身的前途发展，作为员工应以命运共同体为动力，努力奋斗。

命运共同体激励有如下内容：

（1）企业应经常向员工灌输命运共同体这一概念或思想。

（2）实行民主管理，尽量让员工参与到各种决策中去，确立员工的主人翁意识。

（3）创造良好的企业文化和店面风气，使得员工感到在企业工作心情愉悦。

（4）各级管理人员应以身作则，以自己对店面的责任感、自己和企业的共同命运为榜样，在潜移默化中感染和影响员工。

（5）在工作上支持员工，尽最大努力帮助员工解决相关问题。

（6）在生活中支持员工，切实帮助员工解决生活中遇到的困难。

（7）开展多种形式的集体活动，使员工感受到集体的温暖，体会到团队的重要性。

（8）与员工保持沟通，达到情感的融合。

知识链接 4-2

鲶鱼效应

挪威人爱吃沙丁鱼，尤其是活鱼。挪威人在海上捕得沙丁鱼后，如果能让它们活着抵港，卖价就会比死鱼高好几倍。但是，由于沙丁鱼生性懒惰，不爱运动，返航的路途又很长，因此捕捞到的沙丁鱼往往一回到码头就死了，即使有些活的，也是奄奄一息。但有一位渔民的沙丁鱼总是活的，所以他赚的钱也比别人多。该渔民严守成功秘密，直到他死后，人们才有机会打开他的鱼槽，发现里面只不过是多了一条鲶鱼。鲶鱼以鱼为主要食物，被装入鱼槽后，由于环境陌生，就会四处游动。沙丁鱼发现这一异己分子后，也会紧张起来，加速游动，如此一来，沙丁鱼便活着回到港口。这就是所谓的“鲶鱼效应”。运用这一效应，通过个体的“中途介入”，能对群体起到竞争作用，符合人才管理的运行机制。

“鲶鱼效应”是企业领导层激发员工活力的有效措施之一。它表现在两方面：

一是企业要不断补充新鲜血液，把那些富有朝气、思维敏捷的年轻生力军引入职工队伍中甚至管理层，给那些故步自封、因循守旧的懒惰员工和领导带来竞争压力，这样才能唤起“沙丁鱼”的生存意识和竞争求胜之心。

二是要不断引进新技术、新工艺、新设备、新管理观念，这样才能使企业在市场大潮中搏击风浪，增强生存能力和适应能力。

激励的方式多种多样，但没有一种激励方式是对所有人都有同样价值和同样效力的。即使同一个人，在不同时期，对同一种激励方式也会有不同的反应，比如刚进入职场的员工，他们的工资比较低，这时候一般的考勤奖和各种奖金激励方式对他们就格外有效果；而一些老员工或者在企业中担任一定职务的员工，他们的工资比较高，一般的考勤奖和奖金对他们已经起不到较大作用。激励的手段没变，激励的东西没变，被激励的人也没变，只是时期不同，产生的效果就大相径庭。

没有一种一成不变的激励模式可以套用。作为门店店长，必须根据不同的员工、不同的对象，灵活采取不同的激励方式和把握不同的激励程度，只有这样才能取得良好的激励效果。而如何同时实现组织目标和个人目标，则是对具体实施激励方法的各位店长们提出的更高的要求。

单元三　门店激励体系的建立

一、激励机制

激励机制，也称激励制度，是通过一整套理性化的制度来反映激励主体与客体相互作用的方式。激励制度的内涵就是构成这套制度的激励方面的要素。

激励机制的目的主要在于引导员工的工作动机，使他们在实现企业目标的同时实现自身的需要，增加其满意度和认可度，使他们的积极性和创造性一直保持在最佳的状态。一个企业创建激励机制的最终目的是鼓舞员工士气，提高员工素质，加强一个企业的凝聚力，使一个企业充满活力和动力，最终为企业创造良好的经济效益。企业的管理者应该坚持以人为本，充分利用激励机制，创新发展人员管理模式及管理手段。

激励机制的建立需遵循五个基本原则。目前有些企业为员工提供了优越的待遇，然而员工的积极性并没有明显提高，问题的关键在于奖励的方式没有形成有效的激励机制。建立激励机制必须要研究员工的需求，依照各种激励理论将不同的激励方法加以适当组合。只有对不同的情况区别对待，使用相应的激励手段，才能对企业团队和员工个人实施有效激励。因此，连锁企业特别是门店要建立良好的人才激励机制，必须遵循物质激励与精神激励相结合、正激励与负激励相结合、短期激励与长期激励相结合、绩效原则、公平原则等基本原则，并且有所侧重，必须想方设法了解并满足员工多元化的个人心理需求，采取多种形式的激励手段，充分激发员工潜能，确保激励机制的合理性和实效性。

（一）物质激励与精神激励相结合原则

在管理学中，激励可分为两类：一类是物质激励，也叫薪酬激励；另一类是精神激励，又叫成长激励。物质激励与精神激励作为激励的两种不同类型，是相辅相成、缺一不可的，只强调物质激励而忽视精神激励或只强调精神激励而忽视物质激励都是片面和错误的。

在实际工作中，一些人总以为有钱才会有干劲，有实惠才能有热情，精神激励是水中月、镜中影，好看却不中用。正是这种片面的理解，致使一部分人斤斤计较、唯利是图，甚至弄虚作假、违法乱纪，给组织环境和社会风气都带来极大危害。另有一些人总爱把大道理挂在嘴边，只讲贡献不讲需要，只讲觉悟不讲利益，以为大家靠喝西北风也能有干劲，这些人恰恰忘了："思想一旦离开利益，就一定会使自己出丑。"为了避免以上两种片面性，防止"单打"现象出现，在激励中一定要坚持物质激励与精神激励相结合的方针。

强调物质激励与精神激励相结合，并不是说不需要有所侧重，物质激励与精神激励是对人们物质需要和精神需要的满足，而人们的物质需要和精神需要在层次与程度上受多种因素的制约，并随主客观条件的发展而不断变化。从社会角度来看，社会经济文化发展水平比较低，人们的物质需求就会比较强烈，而在社会经济文化发展水平比较高的前提下，人们的精神需要则会占主导地位。从个人角度来看，一个人受教育的程度、所从事的工作性质及其自身的品德修养也会对需要产生很大程度的影响。所以，不论从个人发展还是从社会发展的角度来看，无论谁占主导，建立激励机制都是必要的。

建立激励机制必须要研究员工的需求，依照各种激励理论将不同的激励方法加以适当组合。只有对不同的情况区别对待，使用相应的激励手段，才能对企业团队和员工个人实施有效的激励。因此，连锁企业要建立良好的人才激励机制，必须遵循物质激励与精神激励相结合的原则。

另外，精神激励应该逐渐占据主导地位，因为人的追求是终将被引向更高的精神层面的。

所以，只有坚持物质激励和精神激励相结合的原则，才能更好地管理企业，更好地调动员工的积极性，这样企业才能够按目标顺利发展下去。

（二）正激励与负激励相结合原则

说到激励，很多人都会很自然地认为激励就是给员工加薪、升职、提高福利待遇等，其实，激励还包括两个方面的内容，那就是正激励和负激励。

正激励是从正方向给予鼓励，如发放工资、奖金、津贴、福利等；负激励是从反方向予以刺激，如罚款、扣奖金、减薪等，它们是激励中不可缺少的两个方面。"小功不奖则大功不立，小过不戒则大过必生"就是这个道理。在实际工作中，只有做到奖功罚过、奖优罚劣、奖勤罚懒，才能使先进受到奖励、后进受到鞭策，真正调动起人们的工作热情，形成人人争先的竞争局面。如果良莠不分、是非不明，势必造成"干多干少一个样、干与不干一个样"的不良局面，使激励无的放矢，得到不好的效果。

所以，只有坚持正激励与负激励相结合的原则，才会形成一种激励合力，真正发挥出激励的作用。

从另一个方面来说，正激励是主动性激励，负激励是被动性激励，就二者的作用而言，正激励是第一位的，负激励是第二位的，所以作为门店主管，在激励中应该坚持以正激励为主、以负激励为辅的原则。在激励过程中，宜多采用正激励的方式，调动员工积极情感，少采用负激励的方式，减少其消极情感。这样才能使员工心甘情愿地为企业工作，为企业创造效益。

总而言之，就是要坚持正激励与负激励相结合原则。从普遍意义上来看，应该把正激励放在主导地位，将负激励作为一个补充，这样对员工才会有一个很好的鞭策作用。

（三）短期激励与长期激励相结合原则

在激励机制中，还包括两个激励：短期激励与长期激励。短期激励能够很好地满足基本生存的需要，这直接给予员工工作的动力；长期激励能够满足个人职业生涯发展和个人价值实现的需要，这能够提高员工对企业的忠诚度，从而更加积极地去为企业创造更大的利益。所以，将短期激励和长期激励结合起来就可以将一个员工的潜力充分激发出来，这样对企业就非常有利。例如，在员工超额完成目标的前提下，民营企业出资人或董事会既要考虑给予提高基本薪金和年度奖金的短期激励，有条件的企业同时也可考虑给予股票期权、建立企业年金制度等完善员工保障机制的长期激励，这样可以增强员工的责任感和荣誉感，树立与企业荣辱与共的意识。

另外，企业的高层是企业的核心，有着举足轻重的作用。为了保持高级经理人员的稳定，激励他们不断地为股东赚取更大价值的利润，利用激励性薪酬，给他们带来可能的高收入，分享股东的一部分剩余股权是行之有效的办法。从经理人角度来看，如果他们的薪酬只是基本工资和对已完成业绩的年度奖励，他们势必只会追求短期的利益，若要他们为企业的长远发展考虑，就必须有相应的长效激励手段。

企业要把企业员工特别是高管和骨干人员的利益与企业的长期利益捆绑在一起，吸引并留住高层次人才，避免出现只追求短期行为等问题，必须结合自身特点有选择地引入长期激励机制，将短期激励和长期激励有机结合起来。

（四）绩效原则

现代连锁企业越来越重视绩效考核，没有考核机制，企业虽然能够生存，但也只是在“吃老本”，发展的机会不大甚至会面临倒闭的风险。这也是为什么越来越多的连锁企业重视KPI的原因。

激励本来就是与绩效联系在一起的，是相辅相成的关系。所以，对员工激励时还要考虑绩效原则，将员工的激励水平与企业绩效挂钩，报酬要与业绩挂钩。如果把激励与绩效联系起来，即依据绩效考核的结果作出与激励有关的决策，就必须保证绩效考核的客观性和准确性。这里有必要阐述一下绩效管理和绩效考核的联系。应该注意的是，绩效考核不是孤立的考核工作，它是绩效管理的一个不可或缺的组成部分，尽管很重要，但不是绩效管理的全部。绩效考核是依据既定的标准，通过一套正式的结构化的制度和系统的方法，用来衡量、评价员工对职务所规定职责的履行程度，即用来确定员工工作成绩的一种管理方法。绩效管理是通过一套系统的管理活动和过程，推动个人和组织努力创造更高业绩的程序和方法。其实质是通过持续不断的动态沟通，将个别员工的绩效与组织绩效相结合，最终提高整个组织的绩效，实现部门或企业的目标。绩效管理本身是一个循环系统，通过循环过程不断改进绩效，达到全面提升执行力、驱动组织发展的目的。绩效考核重视的是结果，绩效管理重视的是过程。

绩效考核成功与否，很大程度上取决于与评估相关联的整个绩效管理过程。所以，激励的绩效原则是否得到更好的体现，要看企业实施绩效管理是否成功。

（五）公平原则

无论在西方还是在东方，员工对自己是否受到公平合理的对待是十分敏感的。尤其是在我国，很多员工往往喜欢不断与他人进行比较，并对公平与否的程度作出判断，从而对自己工作积极性产生影响。当组织中照顾个人情面、徇私舞弊、拉帮结派情况较多时，就会产生不公平感。组织只有消除这些不合理的现象，建立赏罚分明的制度，才能让广大员工真正感到公平。

企业员工对物质激励的公平感，也就是对激励的实施是否公正的认识与判断，是设计物质激励机制和进行激励管理时首先需要考虑的因素。

激励的公平性可以分为两个层次：一是外部公平性，即与同行业内其他企业的激励水平相比较，本企业所提供的激励必须是有吸引力的，这样才可以吸引优秀的求职者，同时留住优秀的员工。二是内部公平性，即得到公司内部多数员工的认同，自己的激励水平与公司内部其他员工相比是公平的。如果不公正，奖不当奖，罚不当罚，不仅达不到预期的效果，反而会影响员工的积极性。

在连锁企业激励机制体系建立的过程中，要在管理方面采取各种措施力争做到公平，必须坚持客观、公正、民主和科学，使员工产生公平感，从而调动员工的工作积极性。

二、激励机制在管理中存在的误区

激励机制在实际的运用中，往往会被一些员工或者管理者所误解。虽然表面上来看，企业通过大量的激励方法、激励手段去刺激员工，希望获得更好的效果、效益等，但总是事与愿违，得不到应有的结果，从而造成管理者和员工间大量的误解，以至于正常工作无法展开，更有甚者会引起他们之间不必要的摩擦和矛盾。

（一）管理意识落后

有的企业，尤其是我国的一些中小企业，对人才根本不重视，它们认为人才和普通员工没有什么两样，所以有无激励机制都没关系。这些企业必须革新陈旧的观点。人才是当今企业最为关注的资源，没有之一。把人才当作一种资本来看，尽可能地挖掘人才的潜力，是企业持续高速发展的重要途径之一。

还有的企业，口头上重视人才，行动上却还是以往的那一套，这依然是管理者思想观念落后所导致的。由于这些企业管理意识落后，在这些企业里的员工很难有较高的工作积极性，更别提能为企业创造多少价值了。

（二）企业中存在盲目激励现象

不少企业看到别的企业有激励机制，自己便“依葫芦画瓢”。合理的借鉴是必要的，但很多企业只是照搬、照抄，没有结合自身的实际情况来针对别人的激励机制作出相应的、有针对性的调整和修改，所以就出现了很多问题。

激励的有效性在于实际的需求。只有立足本企业员工的需要，激励才会有积极意义。所以，要消除盲目激励的现象，必须对本企业员工的需要进行科学调查和分析，这个过程是长期且复杂的，不过只要能获得第一手的信息，再辅以有针对性的激励措施，效果不言而喻。

（三）激励措施的无差别化

许多企业实施激励措施时，并没有对每一位员工的需要进行分析，“一刀切”地对所有的人采用同样的激励手段，结果适得其反。尽管做了调查，也做了分析，但忽略了每一位员工都是独立个体，个体会有不同的需要。同样，这也没有认识到激励的基础是需要。同样的激励手段不可能满足所有人的需要。

另外，企业要注重对核心员工的激励。在企业中，核心技术人员、高级管理者等都属于核心员工，他们有着高于一般员工的能力。加强对他们的激励，可以起到事半功倍的效果。对核心员工的激励更要使用长期激励的手段，如公司推行的项目股份制就属于长期激励的一种。

（四）激励就是奖励

这是企业中普遍存在的一个误区。前面我们认识到，负面激励也能起到积极作用。企业的一项奖励措施往往会使员工产生各种行为方式，其中的某些部分并不是企业所希望看到的。比如为了某个奖励目标，员工间相互争抢客户、相互拆台，产生一种恶性竞争，这是企业不愿意看到的。因此，必要的束缚措施和惩罚措施在这里就会起到关键作用了。比如，企业对于不合格管理者的降职惩罚，不作为分公司的合并或撤销都属于惩罚措施。但是，使用惩罚措施时要注意，惩罚力度不能过大，过大往往会起到反作用。多用奖励、辅以惩罚是我们需要遵循的一个重要原则。

（五）激励过程中缺乏沟通

企业往往重视命令的传达，而不注重反馈的过程。这样对激励是没有好处的。缺乏必要的沟通，员工就处于一个封闭的环境中，对待工作就不会有很高的积极性，这一点很多公司做的还有欠缺。企业建立激励机制后，对于产生的效果很多时候都没有反馈。通过和员工的沟通，了解员工的工作情况，表现优异的予以奖励，这本身就是一种激励机制，而沟通则是激励机制能够正常运行的重要手段，通过沟通管理者能了解到员工的真实需求；通过沟通管理者能掌握员工实际的工作情况；通过沟通管理者可以搜集到使用激励机制之后起到的作用和反馈信息，以便于下一步工作的展开。

另外，重激励轻约束在中国的企业界也是一个怪现象：国有企业不重激励重约束，留不住人才；民营企业重激励不重约束，也留不住人才。可见，只强调对激励的重视还是不够的。通过激励机制这一制度，激励正确的事、约束错误的行为才是正确的管理之道。

（六）过度激励

有人认为激励的强度越大越好，其实，这也是一种错误的观念。凡事物极必反，激励也是这样。过度使用的激励机制会给予员工过度的压力，这种压力可能来自工作本身，也可能来自心理或情绪。当这个压力超过员工承受范围的时候，结果是可想而知的。适当的激励才会有积极意义。而如何做到适当，需因人而异、因地制宜，根据不同的企业或门店情况、员工，使用不同的激励方法。其根本依然是对企业的员工有足够的了解。

三、激励机制的作用和建议

企业目标的实现主要依赖于员工，对员工的有效激励，可以点燃员工工作的激情，促使他们的工作动机更加强烈，让他们产生超越自我和他人的欲望，并将潜在的巨大的内驱力释放出来，为实现企业的最终目标而奉献自己的激情和热情。一个科学的激励机制在企业管理中的作用如下：

第一，吸引优秀的人才。在快速发展的社会中，特别是那些竞争力强、实力雄厚的企业，通过各种各样的优惠政策、丰厚的福利待遇、快捷的晋升途径来吸引企业所需要的人才。

第二，留住优秀的人才。德鲁克认为，每一个组织都需要三个方面的绩效——直接的成果、价值的实现和未来的人力发展，缺少任何一方面的绩效，组织非垮不可。因此，企业的每一位管理者都必须在这三个方面有所贡献。在这三方面的贡献之中，对“未来的人力发展”的贡献就来自激励工作。

第三，提升员工素质，开发员工潜能，提高工作业绩。哈佛大学的詹姆斯教授通过对人的可激励性问题的研究发现，充分的激励可以使员工的能力发挥从30%左右提高到80%至90%。激励可以促进员工充分发挥其才能、智慧，激励还可以大幅度调动员工工作的积极性和创造性，从而提高工作业绩，更好地实现企业的目标。

第四，营造一个良好的竞争环境，形成良好的组织文化。科学的激励机制中包含一种竞争精神，它的运行能够创造出一种良性的竞争环境。良性的激励机制所营造出的企业竞争环境是一种有序的、积极的、面向未来的企业氛围，通过员工间基于技能和绩效水平的竞争性态度以及活动促使企业绩效的有效提升。一个科学有效的激励机制在企业的发展中具有重要的作用，能否正确运用和不断开拓新的激励机制，是企业长期发展的重要环节，也是衡量一个企业管理者才能的重要标志。

对于激励机制体系的建立，具体做法如下：

第一，适当提高薪金的额度，给予员工关心照顾。

企业员工日趋年轻，论资排辈、论年头调升工资的旧有模式越来越成为员工积极性发挥的最大束缚。年轻员工横向相互比较，感到反差太大，就产生一种可怕的失落感，如果这种心态得不到及时改变，就会慢慢形成一种消极思想，成为企业发展的消极因素。年轻员工由于入职时间不长，接触认识的人不多，容易产生孤独感。如果这时得不到及时的沟通、交流，得不到组织应有的关心和照顾，很有可能形成对工作、生活环境的恐惧，工作起来谨小慎微，拿不起、放不下，不能发挥其工作潜能。公司领导需要经常深入现场，有意接触一些年轻的员工，与他们进行心理沟通，了解他们的所思、所需，及时解决其工作、学习和生活上的一些困难，使他们体会到领导的关心，感受到组织的温暖。

第二，鼓励、奖励优秀员工，调动全体员工积极性。

企业要明确规定对专业技术人才进行有效物质激励，制定详细的条款，规定技术人才应享受的待遇和公司为其提供的保障，为其岗位贡献和继续创新创造条件。相关方案的出台不但在某种程度上极大调动了广大专业技术人才的积极性，也是对这种人才工作的充分肯定。有些公司评选的首批技术专家和专业带头人就是最好的例证。许多公司不仅对这些人给予了相应的优厚待遇和荣誉称号，而且在公司科技大会上让其披红挂彩，使其得到了充分的尊重。在后来的工作中，这些来自不同专业领域里的员工不仅充分发挥了自己的技能和聪明才智，而且极大鼓舞和调动了广大青年专业技术人员科技兴企的工作积极性。实践证明，这种措施对技术人才是有效的。

第三，改善劳动环境，提高奖金分配额度。

生产现场从事体力劳动的员工，每天都在踏踏实实做好自己的本职工作，他们看重的是自己的劳动报酬和工作环境。如果在奖金分配时，合理考虑到一线员工的劳动强度和岗位环境，相应加大奖金分配额度，让他们感觉到企业想到了他们的工作环境，他们就会尽职尽责。连锁企业工作岗位多，岗位战线长，劳动条件差异大，这就要求企业管理人员充分考虑到不同岗位的不同津贴和待遇，对于夏天在室外工作的一线员工，应适当增加高温津贴，并为他们提供更为贴心的劳动保护措施，如提供凉茶、绿豆汤等。有些员工的住处离门店很远，上下班不方便，若能够为其提供通勤工具，看似小事，实则是感情的投资，不但解决了员工的实际困难，同时也保证了工作时间，这不仅使员工安心、积极地工作，而且也使员工产生长期的归属感。对于奖金激励，要控制好奖励的时效性和公平性。奖励一定要及时，不要在事件发生很长时间以后，才去进行奖励，这样就会失去奖励的有效性，起不到奖励的真正效果。奖励分配方案一定要把握好公平性，但是绝对公平又是不可能的，只要分配方案能使绝大多数人满意，少数人又能够接受，就能够激励员工的积极性。问题的关键是钱不能乱花，激励必须规范，激励需要机制、监督，制约也同样需要机制。

总而言之，员工激励是必要的，作用是显著的。激励的方法要灵活、多样，如果没有采用科学的激励方法，没有科学的激励要素，自然会影响员工的积极性。员工的积极性不能充分调动，聪明才智不能充分发挥，企业就难以经营好。如果没有有效的约束和制衡、正确的激励、持之以恒的发展，就有可能使“唯钱是举”的拜金主义抬头。如果有了科学的激励机制和健全的激励体系，再辅以必要的监督和约束机制的合理运用，员工的积极性就会被充分调动起来，员工的巨大潜能就能够完全发挥出来，企业的发展前景一定会更美好。

单元四 团队建设

一、团队的重要意义

团队作为一种组织形式，出现在体育、军事、经济等领域，几乎成了将个体利益与整体利益相统一、从而实现组织高效率运作的理想工作状态的代名词，也成为促进行业健康、稳定发展的基石。团队建设与管理对于提升行业的核心竞争力、快速应对变化的市场机遇将会起到良好的指导作用，所以说团队建设与管理必将成为行业可持续发展的战略选择。

对于连锁企业来说，由于各种项目越来越大，参与人数越来越多，员工必须互相合作才能完成一个项目，这就需要他们掌握一定的项目管理能力等，这是门店员工必须要去学习的基础技能。如何让企业的各个团队尽快成为有默契的重要组合，对于一个门店主要负责人来说是很大的考验。

高效的门店团队建设与管理，是门店店长可望达到的目标。市场竞争的残酷性与团队当中的冲突与矛盾使得他们越发感觉到做事易，管人难！要让团队弃浮躁，回归理性，主动增强团队成员之间的协同，增加对市场的了解，提升团队的服务意识，提升团队的建设与管理水平，提升团队的效率与效能，应对门店日常管理中遇到的各种可能出现的问题。

（一）团队的概念

团队是指一种为了实现某一目标而由相互协作的个体所组成的正式群体，是由员工和管理层组成的一个共同体。它合理利用每一个成员的知识和技能协同工作，相互信任并承担责任解决问题，以期实现共同的目标。

（二）团队的主要构成要素

团队有几个重要的构成要素，可总结为5P，分别为：目标、人、团队的定位、权限和计划。

1.目标（Purpose）

任何团队都应该有一个自己既定的目标，就像灯塔一样，为团队成员导航，知道要往哪里去，没有了目标，这个团队就没有存在的价值。

自然界中有一种昆虫很喜欢吃三叶草（也叫鸡公叶），这种昆虫在吃食物的时候都是成群结队的，第一个趴在第二个的身上，第二个趴在第三个的身上，由一只昆虫带队去寻找食物，这些昆虫连接起来就像一节一节的火车车厢。管理学家做了一个实验，把这些像火车车厢一样的昆虫连在一起，组成一个圆圈，然后在圆圈中放了它们喜欢吃的三叶草。结果它们爬得精疲力竭也吃不到这些草。

这个例子告诉我们，当一个团队失去目标后，团队成员就不知道到何处去，最后的结果可能是饿死，这个团队存在的价值可能就要大打折扣。团队的目标必须跟组织的目标一致，此外还可以把大目标分成小目标具体落实到各个团队成员身上，大家合力实现这个共同的目标。同时，目标还应该有效地向大众传播，让团队内外的成员都知道这些目标，有时甚至可以把目标贴在团队成员的办公桌上、会议室里，以此来激励团队中所有的成员为了这个目标去努力工作。

2.人（People）

人是构成团队最核心的力量。3个（包含3个）以上的人就可以构成团队。目标是通过人员实现的，所以人员的选择是组建团队非常重要的一个步骤。

在一个团队中可能需要有人出主意想办法，有人制订计划，有人具体实施，有人协调不同成员一起去工作，还有人要去监督团队工作的进展和效果，以及评价团队最终的贡献。不同的人通过分工来共同完成一个团队的目标，这就是团队中每个人存在的重要意义。在人员选择方面要考虑人员的能力如何、技能是否互补、人员的经验如何等一些影响因素。

3.团队的定位（Place）

团队的定位包含两层意思：

（1）从团队的角度出发，团队的定位。团队在发展过程中处于什么位置，由谁选择和决定团队的成员，团队最终应对谁负责，团队采取什么方式来激励成员？

（2）从个体的角度出发，个体的定位。作为成员在团队中扮演什么样的角色？是制订计划还是具体实施或评估等？

4. 权限（Power）

团队当中领导者的权力大小跟团队的发展阶段息息相关。一般来说，团队越成熟，领导者所拥有的权力相应就越小，而在团队发展的初期阶段领导权是相对比较集中的。团队权限的关系又分为两个方面：

（1）整个团队在组织中拥有什么样的决定权？比方说财务决定权、人事决定权、信息决定权等。

（2）组织的基本特征。比方说组织的规模多大，团队的数量是否足够多，组织对于团队的授权有多大，它的业务是什么类型等。

5. 计划（Plan）

计划的两层含义分别是：

（1）目标最终的实现，需要一系列具体的行动方案，可以把计划理解成目标的具体工作程序。没有计划的有效实施，目标就像飘在空中的口号，永远无法落地实现。

（2）提前按计划进行可以保证团队目标的顺利实现。只有在计划的协调下团队才会一步一步地贴近目标，从而最终实现目标。我们在实施计划的过程中往往认为需严格遵照计划一条条地去实施，实际上计划在制订的过程中应留有一定的弹性。利用有限的资源实现重要的目标，这才是制订计划的重要意义所在。

（三）团队的八个基本特征

1. 明确的目标

团队成员清楚地了解所要达到的目标，以及目标所包含的重大现实意义。团队各成员对要达到的目标有着清楚理解，并坚信这一目标包含重大的意义和价值，而且这种目标的重要性还激励着团队成员把个人目标升华到群体目标。在高效的团队中，成员愿意为团队目标作出承诺，清楚地知道团队希望他们做什么工作，以及他们怎样共同完成既定目标。

2. 相关的技能

团队成员具备实现目标所需要的基本技能，并能够合作。除具备实现目标所必需的基本技能之外，团队内部相互之间合作的个人品质也是非常重要的，但这却常常被人忽视。有精湛的技术能力的成员不一定就有处理群体内部关系的高超技巧，而高效的团队成员则往往兼而有之。

3. 相互间信任

团队成员之间相互信任是有效团队的显著特征，换言之，每个成员对其他人的品行和能力都应确信无疑。我们在日常的人际关系中都能体会到这一点，信任这种东西虽然看不见摸不着，但它相当脆弱。它需要花大量的时间去培养而又很容易被破坏。所以，维持群体内的相互信任要引起管理层足够的重视。

4. 共同的承诺

团队的每个成员都应对团队表现出高度的忠诚，为了能使团队获得成功，他们愿意去做任何事情，我们把这种忠诚称之为诺言。研究人员通过对成功团队的研究发现，团队成员对他们的群体具有很强的认同感。因此，共同的承诺就表现为对群体目标的奉献精神，愿意为团队实现这一目标而调动和发挥自己一切能力。

5.良好的沟通

毋庸置疑，良好的沟通是团队的一个必不可少的特征。团队成员通过畅通的渠道交流信息，包括各种言语和非言语交流。此外，管理层与团队成员之间健康的信息反馈也是良好沟通的重要特征。它有助于领导者指导团队成员的行动，消除不必要的误解。就像一对已经共同生活多年、感情深厚的老夫妻那样，团队中的每一位成员都能迅速准确地知道彼此的想法和情感。

团队中良好的沟通是必不可少的，但面对什么人、针对什么事情等都对应着不同的沟通渠道。团队中的沟通渠道有很多种，接下来我们通过“IBM的沟通渠道”的案例来简单了解一下。

在IBM，不必员工提醒，领导自会给其涨工资。考虑给员工涨工资是其直属经理工作的一部分。如果员工自我感觉非常好，而年初却没有在工资卡上看到自己应该得到的奖励，则会有不止一条途径让其提出个人看法，包括直接到人力资源部去查自己的奖励情况。IBM的文化中特别强调双向沟通，不存在单向命令和无处申诉的情况。IBM至少有四条制度化的通道给员工提供申诉的机会：

第一条通道是与高层管理人员面谈。员工可以借助“与高层管理人员面谈”制度，与高层经理进行正式谈话。这个高层经理的职位通常会比员工的直属上司位置高，也可能是公司的经理或是不同部门的管理者。员工可以选择任何个人感兴趣的事情来讨论。这种面谈是保密的，由员工自由选择。面谈的内容可以包括个人对问题的倾向性意见和自己所关心的问题。员工反映的这些情况，公司将会交有关部门分类集中处理，不暴露面谈者的身份。

第二条通道是员工意见调查。这条路径定期开通，IBM通过对员工进行征询，可以了解员工对公司管理层、福利待遇、工资待遇等方面有价值的意见，使之协助公司营造一个更加完美的工作环境。人们很少看到IBM经理态度恶劣的情况出现，也许与这条通道的设置密切相关。

第三条通道是直言不讳。在IBM，一个普通员工的意见完全有可能送到总裁的信箱里。“直言不讳”就是一条直通通道，可以使员工在毫不牵涉直属经理的情况下获得高层经理的答复。没有经过员工同意，“直言不讳”的员工身份只有一个人知道，这个人就是负责整个“直言不讳”的协调员，所以员工不必担心畅所欲言的风险。

第四条通道是申诉，IBM称其为“门户开放”政策。这是一个非常悠久的IBM民主制度。IBM用“申诉”来尊重每一个员工的意见。员工如果有对工作或公司方面的意见，可以与自己的直属经理讨论，也可以通过“申诉”向各事业单位主管、公司的人事经理、总经理或任何代表申诉，这种申诉会得到上级的调查。

6.谈判的技能

以个体为基础进行工作时，员工的角色有工作说明、工作纪律、工作程序及其他一些正式或非正式文件明确规定。但对于团队来说，其组成成员的角色具有灵活多变性，总在不断进行着调整，这要求团队成员具有充分的谈判技能。由于团队中的问题和关系时常发生变换，成员必须面对和应付这种情况。

7.公认的领导

有效的领导者能够让团队跟随自己共同度过最艰难的时期，因为他（她）能为团队指明前途所在，他们向成员阐明变革的可能性，鼓舞团队成员的信心，帮助他们更充分地了解自己的潜能。优秀的领导者不一定非得指示或者控制，高效团队的领导者往往担任的是教练和后盾的角色，他们对团队提供指导和支持，但并不试图去控制它。这不仅适用于自我管理团队，也适用于任务小组、交叉职能型的团队。对于那些习惯于传统方式的管理者来说，这种从上司到后盾的角色变换，即从发号施令到为团队服务实在是一种困难的转变。当前很多领导者已开始发现这种新型的权利共享方式的好处，或通过领导培训逐渐意识到它的益处。但现实中仍然有些脑筋死板、习惯于专制方式的领导者无法接受这种新颖的观念，这些人应当尽快转变自己的旧观念。

8.内部与外部的支持

团队的最后一个必备条件就是它的支持环境，包括内部条件和外部条件。从内部条件来看，团队应拥有一个合理的基础结构，包括适当的培训体系、一整套易于理解的、有效评估员工绩效的测算系统，以及一个起着支持作用的人力资源系统。恰当的基础结构应能够支持并强化成员行为以取得高绩效水平。从外部条件来看，管理层应给予各团队为完成工作目标所必需的各项资源支持，比如资金、培训、管理制度、人员等。

二、团队建设的重要性

企业想要成功，单靠领导者的力量是远远不够的，每一个部门、每一个门店、每一个团队都应是这个企业成功的必要因素。企业想要发展，不断向好，就需要企业内部不同的团队之间相互协作、互相支持。大到企业集团，小到社区门店，团队建设的重要性已被越来越多的企业所重视。

（一）团队的类型

1.按照团队的存在目的和形态分类

按照团队存在的目的和形态进行分类，一般可分为问题解决型团队、自我管理型团队、交叉功能型团队和虚拟团队。

（1）问题解决型团队。问题解决型团队是指组织成员就如何改进工作程序、方法等问题交换看法，对如何提高生产效率和产品质量等问题提出建议。本类型团队的工作核心是提高产量、提高生产效率、改善企业工作环境等。在这样的团队中成员就如何改变工作程序和工作方法相互交流，提出一些建议。成员几乎没有什么实际权力来根据建议采取行动。

（2）自我管理型团队。自我管理型团队通常由10~16人组成，他们承担着以前自己的上司所承担的一些责任。一般来说，他们的责任范围包括控制工作节奏、决定工作任务的分配、安排工间休息。彻底的自我管理型团队甚至可以挑选自己的成员，并让成员相互进行绩效评估。

世界上许多知名的大公司都是推行自我管理团队的典范。但对自我管理型工作团队效果的总体研究表明，实行这种团队形式并不一定带来积极效果。在我国江浙一带的乡镇企业中，已形成了一些“小企业群集”，通过任务分解，迅速组织生产。

传统的工作群体与自我管理型团队的区别见表4-4：

表4-4　　传统的工作群体与自我管理型团队的区别

传统的工作群体	自我管理型团队
一群独立的专业人员	多种技能的团队成员
信息有限	信息得到广泛分享
管理层次多	很少的管理层次
业务过程中的一种功能	覆盖完整的业务过程
目标割裂	目标共享
看上去组织有序	看上去混乱
强调问题解决	强调达到目标
高管理者承诺	员工承诺
管理者控制	自我控制
以政策/程序为基础	以价值观/原则为基础

（3）交叉功能型团队。这种团队为完成特定任务而组建，有利于交换信息、解决复杂问题。其由来自同一等级、不同工作领域的员工组成，他们走到一起的目的就是完成某项任务，是一种有效的团队管理方式。它能让组织内（甚至组织之间）不同领域员工之间交换信息，激发产生新的观点，解决面临的问题，协调复杂的项目。但是交叉功能型团队在形成的早期阶段需要耗费大量的时间，因为团队成员需要学会处理复杂多样的工作任务。在成员之间，尤其是那些背景、经历和观点不同的成员之间，建立起信任并能真正合作也需要一定的时间。

交叉功能型团队构成如图4-6所示：

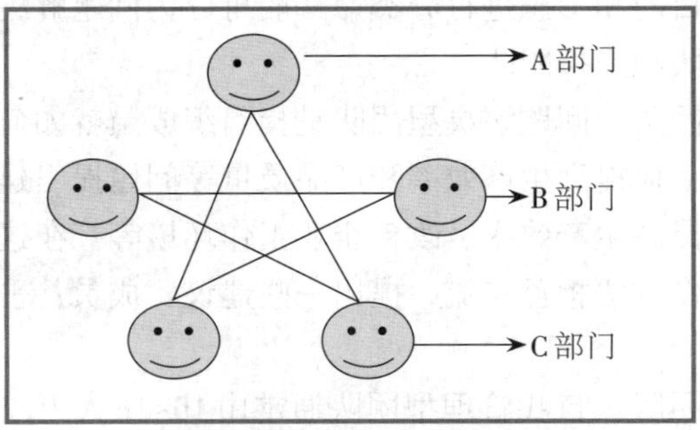

图4-6　交叉功能型团队

（4）虚拟型团队。该团队为了共同目标、理想或利益，在虚拟环境下进行实际工作。虚拟型团队是人员分散于远距离的不同地点但通过远距离通信技术一起工作的团队。虚拟型团队的人员分散在相隔很远的地点，可以在不同城市，甚至可以跨国、跨洲。

2.按照团队在组织中的功能进行分类

按照团队在组织中的功能不同，可以将团队分成生产服务团队、行动磋商团队、计划发展团队、建议参与团队。

（1）生产服务团队通常由专职人员组成，从事的是按部就班的工作，很大程度上是自我管理的。例如生产线上的装配团队、民航客机的机组人员、计算机数据处理团队等。

（2）行动磋商团队由一些拥有较高技能的人员组成，共同参与专门的活动，每个人的作用都很明确。这种团队以任务为中心，具有不同专门技能的团队成员都对成功完成任务作出贡献。团队面临的任务十分复杂，有时是不可预测的。例如医疗团队、乐队、谈判团队、运动团队。

（3）计划发展团队是由技术十分娴熟的科技人员或专业人员组成的，并且团队人员来自不同的专业领域。这类团队的工作时间跨度一般较长，他们可能需要很多年才能完成一项发展计划（例如设计一种新型汽车），也可能是组织中承担研究工作的永久团队。常见的计划发展团队有科研团队、生产研发团队等。

（4）建议参与团队主要是提供组织建议和决策的团队。大多数建议参与团队的工作范围都比较窄，不占用大量的工作时间，成员在该组织中还有其他任务。例如董事会、人事或财务的专业顾问团队、质量控制小组。

（二）团队协作

正如木桶效应所描述的原理一样，任何一个团队，可能面临一个共同问题，即构成团队的各个部分往往是优劣不齐的，而劣势部分往往决定着整个团队的水平。因此团队中的每一个人都应思考一下自己的“短板”是什么，并尽早补足它，以免拖了团队的后腿。

三、团队建设中可能存在的问题

（一）团队与群体的区别

群体指的是两个以上相互作用又相互依赖的个体，为了实现某些特定目标而结合在一起。群体成员共享信息，作出决策，帮助每个成员更好地担负起自己的责任。群体和团队经常容易被混为一谈，但它们之间是有本质区别的，主要有：

（1）领导方面。作为群体应该有明确的领导人；团队一般不一样，尤其团队发展到成熟阶段，成员共享决策权。

（2）目标方面。群体的目标必须跟组织保持一致，但团队中除了这点之外，还可以产生自己的目标。

（3）协作方面。协作性是群体和团队最根本的差异，群体的协作性可能是中等程度的，有时成员还有些消极、对立；但团队中是一种齐心协力的气氛。

（4）责任方面。群体的领导者要负很大责任，而团队中除了领导者要负责之外，每一个团队的成员也要负责，甚至要一起相互作用，共同负责。

（5）技能方面。群体成员的技能可能是不同的，也可能是相同的，而团队成员的技能是相互补充的，把不同知识、技能和经验的人组织在一起，形成角色互补，从而达到整个团队的有效组合。

（6）结果方面。群体的绩效是个体的绩效相加之和，团队的结果或绩效是由大家共同合作完成的产品。

群体从某个角度来说，可以称之为团队在形成以前的组织，换句话说，群体是可以转变为团队的。从群体发展为真正的团队需要一个过程，需要一定的时间。第一阶段，由群体发展到所谓的伪团队，也就是我们所说的假团队。第二阶段，由假团队发展到潜在的团队，这时已经具备了团队的雏形。第三阶段，由潜在的团队发展为一个真正的团队，它具备了团队的一些基本特征。真正的团队距离高绩效的团队还比较遥远。真正的团队不一定意味着成功，因为它离高效团队还有很长的距离。

（二）影响团队建设的障碍

领导者的管理方式是否得当，内部成员之间能否有效沟通等，都会给团队的建设带来众多管理上的问题。下面就是一些妨碍团队变得更有效的障碍：

1.领导者放弃权力

领导者放弃权力也就是过度授权，完全退出式的授权，什么事情都让下属决策和解决。这样一方面将导致团队前进的方向不明确，下属之间目标权责的不明确；另一方面由于得不到领导者的有效支持，有限资源和技能就无法得到充分运用，更有甚者，领导者的退出导致沟通不畅、信息失真以及监控失效。从领导者的角度来说，这是不可取的，虽不让你事必躬亲，但最起码不能两手一摊，什么都不管，放任下面的员工随意行之，最后只会导致团队内部矛盾不断激化，直至解散。

2.责任不明，推卸责任

团队建设过程中没有明确分工，也没有明确责任人，一直采用的是能者多劳的方式。这样一方面会给工作带来无人承担责任的风险，另一方面很容易出现因分不清责任而互相推诿，成员之间产生矛盾，导致整个团队工作的失误或者滞后。它将造成成员之间缺乏对团队的信任感、责任感，成员就会变相地让其他人做本不应该由自己完成的工作，或者他们很快把某个人或团队失败的责任归咎于同事或者管理层。结果这样的团队就成了伪团队——只是名义上的团队，伪团队甚至要比成员单独工作时的绩效还要差。

3.团队成员缺少协同工作的习惯

大部分成员都会认为自己的工作很重要，没有必要和精力为集体的事操心，成员之间严重缺乏信任或者过度信任。缺乏信任很容易导致成员之间的内部斗争。当成员之间花费大量时间来斗嘴和贬低同事时，团队力量就被削弱了。过度信任很容易导致关键技能的缺失，成员之间不会轻易地相互学习和弥补。当存在技能差距而又无法弥补差距时，团队就会受到重创。成员难以相互沟通、破坏性的冲突无法解决，这些都将打垮团队。

4.缺乏外部支持

团队生活在一个更大的组织之中，它们在各种资源（钱、人、设备、场地等）上都依赖于上一级组织。如果没有这些资源，团队就难以发挥它们的潜力。例如，连锁企业门店的员工管理必须依赖公司完整的员工选聘程序、规章制度、薪酬制度和工伤管理制度等来管理。如果这些内容同团队的需求和目标不一致，各门店的生产管理就会受到极大的冲击。

四、如何建立高效的团队

（一）团队建设总体规划

1.树立团队意识

培养团队协作精神，积极主动开创项目，共同努力达成工作目标。

2.才能与角色分明

只有在所有成员都清楚他们要与之打交道的其他人的角色时，成员们才能作为一个团队工作。做到这一点时，成员们才能根据条件迅速行动起来，而不需要有人下命令，换言之，团队成员能根据工作的需要自发性地作出反应，采取适当的行动来完成团队的目标。

3.加强团队的交互性沟通

要及时跟踪和了解团队的新思路、新方法，增强团队的工作协调性；团队协作完成时，要在实际工作中掌握每个成员不同的优、劣势，并加以转化和利用，从而发挥每一位员工更大的潜能，提高人才利用率。

（二）团队建设具体的计划

1.企业文化

积极开展企业文化的学习，熟悉企业文化之后才能抓住工作的重点，更好地开展工作。比如带领团队学习公司发展理念、公司发展目标、公司发展阶段等。

2.互相沟通

团队中不可能没有沟通。如果没有沟通，员工就无法了解同事的工作进度，领导者就无法掌握信息并发出指令；没有沟通，员工之间的工作协作就不可能进行。所有沟通都会或多或少地影响到团队的建设。沟通有助于使所有基本的管理职能——计划、组织、指挥和控制——有效发挥作用，从而使团队能实现自己的目标并迎接各种各样的挑战。

3.设立过程顾问

过程顾问为团队成员提供了一面镜子，帮助他们认清和督促自己的行动。

4.及时反馈信息

团队成员需要及时反馈信息，这样他们就拥有了有用的数据并可进行有针对性的决策，数据分析可以帮助团队提高工作效率，从而更快实现团队目标。另外，反馈鼓励成员了解团队内其他人怎样看待自己，并进行自我纠正。

（三）团队建设具体计划的实施步骤

1.企业文化的学习

（1）企业故事的宣讲。企业故事是诠释和传播企业文化理念的有效途径。通过人物故事的宣传，可以使员工通过这些故事理解文化理念的内涵与意义，明确自己应该做什么、不该做什么及追求什么；学有榜样，追有标杆，有效地激励员工，改变员工态度，诠释企业理念，促进文化管理，引导和规范员工言行，促进各项工作的顺利开展。

（2）企业术语的运用。许多组织都用语言作为识别组织文化或亚文化的标志。随着时间的推移，组织往往形成了自己特有的名词或语言，用来描绘与业务有关的设备、顾客、产品等相关信息。这些术语一旦为员工所掌握，就成了共同特征，把掌握特定文化或亚文化中的成员联系在一起，学会这种语言，团队员工就可以表明自己对该文化的接纳，有助于员工坚持这种文化的价值观，并起到对该文化保护的作用。同时，掌握一种特定语言的员工在一起工作，会增加相互间的情感，让员工感受到一种类似“家”文化的氛围，有利于团队建设和团队效能的提高。

当然，企业文化的学习也包括在团队文化建设方面的努力。俗话说“态度决定人生的成功高度”，而团队文化就像人生的“态度”，它决定团队效力是否能“1 + 1>2”。团队文化是在对公司的企业文化和发展战略认同的前提下，形成一种积极、易沟通、学习的精神状态。团队文化的外在表现是团队有共同的工作目标、集体活动开展以及学习制度的执行情况。共同的工作目标是指团队全体成员愿意把自己的才能奉献给团队，以争取良好的业绩。集体活动的开展被许多的团队管理者忘记了，这是不可原谅的，总部给你高薪是有高要求的。集体活动是团队文化建设的重要组成部分，不可偏废。其实集体活动的开展并不是很难，在每次例会后举行一场足球赛、篮球赛并不是过分的要求。

学习也是团队文化建设的重要内容。学习公司的销售政策、学习新品知识、学习彼此优点等。学习型的团队更容易取得好的业绩，因为学习的态度反映了团队的精神面貌，是团队工作技能的保证，更是沟通的需要。

2.交互性沟通的具体操作方式

建立小组讨论机制。参与成员讨论，员工要做到即使不发表意见，也要了解小组其他成员的主要工作方向及内容，做到小组内信息共享。

建立小组协调机制，根据个人职能不同安排工作，相互交叉。小组成员均可发表意见。

对工作进行总结报告，对每个人的周工作进度进行总结和监督。每人每周都要对自己工作中所遇到的困难和取得的成绩进行简要说明，也要表明自己的意见。让每个人都能了解整个团队所有工作及计划，加强团队之间的相互了解和信任。

工作进度实行互动式，增加相互了解，把沉闷的工作变得富有活力和生机。每个人独擅其长，共同加快团队的工作进度。

因为工作职能的不同，员工之间的很多工作被认为没有交叉点，但是在大家相互了解之后是可以找到交叉点的。所以要加强团队之间的人际交往，相互学习对方所擅长的技艺，取长补短，共同完成团队目标。

3.设立过程顾问，建立委托监督

过程顾问的具体职责如下：帮助团队成员了解当前行为事件，并作出积极的反应；分析团队讨论问题、解决问题的方式。

观察团队会议，记录交谈方式和非语言行为，过程顾问提出试探性的问题以帮助他人明确问题所在。过程顾问帮助员工脱离困境，或给予专家忠告。若有必要，过程顾问可以直接面对每个个体，要求他们检查自己的行为和其后果或者寻找别的方法。总而言之，过程顾问能让团队成员独立于他人，使他们能更加有效地独自思考和做事。

4.培养反馈信息的意识

反馈信息的重要性不言而喻，从团队成员的角度来看，每个时间段，每一周甚至每一天都应该对今天所发生的事情进行信息汇总和反馈，从而了解自己的不足并修正，以期获得提高。从团队的角度来看，适时地反馈信息，了解每一位员工的工作状态、情绪波动、生活情况甚至掌握其情感变化都是有必要的，作为团队的领导者，只有掌握足够的信息，才能对症下药，对每一位员工采取不同的方法去帮助他们，这样才可能带领团队不断前进。需要建立一整套反馈信息的制度，并合理实施。但请注意，每个团队成员是这个社会上的一个独立个体，每个独立的个体都有自己的秘密和小圈子，要学会工作和生活合理区分，不要误闯入别人的圈子，否则可能会造成不必要的麻烦。

(四) 店长——领导者

无论怎样，任何组织模式都需要一位核心，即领导者。领导者与被领导者之间的区别是领导者可以支配资源、创造条件、带领大家走向成功。在团队的领导核心选择上要求非常严格，因为团队核心的工作和领导风格将决定团队建设的方向。另外，在营销团队的管理中，很多是体现合作协调的管理，而不是行政管理，所以团队领导人需要良好的协调管理能力、业务能力、沟通能力、团队建设意识。在实际工作中，有很多业绩突出的业务经理，每天不停地忙碌，业绩可能上来了，但其手下对工作不知如何开展，甚至把完成销售报表当作主要工作，团队的力量无法得到有效发挥。当领导者调动时，团队里很难找到合适的顶替者。另外一种情况是店长每天忙于各种报表和会议，很少参与业务工作，对下属的工作也没有进行指导和监督，团队的建设没有得到执行。那么营销团队核心该如何进行团队建设呢？可以从以下三个方面入手：

1.树立核心形象与威信

很明显，公司任命的门店负责人就是该门店的领导核心。任命的依据是这个人的历史业绩，也可以理解为他的业务能力。有了业绩和能力，下一步就是把业绩与能力升华为威信，把他的工作经验传授给手下的员工。假如你的手下把你当作老师或是教练，他没有理由不尊重和接受你的指导。

要学会相信你的手下，让他们学会承担，甚至学会受委屈。有时候很多门店经理在接到客户的抱怨时，会不加思考地顺着客户的抱怨来责怪自己的手下，这是非常不妥的做法。手下固然有错，但应先了解情况再采取有效的解决措施，另外，既然是你的手下，就应该信任他、帮助他，和他一起承担错误，这有助于树立领导者的威信。

2.创造一个良好的沟通环境

沟通的力量是不容置疑的。有时员工有意见、有矛盾，不说出来会越积越多，积累到一定程度爆发出来，再想收拾都没有办法了；有时店面出现问题，员工间相互推诿，甚至大打出手，最后会出现更大的问题。这些都是没有很好沟通的表现。作为店长要始终相信解决问题的办法肯定存在，做好充分的沟通即可。

为什么会出现沟通障碍呢？有如下几个方面的原因：

(1) 领导核心官僚化，做事武断，认为自己总是对的，即便出现问题也是别人的错误，跟自己一点关系都没有。这种情况一般出现在业务能力比较强的领导核心身上。具体表现是团队成员对领导人的称呼上，假如只有五个人的团队，成员对领导的称呼是“经理”“主任”之类的，一般这个团队的沟通不是很顺畅；称“领导”“老大”次之，最好就是互相称姓名。这里有一个大家都熟悉的例子，联想公司老总杨元庆要求每一个员工不要称呼他老总，统一叫他的名字“元庆”。可想而知，该公司的沟通会怎样顺畅。当然，这里并不是要求每一个团队都必须这样，可以根据公司的企业文化和工作方式来决定称呼。另外也请注意一点，很多时候需要透过现象去探究问题的本质，并不是说改个称呼就能沟通顺畅，还需要从根本上找原因，解决问题。

（2）建立沟通平台，日常门店工作有很多的例会，可以通过这种会议来进行沟通。建议在会议中不仅仅是寻找出现的问题，还要多有一些表扬和肯定的声音，大家都想听到赞美，赞美也会让沟通顺畅一些。另外，还可以每月约定时间来单独交流，有些问题人多的时候不便在公开场合讨论，不如私下聊聊，听听团队成员的真实的想法。

（3）多进行一些集体活动，很多外企在这方面做得很好，现在国内企业也在这方面慢慢重视起来了。集体活动一方面可以加强员工对门店的归属感，另一方面也可以加深员工相互之间的了解。这也是团队文化建设的一个重要组成部分。

3.合理分工，各尽其才

在营销行业里流行着这么一句话：只有优秀的团队，没有优秀的个人。而事实上，优秀的团队里，每一个人都应该是优秀的。经过多年的发展，很多行业都进入了品牌消费时代，也就是说营销工作主要是在终端市场的精耕细作，在大的营销规划方面有公司总部营销高层的工作指引。这也是营销由“营销英雄”时代进入“制度模式”时代的标志。在这种情况下，团队领导的日常工作就是对区域市场的销售任务进行规划、指导、监督。但要发挥团队每一个成员的潜力是一件不容易的事情。一般来说，地区细分操作、分品类是目前比较流行的分工模式。但这不能发挥个人的特点，最好的方式就是“纵横分工”，即在区域细分、分品类的基础上，根据个人的业务特长进行跨地区、跨品类合作。比如现场促销活动、客户人员培训、销售数据整理等。这就需要团队领导了解每一位员工的特长，协调好员工之间的工作，以充分发挥其才能。

（五）制度建设与执行

制度的建设可以规范团队的工作标准，使团队成员明确一个共同的工作目标。制度的制定需要经过团队成员共同讨论，而不是团队领导自己决定。它的内容包括：日常考勤制度、会议制度、各种台账制度、激励制度和培训制度等，而且制定的制度必须是可以执行的。

各种制度的目的和内容：

（1）考勤制度：目的是保证工作时间，内容包括办公室考勤与出差考勤。

（2）会议制度：目的是讨论解决工作中的问题和提供学习平台，内容是周例会、月例会、公司例会等。

（3）台账制度：目的是对工作的监督与跟踪，内容是工作计划、工作日记和其他与销售工作相关的台账。

（4）激励制度：目的是保持团队的工作热情。激励有正、负之分，正激励一般是公司高层的表扬与肯定、经济奖励、提升奖励以及公费旅游等；负激励一般为警告、纪律处分、经济处罚、降级、降薪、辞退等。

（5）培训制度：目的是使员工满足当下或未来工作的需要，为企业创造更大的价值。

（六）个人与团队共同进步

“不想做将军的士兵不是好士兵”。做营销服务的人都是生意人，不可否认加薪或者升职是工作的动力之一。一个优秀的团队，应给员工提供一个良好的发展平台。合理的人员流动是非常必要的。有时候人员缺乏流动更容易出现企业创造力低下、行动力缓慢等问题。从另一个方面看，业务工作有强烈的态度需求，在一个地方工作久了，换一个工作区域未尝不是一个让激情再次燃烧的方法。假如你的团队中有优秀的人才，团队就应给他激励的考核。在这个时候，团队的领导就应该向公司推荐该人才，并给予培训指导。一个优秀的团队应倡导个人与团队共同进步。

综上所述，团队建设是非常重要的，在团队建设过程中激励起到相当重要的作用，它可以将一个平庸的团队打造成一个高效的团队。高效的团队对于企业来说是不可或缺的。一旦企业有了一个高效的团队，就能够以点带面，带动更多的团队，就会有更多的团队和个人对工作充满激情，愿意奉献和挑战，也就会有更多的个人喜欢团队合作，并为成功完成任务而感到喜悦。对于企业来说，要想发展和壮大自己，建设团队是第一步，对于门店来说，要想做得比别的门店好，团队建设首当其冲。

项目测试

一、简答题

1.什么是需求？员工的需求有哪些？

2.什么是激励？激励的方法有哪些？

3.马斯洛需求层次理论的五个层次分别是什么？

4.团队建设的重要意义有哪些？

5.作为门店店长，如果要组建一个高效的团队，你将从哪些方面入手？

二、材料分析题

李强已经在智宏软件开发公司工作了6年。在这期间，他工作勤恳负责，技术能力强，多次受到公司的表扬，领导很赏识他，并赋予他更多的工作和责任。几年来，李强从普通的程序员晋升到了资深的系统分析员，虽然他的工资不是很高，住房也不宽敞，但他对自己所在的公司还是比较满意的，并经常被工作中的创造性要求所激励。公司经理经常在外来的客人面前赞扬他：“李强是我们公司的技术骨干，是一个具有创新能力的人才……”

去年7月份，公司有申报职称指标，李强在有条件申报之列，但名额却给了一个学历比他低、工作业绩平平的老同志。他想问一下领导，谁知领导却先来找他，对他说：“李强，你年轻，机会有的是。”

最近，李强在和同事们的聊天中了解到他所在的部门新聘用了一位刚从大学毕业的程序分析员，但月工资仅比他少50元。尽管李强平时是个不太计较的人，但对此还是感到迷惑不解，甚至很生气，他觉得这里可能有什么问题。

在这之后的一天下午，李强找到了人力资源部宫主任。宫主任说：“李强，我们现在非常需要增加一名程序分析员，而程序分析员在人才市场上很紧俏，为使公司能吸引合格人才，我们不得不提供较高的起薪。为了公司的整体利益，请你理解。”李强问能否相应提高他的工资。宫主任回答：“你的工作表现很好，领导很赏识你，我相信到时会给你加薪的。”李强向宫主任说了声“知道了”便离开了他的办公室。之后，李强开始为自己在公司的前途感到忧虑。

问题：

请分析李强忧虑的原因是什么？

项目实训

你是一个善于激励的管理者吗？

如同不是所有的公司都具有同样的活力一样，不是所有的管理者都具备激励员工的基本能力。有些管理者好像天生就有激励其员工达到更优秀和更具创造力的能力；有些管理者甚至不能使自己充满活力，更不要提激励他们周围的人了；还有的管理者努力激励员工，却不见效果。

作为一个管理者，你的激励情况怎么样？下面的自测题有助于你评价自己在这方面的能力。“正确”的答案是很明显的，因此，需要你如实回答。

1.你的管理方式与下述哪条最符合？

a.我喜欢让员工自己处理事务，看他们能提出什么建议和解决方案。

b.管理人员应当积极参与到员工的工作中去。那就是为什么我不断地同员工谈话——无论是给他们职业发展的建议，还是提醒他们将所有的报告归档。

c.我把自己看作教练，鼓励人们发挥自己最大的能力为团队作出有意义的贡献。我对员工多表扬，少批评。对额外的努力和好的建议给予奖励。如果一个项目有什么变动或存在问题，我会确保每个人都了解发生的事情和对他们的期望是什么。

2.对你的员工进行意见反馈时，你怎样做？

a.只有当某人出错时才进行评价。当人们做分内的事情并得到相应的报酬时，我为什么要表扬他们？

b.在如何改进产品或性能的细节上，我告诉他们做什么和怎么做，因为这是最直接明了的沟通方式。

c.我总是首先鼓励他们（“我会告诉你工作很努力”）。然后，如果有任何需要改变或修正的地方，我会小心地针对工作作出评价，而不是针对个人进行批评。除了非正式的日常反馈外，我会对每个员工进行年度表彰。

3.为了提供一个积极的和愉悦的工作环境，你会做哪些工作？

a.我不对任何人叫喊。

b.我总是询问我的员工，如何做能使他们的工作完成得更好。我一般不会对他们的要求和抱怨给予满足，但我至少会过问。

c.我总是使自己保持愉快和积极的状态，尽管某一天我可能感觉并不好。我通过召开每月定期的表扬会和定期与员工共进午餐来培养感情。我与人们谈论的话题除了工作之外，还有他们的家庭、孩子、宠物和业余爱好。我鼓励人们进行创造，并在工作中找出新的解决问题的方法。

4.在工作与生活平衡的问题上，你如何帮助员工？

a.我认为他们的私人生活不需要我的干涉。但是，我会确保每个员工了解他们附近的紧急救助中心的位置。

b.如果他们有问题，我告诉他们我认为他们应该怎么做，以及到哪里去寻找有用的资源。然后，为表示我的关心，我随后会过问此事，以确定他们是否采纳了我的意见。

c.我试图确定他们需要我提供哪些方面的帮助，以帮助减轻他们正承受的压力（例如，我会重新分配他们的工作量）。

5.为了使团队的工作更有效率和生产力，你会怎么做？

a.完全不参与他们的活动。

b.要求团队每个成员每天提交工作报告，这样我会尽早发现问题并解决问题。我还参加每个团队的每次会议。

c.给他们需要的工具和资源，也给他们适当的处理权（因此，我不会插手微观管理）。我还试图让他们了解到，他们所做的工作与整个大项目的关系，这样，他们就会有目标感。另外，一年中我会举办一次或两次研讨会，以提高他们的技能。

6.如果你的两名雇员在合作中出现问题，你怎么办？

a.坐下来等着——他们或者自己解决好，或者其中之一退出。

b.把他们两个人叫到一个房间里，告诉他们我在任何时候都希望雇员有敬业精神，他们的行为必须立即改正，否则他们就会面临严重的后果。

c.首先分别找他们进行个别谈话，根据问题的性质决定下一步的做法。我的最终目标是，在不失去任何一个有能力的雇员和不影响其他雇员工作的情况下解决问题。

7.你们公司刚被一个大公司收购，将会取消冗余的职位。没有人知道会发生什么事情，你的雇员感到极度焦虑。你会怎么做来帮助他们度过这段时间？

a.什么也不做——我自己的头衔可能也会被取消。

b.我承诺会尽一切可能保住他们的职位——即使我没有任何实际的“权力”。

c.在例行的员工会议上，我告诉他们，对任何人来说这都是一个非常时期，包括我自己。我保证将有关他们的最新消息及时告诉他们，并鼓励他们将对未来几周所关心的事情告诉我。我感谢他们几年来为公司作出的贡献，我告诉他们我们会共同渡过难关。

8.你的一个员工每天迟到45分钟，并在周五早退半小时。一天中至少给她的丈夫打两个电话，并且声音大得使她周围的人都听得到。有时她不能按时完成工作，并因此增加了她所在团队中其他人工作的难度。她的合作者牢骚满腹。你如何解决这个问题？

a.将工作手册上有关工作时间和电话使用的部分复印，并置于她的办公桌上。至于不按时完成工作，建议她的队友在分配工作给这个人时，自动将额外的一个星期打入时间表中。

b.公开批评她的散漫。然后，将她的办公桌移到我的办公室旁边，这样，我可以监视她打电话。警告她，如果下次再不按时完成工作就暂停她的工作。

c.与该员工进行一次私下的会面，并解释我想与她讨论的某些有问题的习惯。从不按时完成工作开始，因为这直接影响了其他人工作的完成，帮她找出未按时完成工作的原因，并帮助她找到将来如何避免这种情况发生的办法。向她重申公司有关工作时间和私人电话的规定，并要求她遵守，因为我知道她也想对同事公平。

9.你的两个员工在度假，一个员工病假延期。其余的员工拼命想完成所有的工作，但是，他们已经显现出紧张甚至崩溃的迹象。现在，一个更大的让每个人都会不堪重负的项目摆在你的桌面上。

a.用自己个人的几天时间，靠自己的智慧解决。

b.你对员工进行一次鼓舞士气的讲话，并许诺完成任务后的特殊待遇。

c.询问每个员工现在的工作量，如果每个人看起来都不能再承担额外的工作，你雇用顾问和临时雇员缓解工作压力。

10.雇员会受到下面哪类管理者的激励?

a.不专横和不傲慢。

b.参与工作过程中的每一个方面，掌握控制所有的细节。

c.真诚热情，并为员工完成的工作感到骄傲。

资料来源　迈斯玛. 激励雇员［M]. 刘国平，等，译. 北京：企业管理出版社，2002.

项目五

员工管理事务实战

◎ 学习目标

知识目标：

掌握店员离职面谈的流程及技巧；掌握沟通的定义及过程；明确沟通的类型；熟知沟通的障碍及解决途径；掌握工作沟通的技巧；熟悉突发事件处理的原则。

能力目标：

能够开展离职面谈工作，懂得设计离职面谈表或流程；能够主持门店早会、季度经营会议；能够拟定门店某些典型突发事件的处理程序。

态度目标：

重视门店内部一些关乎员工关系的日常事务处理，清楚其实施的好坏直接影响门店员工管理；认可店内沟通的重要价值，清楚工作沟通需要技巧；严肃对待突发事件的管理，严格遵守突发事件处理程序。

◎ 项目框架

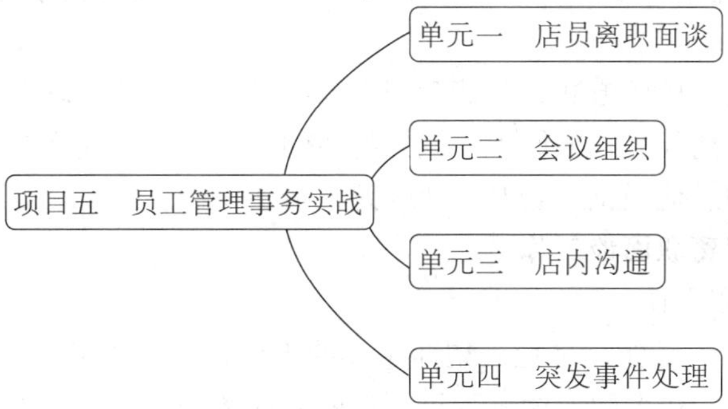

【项目导入】

面对落后店员，店长该怎么做？

店员小娜新到门店没多久，人虽年轻，但做起事来却很踏实肯干，非常讨人喜欢，跟大家相处得很愉快。工作了一段时间后，店长李怡就发现了一个问题：小娜干什么事情都还算不错，就是对销售工作不怎么上心，每天的日常工作主要就是在店里做做卫生，整理货品，或者帮助大家拿货品，打下手。李怡鼓励小娜，希望她能在店里多跟顾客交流，多向顾客推荐商品，大胆放开去做，大家一起提升。但多次的明示暗示后并没有什么起色，导致有些店员忍不住开始向店长诉苦了，说跟小娜同一个班组很累，她就像是个摆设，从不主动接待顾客，有时顾客主动问到她，她也经常推托给其他人，自己根本接待不下来。

李怡找了一个时机，推心置腹地跟小娜做了一次深入交谈。原来情况是这样的：小娜之前在另一家门店试用的时候，那个店里的老员工比较多，小娜作为一个新人，经常感到受排斥。老员工个个都是销售老手、能手，做销售时特别不喜欢小娜插手，觉得她碍事，帮不上忙，只让她做一些辅助性的零碎工作。所以，到了新店以后，小娜的意识里已经根深蒂固地认为店里的工作要求就是这样子，于是很“本分”地做一些零零碎碎的工作，对销售工作反而没放在心上。

资料来源　清山. 面对落后店员，店长该怎么做？[J]. 中国眼镜科技杂志，2019（10）. 有改动。

案例启示：店长需要明确，成绩需要大家共同创造，而发现问题、及时处理问题则是店长的工作职责。

当员工不爱做销售工作时，应多与其沟通，了解背后的真正原因，经常关心员工的内心及业余爱好，发掘员工的特点。

单元一　店员离职面谈

一、离职面谈的形式

门店员工离职通常有三种形式：常规离职、辞退离职以及自动离职。常规离职是指：在劳动合同期内，员工自己提前一个月提出申请，填写离职申请单。辞退离职是指：员工在工作过程中，出现符合被辞退的种种情况，达到被辞退条件，由用人单位提出的解除劳动关系。自动离职是指：未提出离职申请，无故不到岗者属于自离，同时如已提出离职申请，但在法定期限内，未经审批擅自离岗者，同属自离处理。

面对员工不同的离职方式，门店管理者需要进行详细的离职面谈，对常规离职的员工要了解其主动离开公司的原因，做好挽留的工作，对辞退离职的员工更要做好离职面谈的工作，切忌让员工带着对企业的怨恨情绪离职。

二、如何做好离职面谈工作

（一）辞退离职面谈

员工的辞退面谈工作，是让人望而生畏的工作，如何把辞退工作做得合情合理，从而收到事半功倍的成效呢？做好辞退面谈的前期和辞退面谈过程中的一些工作至关重要。

1.选好辞退的合适时机

大多数企业在辞退员工时，并未考虑到是否在一个比较合适的时机去处理这件事。那么怎样才能把握合适的辞退时机呢？

在正式辞退员工之前，一定要考虑目前是否处于一个特殊的时间段，如重大节日、员工生日、纪念日；或者这个阶段对于被辞退的员工来说，是否是一个比较艰难的阶段，例如，刚刚失恋、离婚，个人财务陷入危机等。如果是第一种状况，建议重新选择一下时间，避免在一个原本喜庆的日子里给员工造成巨大心理压力；如果是第二种状况，为避免给拟辞退员工造成雪上加霜、逼上绝路的感觉，建议尽量采取温和的方式。尽量规避因情绪问题导致员工不理智行为的发生，同时通过其他渠道为其开辟新的求职机会。

合适的辞退时机，最好选择在员工求职比较容易的时间段。例如春节之后，一般三四月份是企业招聘的高峰期，也是人才流动的高峰期，这个时候跳槽的人多，就业的机会相对也多。如果在这一阶段进行辞退，被辞退员工比较容易找到新的工作，辞退工作的难度也会相对减小。

2.准备充分、客观、合理的辞退依据

若是因为严重违反公司规章制度而辞退员工，首先要确保能拿出具体的规章制度文本，并且确保规章制度是经民主、公示过后的合法的制度文本，且该制度中有明确详细的说明哪些情况算严重违规，然后举出员工违反具体哪条规定造成严重违规的客观事实，最好是员工签字确认的书面证据，这样辞退工作才能变得有理有据。

若是因为员工绩效不达标或者工作能力不胜任而被辞退，首先切记积累不达标或者不胜任的书面证据，这时岗位说明书、录用条件、绩效考核记录、绩效面谈记录等就是客观依据；然后一定要遵循《中华人民共和国劳动合同法》（以下简称《劳动合同法》）的相关条款规定进行辞退工作，对员工进行培训或者调岗，保留对员工进行培训、调岗的客观记录，进行培训或者调岗后再次进行考核才能作出辞退决定。

3.训练自身处理辞退面谈的态度

被辞退员工内心往往会有“自己很没面子”的想法，那么这个时候，门店管理者在跟店员聊辞退时，需要尽量维护对方的尊严，切记不可在此时出现“鄙视”“瞧不起”的状态。

若是被辞退员工情绪低落，要尽量安抚其情绪，必要的话可以在面谈时简单地帮他进行职业生涯规划，提供一些就业的渠道或信息，帮其建立信心。

或许可能出现一些态度极为嚣张的员工，辞退时出现恶语相向、人身攻击的局面，这时需要耐住性子，防止自己情绪失控，同时也要确保自身镇定、自信，不被激怒，给对方一个发泄情绪的时间，等待对方情绪平稳。

作为门店管理者，在辞退员工的前期准备工作中，要注意以下细节：

（1）辞退员工，要把握好立场问题。明确公司当下的决定，同时不能忽视员工的感受。

（2）资料准备齐全。比如拟辞退员工的个人信息、绩效考核记录、离职申请表、纸笔等。

（3）沟通时间要妥当。一般来说上午10点到11点比较合适，尽量避开刚上班、临近下班或者中午休息的时间段，尽量不要选择对员工有纪念意义的日子。

（4）提前安排好沟通场地。辞退员工的场地最好选择轻松明亮的空间，比如明亮的会议室，安静且不被打扰的休息区域。不建议选在封闭的仓库、街边都嘈杂的地方。

作为门店管理者，在辞退员工的过程中，要注意以下细节：

（1）开始面对面聊，表示对员工的尊重，比如倒水、问候、了解员工情况等，与其建立互信关系。

（2）沟通时适当肯定员工过往的付出，适时切入公司现状以及员工近期表现。

（3）沟通过程中，注意控制情绪。即使员工表现出特别不满的情绪，也必须言语真诚，通过一些肢体动作表示理解等。

需要注意："三期"（孕期、产期、哺乳期）妇女的劳动权益是受到一定保护的，解聘必须慎重。如果"三期"员工严重违反公司制度，甚至是作出触犯法律的事情，此类情况应交给公司总部处理。

门店管理者还应注意：为了保护劳动者合法权益，防止不公正解雇，《劳动合同法》除规定用人单位可以解除劳动的情形外，还规定了用人单位不得解除劳动合同的情形。根据该法第四十二条的规定，劳动者有下列情形之一的，用人单位不得依据本法第四十条、第四十一条的规定解除劳动合同：（1）从事接触职业病危害作业的劳动者未进行离岗前职业健康检查，或者疑似职业病病人在诊断或者医学观察期间的；（2）在本单位患职业病或者因工负伤并被确认丧失或者部分丧失劳动能力的；（3）患病或者非因工负伤，在规定的医疗期内的；（4）女职工在孕期、产期、哺乳期的；（5）在本单位连续工作满十五年，且距法定退休年龄不足五年的；（6）法律、行政法规规定的其他情形。如果门店员工中，有医疗期内员工、工伤员工、"三期"妇女等，切记不能自行处理，应交由公司总部处理。

（二）常规离职面谈

常规离职属于员工主动离职，作为门店的管理者应利用面谈了解其离职的原因，做好挽留的工作。常规离职面谈与辞退面谈不一样，目的、谈的内容及过程也不一样。常规离职面谈可以参照离职面谈表（见表5-1），按表格设定结构操作。操作时注意以下几个方面：了解主动离职人员的基本信息；选择合适的面谈人员、面谈地点及面谈时间，合理控制面谈时长；了解员工离职的主要原因（组织内部以及外部原因，通过封闭式问题及开放式问题设计，尽量挖掘原因）；进行离职原因分析；提出改进建议及措施。

表5-1 **离职面谈表**

<table>
<tr><td>离职人员姓名</td><td></td><td>工号</td><td></td><td>所在部门</td><td></td><td>职务</td><td></td></tr>
<tr><td>入职日期</td><td></td><td>离职日期</td><td></td><td>工作年限</td><td></td><td>职位</td><td></td></tr>
<tr><td>面谈者</td><td></td><td>面谈地点</td><td></td><td>面谈起止时间</td><td></td><td>面谈日期</td><td></td></tr>
<tr><td colspan="2" rowspan="2">1. 请给出你离职最主要的原因（请在恰当处打"√"）并加以说明</td><td>内部原因</td><td colspan="5">□工资低 □工作环境 □工作时间 □福利
□加班 □没有事业发展机会 □无晋升机会 □领导分工不公正
□工作量太大，压力大 □与同事关系不融洽 □与领导关系不和谐
□不满意公司的政策和措施 □产品质量太严格
□其他，请说明</td></tr>
<tr><td>外部原因</td><td colspan="5">□找到更好的工作 □自己经营生意 □家庭原因 □回校深造
□转换行业 □个人身体健康因素 □交通不便，离住处远
□其他，请说明</td></tr>
</table>

续表

2. 你认为公司在以下哪些方面需要加以改善(可选择多项)	□公司政策及工作程序　□部门之间的沟通　□上层管理能力　□员工发展机会 □工作环境及设施　□工资与福利　□教育培训与发展机会　□团队合作精神 □其他，请说明		
3. 是什么促使你当初选择加入本公司？			
4. 在你作出离职决定时，你发现公司在哪些方面与你的预想和期望差距较大？			
5. 你觉得上司和你在工作方面的沟通是否顺利？具体表现在哪些方面？你最后想对你的直接上级说些什么？你对你的主管有何评价？			
6. 你比较喜欢和不太喜欢本公司的哪些方面？			
7. 你认为公司应该采取哪些措施来更有效地吸引和留住人才？			
8. 你对公司福利满意吗？你对公司的住宿条件和食堂伙食满意吗？请谈谈你的看法。			
9. 你是否愿意在今后条件成熟的时候再返回公司工作？简单陈述理由。			
备注承诺	以上调查内容属保密资料，一律不允许对外公开，公司特此申明，并在此承诺！谢谢！		
离职员工签名		离职面谈人签名	
离职分析			
采取措施			

单元二　会议组织

作为门店管理者，能主持门店内大小会议，商讨门店经营近况及发展前景是基本职责。这里我们重点介绍两类会议的组织，早会（晨会）以及月度例会。

一、早会（晨会）

早会就是在每个工作日内，开始正常工作之前的简短会议。早会集全日的管理于10~20分钟之内，全方位地对每个人、每件事进行清理和控制，达到改善员工精神面貌，创建组织学习文化，建立相互检查、监督考核机制，引导员工行为，提高核心竞争力的目的。

1. 为什么要开早会

第一，早会可以提供教导的环境。

利用早会，可以进行项目说明，提高员工的技术水平，尤其对新员工，参与早会上的宣讲，可以帮助他们尽快融入团队，还可以进行品质观念的灌输及公司各项政策的宣传。

第二，早会可以宣传管理理念和方法，促进达成共识。

早会是传播管理人员管理理念和管理方法的媒介，用以培养员工的好习惯和行为观念，通过早会可以对工作教养、工作伦理及工作习惯加以宣传，让大家达成共识，从而提高员工的素质。

第三，通过早会可以实施工作追踪与管理。

（1）可对品质异常进行检讨、分析与矫正。

（2）可对过去工作加以回顾、总结经验、改正缺失。

（3）可进行工作安排的上传下达，从而使员工明确整个公司的方针政策及自己的工作方向，提高工作效率。

第四，早会能提供良好的沟通环境。

早会可以树立领导者的权威与形象、风范与气质，给领导者提供良好的锻炼环境，带动部门气氛及提供良好的沟通环境。

简言之，管理者应该重视早会的组织。早会是人员集中的场合、信息交流的场合、活动发表的场合、唤起注意的场合、作业指示的场合、培训教育的场合，是门店管理者开展管理活动的一个关键时机，是团队发展的基础，是员工学习的课堂，是员工成长的舞台，是人性激励的会堂，是团结员工的乐园，是员工的加油站。因此，即使占用了工作时间，早会也要坚持开。

2.开好早会（晨会）的注意事项

第一，晨会的特点：

（1）晨会重在全员参与、互动、情绪调动。

（2）晨会要做好当日工作部署。

（3）晨会的形式和内容需要主要突出团队目前的积极状态，若是有问题要解决，注意解决问题的同时处理情绪。

（4）晨会进行过程中，要迅速调整团队的士气和促使当日工作安排的顺利完成。

第二，晨会的要点：

（1）明确晨会的主题，表达什么、要求什么、启发什么。

（2）有层次的内容结构，内容符合要求。

（3）富有鼓动性，热情洋溢的语言、铿锵有力的语调、心怀必胜的信念。

（4）掌握好时间，高效组织，做到守时控时。

第三，晨会过程的把握：

（1）时时观察员工的会议状态、参与程度。

（2）时时判断员工分享时是否总结出能够共享和推广的成功的模式、销售话术、销售技巧、心态调整窍门。

（3）随时给予员工赞赏的眼神和赞许的态度，以及点头认可。

（4）发现员工不在状态、跑题、出现负面言论和观点及员工不必要的争执，应立即纠正方向。

（5）发现晨会陷于压抑和批斗会的状态时，立即给予引导和气氛调节。

（6）当某个环节出现超时，立即给予提醒或接过话题进行简单总结并进入下一个环节。

第四，晨会的一般安排：

时间：工作日上班开始前；

对象：（部门）全员；

时长：10~20分钟。

内容：晨会的内容可以是个人感想类：工作体会、个人经验、工作建议；昨日工作情况类：问题反思、工作总结；工作安排类：规划目标、任务分配、人员调配、注意事项；工作要求类：纪律、时间、配合、要点；公司信息传达类：客户要求、货品资讯等。

综合上述组织晨会的一些要点，我们设计出思维导图指引大家关注晨会组织的一些细节（见图5-1）。

俗话说“一年之计在于春，一天之计在于晨”，每天通过一个简短的晨会来统一团队的思想和行动，鼓舞员工的士气，增强团队凝聚力和战斗力，使大家都能带着目标、带着方向、带着激情去开始一天的工作，其意义不言而喻。

二、月度例会

月度例会是让员工充分了解门店（部门）经营状况，理解经营管理制度，提升团队凝聚力，让员工统一行动，通力合作，提高工作效率的会议。

1. 为什么要开月度会议

月度会议是综合性的会议，承载着多项职能。可以制定目标，可以分析市场；可以为员工庆祝生日，可以和纪念日结合做活动；可以安排旅游学习，可以安排大客户同行。

月度会议是年度战略大会和季度经营大会之后的务实性会议。年度和季度会议大部分是宏观内容，月度会议更注重经营管理实际。年度和季度谈的是总体、比例、方向、可行性，月度谈的是具体数字、目标、进度、分析等。

月度会议是最重要的经营会议，是调整节奏和修正节奏的会议。月度会议的召开很关键，是目标监控或纠偏的重要手段。

2. 月度会议的一般流程

第一步，汇报。

与会人员按核定的发言顺序逐一汇报，重点汇报当月工作目标和重点工作完成情况，下月工作目标和重点工作计划安排，说明需要配合协助的工作事项。

第二步，质询。

出席会议人员对当月工作目标和工作完成情况进行质询，负责人必须如实回答质询，在回答时应以数据和事实说话。

第三步，总结。

在汇报人员汇报完毕后，由负责人总结和分析公司上月经营目标完成情况，安排下月经营目标和重点工作，对相关人员的具体工作进行点评和奖惩，分析工作中存在的问题，提出改进意见。

第四步，讨论。

会议可对上月工作中发生的涉及全局的重点难点问题进行探讨，形成共识，对工作存在的困难进行分析讨论，确定最终解决方案。

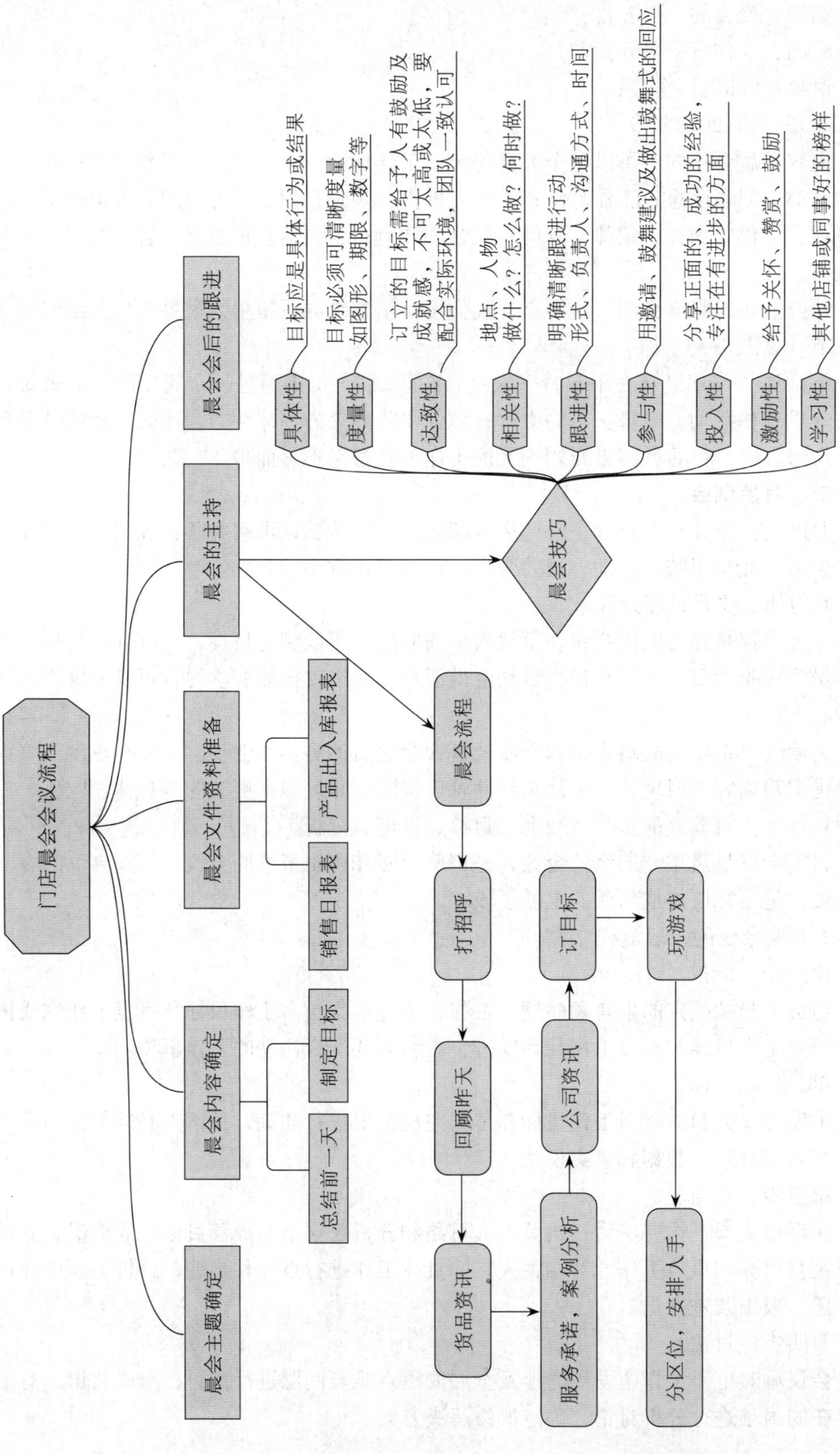

图 5-1 晨会组织思维导图

第五步，决定。

会议按照民主集中制的原则，汇总参会人员的讨论意见，并由会议主持人进行总结，确定会议决定事项。

3.组织好月度例会的关键事项

（1）会议前：

步骤一：门店管理者提前与上级领导（区域经理）确认会议议程、地点、参会人员、时间、需要提前搜集及分发的资料、是否需要在会后聚餐等事项。

要点：写好会议通知，通知内容包括前述的几项，交由上级领导（区域经理）修改及确认，而不是一个个问题问上级领导。

步骤二：会务准备，预订会议室，如果离开办公地点开会，还要预订酒店及交通工具等，如需要在会后聚餐，要订座。

步骤三：发会议通知及资料。

要点：要求收到通知的人都要回复确认是否参加，如有人请假不要转达，让申请人直接向上级领导（区域经理）申请。

步骤四：会前准备，提前到会议室调试投影仪，并确认每个汇报人的电子文件可以正常打开。

要点：务必保证所有人按时开会。

为确保会议效果，会前一般可重点改进的方向：

第一，梳理例会发言要求，进行必要的结构化（上月总结、下月计划、问题及建议、其他需要阐明的重点内容），限制发言顺序和时长。

第二，重新核定与会人员及主题（结合本月度会议的关键内容确定与会人员、发言主题、讨论主题等）。

第三，获取上级领导（区域经理）的支持。

（2）会议中：

步骤一：做会议纪要。

要点：刚开始如不熟练要用录音辅助；按照会议议程记录，不漏项；最后要有行动计划表，包括工作项目、内容、负责人、输出结果、完成日期，下个月开会的第一项议程就是回顾行动计划。

步骤二：主持人的秩序控制。

要点：主持人最大的作用是控制会议节奏，及时打断过于发散的发言，提醒汇报时间的控制等。主持人应当在会议上倡导就事论事。作为会议实际的组织人，可以进行一些适当的提醒，譬如走上去到其耳边提醒注意时间等。

为确保会议效果，会中一般可重点改进的方向：

第一，加强主持人效力，这需要上级领导支持。有时候主持人就可以是上级领导，当然门店管理者也可以是主持人，最终需要上级领导认可。对于主持人的责任和要求，也要事先明确。

第二，尝试演练必要的会议控制。

（3）会议后：

步骤一：会议结束后会务。

要点：关闭投影仪等设备及会议室；有的公司要求做简单的清洁，视情况而定；如有聚餐负责结账及开发票；要学会点菜；如有饮酒提醒叫代驾；确认参会人员已经到家。

步骤二：当日将会议纪要整理完毕，次日交上级领导审阅后，发所有参会人员。

步骤三：如有费用支出，填写报销单，交各级领导审批后走报销流程。

步骤四：跟踪行动计划执行进度。

步骤五：在组织下一次会议前，与上级领导确认会议通知时，要将行动计划的完成情况一并汇报。

为确保会议效果，会后一般可重点改进的方向：

第一，加强公文写作水平，会议纪要尽可能做到客观精练，争取一锤定音。

第二，加强落实跟踪，要对下一步行动计划加强监督管理。

单元三　店内沟通

沟通是人与人之间、人与群体之间思想与感情的传递和反馈过程，以求思想一致和感情的通畅。沟通在工作中的作用就是信息的传递，建立彼此间的信任，保持思想的同步。无论是管理者与员工，还是员工之间的合作，都要依靠语言的沟通，任何事情都是可以通过语言来交流的，这就是语言的魅力，所以我们要善用语言沟通。管理者必须明白，如果没有畅通的沟通渠道，就没有成功的管理，在企业内部建立良好、全面和个性化的沟通渠道，能够使每个员工都真切地感受到沟通的乐趣，也能够让所有员工都感觉工作更加轻松，有了这样的企业氛围，就能够让企业中的每个人抓住机会、迅速解决困惑，提高执行力。

一、沟通的定义及过程

（一）沟通的定义

沟通是为了设定的目标，把信息、思想和情感在个人或群体之间传递，并达成共同协议的过程。沟通强调的是一种双向性，即强调双方共同的交流。

（1）沟通一定要有一个明确的目标。这是沟通最重要的前提。

（2）沟通达成共同的协议。沟通结束以后一定要形成一个双方或者多方都共同承认的协议，只有形成了这个协议才算完成了一次沟通。如果没有达成协议，就不能称为沟通。

（3）沟通的内容包括信息、思想和情感。沟通的内容不仅仅是信息，还包括更加重要的思想和情感。信息的沟通是比较容易的，而思想和情感则是不太容易沟通的。在我们工作的过程中，很多障碍使思想和情感无法得到很好沟通。事实上，我们在沟通的过程中，传递更多的是彼此之间的思想，而信息并不是主要的内容。

（二）沟通的过程

沟通的方式多种多样，一个完整的沟通过程，总是包括下列要素：信息的发出者、信息的传递通道、信息的接收者。员工沟通的过程依照下列顺序：

1.形成概念

进行信息沟通的第一步是信息发送者确定要传输什么信息，即形成、确定概念或思想。由于信息发出者在组织内所处层级结构与所承担的职能等的不同，其信息内容、信息传输的目的、传输方法等都存在极大的差异。规范的员工沟通过程，必须经过信息发送者的思维活动，详细占有材料。管理者和一般员工可以从企业劳动关系管理信息系统获得必要的资料，或者根据自身的经验掌握必要的信息，在此基础上，经过分析、概括、归纳、推理，形成概念和思想，如形成某项管理指令或某项要求。

2.选择与确定信息传输语言、方法、时机

根据想要传输信息的内容，选择、确定信息传输语言、传输方式和传输时机。语言是指表现信息内容并将其作为桥梁传输给信息接收者的各种符号，如词语、表单、统计数字等。与此同时，信息发出者还要选择、决定采用何种传输方式。传输方式必须与信息语言、传输内容相对应，可以是报告、座谈、咨询、信件等。信息发出者在确定上述内容后，选择传输时机，以使接收者在最恰当的时间接收信息，避免信息沟通的阻碍和干扰，实现信息传输的最大效用。

3.信息传输

通过选择并确定的传输方式、时机实施信息的传输，即发送信息。

4.信息接收

信息发出者借助一定的信息传输手段、利用一定的信息传输方式将信息传送给信息接收者。

5.信息说明、解释

在信息传输过程中会形成或建立信息说明和解释机制，使信息接收者真实、正确地理解与认识信息的含义。

6.信息利用

信息接收者利用信息以实现信息发送者传输信息的目的。

7.信息反馈

根据传输信息的性质和信息传输所要实现的目的，信息发出者选择、确定信息反馈渠道。

二、沟通的类型

（一）按信息的流向划分

1.上行沟通

上行沟通主要是指团体成员和基层管理人员通过一定的渠道与管理决策层进行的信息交流。它有两种表达形式：一是层层传递，即依据一定的组织原则和组织程序逐级向上反映。二是越级反映，这指的是减少中间层次，让决策者和团体成员直接对话。

上行沟通的优点是：员工可以直接把自己的意见反映给领导，获得一定程度的心理满足；管理者也可以利用这种方式了解企业的经营状况，与下属形成良好的关系，提高管理水平。

2.下行沟通

下行沟通是指管理者通过向下沟通的方式传送各种指令及政策给组织的下层，其中的信息一般包括：有关工作的指示；工作内容的描述；员工应该遵循的政策、程序、规章等；有关员工绩效的反馈；希望员工自愿参加的各种活动。

下行沟通的优点是：它可以使下级主管部门和团体成员及时了解组织的目标和领导意图，增强员工对所在团体的向心力与归属感。它也可以协调组织内部各个层次的活动，加强组织原则和纪律性，使组织正常地运转下去。下行沟通的缺点是：如果这种渠道使用过多，会给下属造成领导高高在上、独裁专横的印象，使下属产生抵触情绪，影响团体的士气。此外，由于来自最高决策层的信息需要经过层层传递，容易被耽误、搁置，有可能出现事后信息被曲解、失真的情况。

3.平行沟通

平行沟通指的是在组织系统中层次相当的个人及团体之间所进行的信息传递和交流。在企业管理中，平行沟通又可具体划分为四种类型：一是企业决策层与工会系统之间的信息沟通；二是高层管理人员之间的信息沟通；三是企业内各部门之间的信息沟通与中层管理人员之间的信息沟通；四是一般员工在工作和思想上的信息沟通。平行沟通可以采取正式沟通的形式，也可以采取非正式沟通的形式，通常以后一种形式居多，尤其是在正式的或事先拟订的信息沟通计划难以实现时，非正式沟通往往是一种极为有效的补救方式。

平行沟通具有很多优点：第一，它可以使办事程序、手续简化，节省时间，提高工作效率。第二，它可以使企业各个部门之间相互了解，有助于培养整体观念和合作精神，克服本位主义倾向。第三，它可以增强员工之间的合作关系，增进员工之间的友谊，满足员工的社会需要，使员工提高工作兴趣，改善工作态度。

其缺点表现在：平行沟通头绪过多，信息量大，容易造成混乱。此外，平行沟通尤其是个体之间的沟通也可能成为员工发牢骚、传播小道消息的一条途径，造成团队士气涣散的消极影响。

（二）按信息传递的途径划分

1.正式沟通

正式沟通是指在组织系统内，依据一定的组织原则所进行的信息传递与交流。例如，组织与组织之间的公函往来，组织内部的文件传达、会议召开，上下级之间定期的情报交换等。另外，团体所组织的参观访问、技术交流、市场调查等也在此列。

正式沟通的优点是沟通效果好，比较严肃，约束力强，易于保密，可以使信息沟通保持权威性。重要的信息和文件的传达、组织的决策等，一般都采取这种方式。其缺点是由于依靠组织系统层层传递，所以沟通速度较慢。

2.非正式沟通

非正式沟通是指除正式沟通渠道以外的信息交流和传递，它不受组织监督，可自由选择沟通渠道。例如，团体成员私下交换看法、朋友聚会等，都属于非正式沟通。非正式沟通是正式沟通的有机补充。在许多组织中，决策时利用的情报大部分是由非正式信息系统传递的。同正式沟通相比，非正式沟通往往能更灵活迅速地适应事态的变化，省略许多烦琐的程序，并且常常能提供大量的通过正式沟通渠道难以获得的信息，真实地反映员工的思想、态度和动机。因此，这种形式往往能够对管理决策起重要作用。

非正式沟通的优点：沟通形式不限，直接明了，速度很快，容易及时了解到正式沟通难以提供的“内幕新闻”。非正式沟通能够发挥作用的基础，是团体中良好的人际关系。其缺点表现在：非正式沟通难以控制，传递的信息不确切，容易失真、被曲解，而且它可能导致小集团、小圈子，影响人心稳定和团队的凝聚力。

（三）按信息传递的媒介划分

1.书面沟通

书面沟通是以文字为媒介的信息传递，主要包括文件、报告、信件、书面合同等。以书面方式进行的沟通通常显得比较规范、严肃，有据可查，便于保存，传递准确性较高，传递范围比较广泛。

2.口头沟通

口头沟通是以口语为媒介的信息传递，主要包括面对面交谈、开会、讲座、讨论会等。以口头方式进行的沟通比较迅速、灵活，并且可以直接得到反馈。有关研究表明，知识丰富、自信、发音清晰、语调和善、诚意、逻辑性强、有同情心、心态开放、诚实、仪表好、幽默、机智、友善等是有效沟通的特质。

3.非语言沟通

非语言沟通可以强化口语所传递的信息，也可以混淆、歪曲口语所传递的信息，因此了解非语言沟通十分重要。非语言的信息可以用多种方式表达，如利用空间沟通，人与人之间的距离远近，是站着还是坐着，以及办公室的设备和摆设等，均会影响到沟通；如利用衣着沟通，不同的衣着可给对方传达不同的信息，因为衣着可明显影响人们对不同地位、不同身份群体的认知；又如利用举止进行沟通，人体及其各种举止可以传达许多信息，尤其是面部表情最具有代表性，所以了解人体语言所代表的意义是有效沟通的一个重要组成部分。

知识链接5-1

肢体语言的行为含义见表5-2。

表5-2 **肢体语言的行为含义**

肢体语言表述	行为含义
手势	柔和的手势表示友好、可以商量，强硬的手势则意味着“我是对的，你必须听我的”
脸部表情	微笑表示友善礼貌，皱眉表示怀疑和不满意
眼神	盯着看意味着不礼貌，但也可能表示有兴趣，寻求支持
姿态	双臂环抱表示防御，开会时独坐一隅意味着傲慢或不感兴趣
声音	演说时抑扬顿挫表明热情，突然停顿是为了造成悬念、吸引注意力

资料来源 童丽，冯筱珩，邱厚贤．劳动关系管理［M］．4版．大连：东北财经大学出版社，2019.

4.电子沟通

电子沟通是以电子符号的形式通过电子媒介进行的沟通。随着现代信息和通信技术的发展，电子媒介在信息沟通过程中正扮演着越来越重要的角色。

与传统的沟通模式相比，电子沟通具有下述特点：

（1）从表现方式上看，电子沟通主要采用视频会议、电子报纸、组织内部网、微信、QQ等进行沟通，它使组织内的电子化书面沟通形式多于口头沟通形式。

（2）从信息传递速度上看，电子沟通加强了企业即时输出和即时回收信息的能力，实现了书面信息能和面对面或电话式的口头信息一样的快速传递。

（3）从沟通的范围看，电子沟通实现了远距离、跨地域的即时沟通，方便跨国公司、集团公司的沟通运作，大大降低了成本。

（4）从沟通的网络来看，电子沟通使员工在组织内可以跨越纵向层级工作，从而实现了在组织内全通道开放式的沟通网络，模糊了组织内的地位等级界限，对中层管理人员的地位造成挑战。

（5）从沟通造成的影响来看，电子沟通使员工可以在家里或其他地方工作，并使员工可以方便地与其他组织员工交流。

（6）从企业的传统口头沟通来看，由网络技术和视频技术结合出现的视频会议将代替传统上的会议，从而实现了随时随地进行跨越地域空间的“口头”沟通。

电子沟通除了具备书面沟通的某些优点外，还具有传递快捷、信息容量大、成本低和效率高等优点。一份信函要从国内寄往国外，恐怕要数天才能到达收信者的手中，而通过电子邮件或传真，可即时收到。

电子沟通的缺点是看不到对方的表情，无法听到对方沟通时的语音语调，在网络上的某些交流中，甚至搞不清对方的真实身份。

三、沟通三大关键行为

（一）沟通三大关键行为的影响因素

沟通是信息、思想与感情的传递并达到相互了解和理解的过程。一个完整的沟通过程，总是包括三大关键行为：信息的发送（表达）、信息的反馈、信息的接收（倾听）。

我们先通过一个技能训练来分析沟通三大关键行为的影响因素。

技能训练5-1

主题：理解沟通三大关键行为。

方法：玩个小游戏。

内容：你说我听来画图/你说我们互动来画。

具体要求：（1）图片事先打印，贴于写字板后，保密；（2）选出一位志愿者，站在板后，看其中一幅图（图5-2），不可走出来，有30秒思考时间；（3）描述图5-2时，台下学员只允许听，不许提问，不允许有眼神等交流，志愿者最好站在白板后；（4）同一位志愿者看图5-3，看图时间同样30秒，注意图片对其他任何人保密，描述图5-3时，学员可以发问，可以反馈，可以有肢体动作；不能用白板挡住志愿者；（5）过程中教师要计时。

分析引导问题：（1）进行两次游戏的效果及效率分析。（2）两次游戏中，分别出现了哪些行为？（3）这个游戏，给你们的启发是什么？

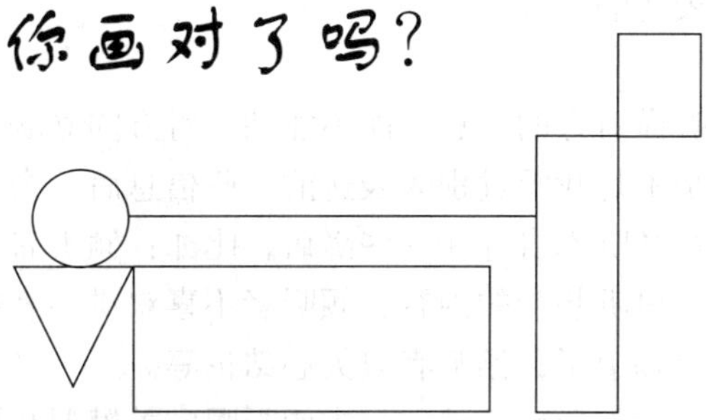

图5-2 图片A

图5-3 图片B

通过分析技能训练中两次游戏效果，我们明显发现第一次的沟通效果不佳。我们可以从沟通的信息发送方、信息接收方、信息反馈三个方面来分析，可能存在哪些方面的障碍影响了沟通效果。

（1）信息发送方（表达者）

当信息发送方（表达者）传递信息过程中出现下列情况时，会影响信息表达的效果：用词错误，词不达意；咬文嚼字，过于啰唆；不善言辞，口齿不清；只要别人听自己的；态度不正确；对接收方反应不灵敏等。

（2）信息接收方（倾听者）

当信息接收方（倾听者）在接收信息的过程中出现下列情况时，会影响信息接收的客观准确性：听不清楚；选择性地倾听；对信息发送方存在偏见（存有刻板印象）；对一些信息有自己的观点，听不进去其他的观点；情绪不佳；没有注意言外之意等。

（3）信息反馈

沟通过程中要注意：如果没有反馈，或者不会反馈（把发表意见当成反馈等），或者反馈过程中经过他人传递而遭误会，沟通的效率就会降低。

（二）如何把握沟通三大关键行为

（1）信息发送——表达。

现实中，表达者准备不充分，自己对表达的内容不熟悉，过程中不注意听众的反应，或者是渠道（时间、地点、场合）不恰当，使用了错误的肢体语言等，就会严重影响表达的效果。

做到有效表达，要注意以下要点应做到位：

①选择一个恰当的时间。

②选择一个恰当的地点。

③充分考虑听众的情绪。

④选用具体、明确的词汇。

⑤简单明了。

⑥使用听众熟悉的语言。

⑦强调重点。

⑧自信的表达。

⑨重视表达方式：肢体语言与语气语调。

⑩适时检查听众是否已经明白你所表达的内容。

（2）信息接收——倾听。

沟通非常重要的一项要求是能不能听懂对方的意思，能不能站在对方的立场上来理解对方。同时我们可以自行去验证：是不是我听过别人表达的一些信息后，会忘掉部分内容。那么是什么在影响倾听？其实倾听本身存在一些障碍，比如：倾听者认为有很多其他事情要做，难以专心；倾听者只听想听的内容；倾听者不喜欢讲话者或者其所讲内容；倾听者认为所讲内容都已经知道了；倾听者只关心结论等。

清楚倾听存在的一些典型障碍之后，我们到底应该如何去倾听呢？关键要从四个方面来把握，即倾听的时候专注（集中精力，在聆听中理出讲话者的逻辑）、移情（把自己置于说话者的位置，从讲话者的出发点来理解问题）、接受（客观地聆听，不要先入为主作出判断）、完整（从沟通中获得讲话者所要表达的完整信息和意思），这样才会收到较好的效果。倾听过程中，我们一定要注意这样两个方面：首先，倾听者要能主动积极地听对方所说的话，能够注意对方，能够聆听对方的话语内容。其次，倾听者能以同理心的方式，进行移情沟通。同理心就是将心比心，同样时间、地点、事件，而当事人换成自己，也就是设身处地去感受、去体谅他人。倾听者不急于作出判断，而是感同身受对方的情感。能够设身处地看待事物，总结已经传递的信息，会权衡所听到的话，询问而不是质疑讲话者。

倾听的过程中，我们还可以通过一些小技巧来提升倾听效果。比如：倾听时和讲话者保持目光接触；适时赞许、点头；专心，尽量避免分心的举动出现；适当提问表达者；适时复述、强调重点；避免中途打断讲话者；以谦虚忘我的心态倾听。

（3）双方对信息的反应——反馈。

反馈是在沟通过程中，信息的接收者向信息的发送者作出回应的行为。因为沟通中信息的发送者与信息的接收者的角色是不断交换的，所以沟通的双方可以就自己所接收到对方的一些信息作出反馈行为。

双方对信息的反馈，可以是给对方正面的反馈——表扬、赞许；也可以是给对方负面的反馈——批评、指正。那么如何给予有效的反馈呢？

第一，正面反馈 ——表扬、赞许。

目的是让对方知道他的表现超过你对他的期望，让对方知道他的表现和贡献得到了认可。正面反馈时务必做到真诚、具体、及时。

反馈步骤：

①具体说明对方在细节上的表现；②反映了对方哪方面的品质；③这些表现所带来的结果和影响。

第二，负面反馈 ——批评、指正。

目的是让对方知道他的表现还有进步的空间，让对方知道他的表现还有未满足期待的方面。负面反馈时务必客观、准确、不指责；倾听、从对方的角度看问题；提出合理化建议。

反馈步骤：

①耐心、具体地描述对方的相关行为；②描述这种行为带来的后果；③征求对方的看法；④探讨下一步的做法。

四、沟通障碍

（一）主要的沟通障碍

在现代人力资源管理中，企业内部的沟通被认为是管理工作的一项重要内容。沟通是信息交流的重要手段，它就像一座桥梁，连接着不同的人、不同的文化和不同的理念。良好有效的沟通能够让交流的双方达成共识。在人力资源管理中，员工沟通是对沟通概念的延伸，它不仅涵盖了个体与个体之间的交流，还包含群体之间以及上下级之间的沟通。从本质上来说，它是一种管理的重要工具，应用好这个工具能使企业的人力资源管埋流程更加通畅、信息交流更加充分，从而高效地实现管理目标。然而，由于受传统的企业文化、组织结构、沟通渠道的影响，许多企业内部的沟通远未达到理想状态。企业内的员工沟通障碍，一般表现为以下几个方面：

1.信息质量不好

如果发送者对自己所要发送的信息内容没有真正了解，不清楚自己到底要向对方说明什么，那么沟通过程的第一步就受到了阻碍，整个沟通过程就会变得很困难。信息接收者对信息的复杂性都有一定的接收限度，超过了这个限度，就会发生接收困难。此外，信息量过大，致使接收者无法完全接收，也会影响到沟通的效果。

2.沟通媒介选择不当

对于内容极为复杂的信息，若采用言语为媒介，往往不易说清楚，接收者也不易明了；对于内容极为简单的信息，若选用文字、图表作为媒介，则会浪费时间与物力。在选用言语媒介时，发送者口齿不清，或语言不通，或用语模棱两可，或电话中有噪声而听不清，就会影响沟通效果；在选用书面文字媒介时，文字不通顺或有错字而产生误解，字体模糊而无法看清，也会影响信息的有效传递，给沟通带来困难。

3.组织结构不合理

组织内部层次过多，会影响沟通的速度；内部部门过多，会增加平行沟通的次数和需要协调的单位，从而影响沟通的效果。另外，在上行沟通和下行沟通时，由于组织层次过多，每层主管都可能会加上自己的理解和补充意见。这样，意见或信息的传递就可能走样，影响沟通效果。

4.心理因素所引起的障碍

个体的人格差异，使得其在态度、观念、思想、处理问题的方法及情绪等方面均具有差异。这种差异常导致沟通双方在对问题的看法和态度上的不一致，往往引起沟通上的严重障碍。另外，接收者若对信息发送者抱有不信任感，心怀敌意，或由于紧张、恐惧而影响接收效果，或歪曲了对方传达的内容等，均会造成沟通上的严重障碍。

5.文化因素所引起的障碍

在传统的组织文化中，信息是不对称的，它往往是权力的代名词，是以专制的、自上而下的方式进行控制的。即使在同一等级的员工中，信息沟通也是很难进行的，原因就在于，工业经济下的企业文化注重对个人的激励，很少有人愿意将自己的知识和盘托出。非正式沟通的泛滥也是文化障碍的一种，极容易形成低效率的工作态度。

（二）上下级沟通障碍的解决途径

上下级之间如缺乏信任，会影响到沟通的正常进行；同时，下级人员的畏惧感也会对沟通造成障碍。在沟通过程中，如果双方在经验水平和知识结构上差距过大，也会产生沟通障碍。解决上下级之间沟通的障碍需要注意以下几点：

1.不要轻易对下级发火

身为上级，在工作中难免会遇到下属出错的情况。此时，你可能非常生气，想要把怒火烧到下属身上。但越是这个时候，越应该保持理智、冷静，注意克制自己的情绪，如若不然，会适得其反，因小失大，既破坏了自己的形象，又影响到事业的发展。

2.多用鼓励的方式激发下级的积极性

情感激励就是通过强化情感交流、沟通，协调上下级的关系，让下级员工获得情感上的满足，激发员工沟通积极性的一种激励方式。其主要表现为：一是要尊重下级员工。对尊重的需要也是人的一种基本需要，要真正把员工看作企业的主人，切实把尊重员工落到实际行动上，切实维护好员工的尊严。二是要信任下级员工。领导对员工的信任，能够让员工真切地感受到自身价值的存在。

3.沟通前多了解情况

跟下属沟通时，要多学习、多了解、多询问、多做功课，深入了解信息、信息对沟通对象的意义，培养积极的沟通态度。同时，根据工作、员工的需求，与员工分享信息；在信息沟通的过程中，创造相互信任的氛围。

4.提供方法，紧盯过程

与下属沟通，重要的是提供方法并紧盯过程。如果你做过业务，就告诉他合约是怎么签的；如果你管过仓库，就告诉他存货是怎么浪费的；如果你做过财务工作，就告诉他回款为什么常常有问题。

技能训练5-2

沟通技能测试

■ 评价标准：

非常不同意/不符合（1分） 不同意/不符合（2分）

比较不同意/不符合（3分） 比较同意/符合（4分）

同意/符合（5分） 非常同意/符合（6分）

■ 测试问题：

1.我能根据不同对象的特点提供合适的建议或指导。

2.当我劝告他人时，更注重帮助他们反思自身存在的问题。

3.当我给他人提供反馈意见甚至逆耳的意见时，能坚持诚实的态度。

4.当我与他人讨论问题时，始终能就事论事，而非针对个人。

5.当我批评或指出他人的不足时，能以客观的标准和预先的期望为基础。

6.当我纠正某人的行为后，我们的关系能够得到加强。

7.当我与他人沟通时，我会激发出对方的自我价值和自尊意识。

8.即使我不赞同，我也能对他人的观点表现出诚挚的兴趣。

9.我不会对比我权力小或拥有信息少的人表现出高人一等的姿态。

10.在与同自己有不同观点的人讨论时，我将努力找出双方的某些共同观点。

11.我的反馈是明确而直接指向问题关键的，避免泛泛而谈或含糊不清。

12.我能以平等的方式与对方沟通，避免在交谈中让对方感到被动。

13.我以“我认为”而不是“他们认为”的方式表示对自己的观点负责。

14.讨论问题时我更关注自己对问题的理解，而不是直接提建议。

15.我有意识地与同事和朋友进行定期或不定期的私人会谈。

■ 自我评价：

80~90分　你具有优秀的沟通技能。

70~79分　你略高于平均水平，有些地方还需要提高。

70分以下　你需要严格训练你的沟通技巧。

资料来源　童丽，冯筱珩，邱厚贤. 劳动关系管理［M］. 4版. 大连：东北财经大学出版社，2019.

五、工作沟通

初入职场，我们要特别重视三大沟通场景，一是上级沟通，二是同事沟通，三是客户沟通。上级沟通经常面临上级呼叫、上级交办任务、工作反馈等。同事沟通更是工作中方方面面都会涉及。客户沟通是我们工作的中心，处理不好容易引起客户投诉。沟通场景如图5-4所示。这时我们该处理好哪些细节才能保证沟通效果呢？

在工作中，常常会出现这样的情况，我们在与店长沟通的过程中，都可能遇到这个问题：跟店长沟通没有在同一个频道上，自己的理解并不是店长想表达的意思，而自己表达的意思店长又不理解，这让人非常郁闷。在工作中与同事相处，也会出现矛盾和冲突，会本能地认为别人在针对我们，如果没有建立融洽的同事关系，工作幸福指数就偏低。与客户的沟通更是觉得运气很重要，今天运气比较好，碰上很好打交道的客人，就觉得这份工作还不赖，可以认识很多不一样的客户；若是运气不好，碰上难缠的客人，就觉得工作怎么可以这么受气，这种工作一天都不想干……

（一）上级沟通

我们从上级呼叫、上级交办任务、工作反馈三方面来看如何做才能得到上级的肯定及认可。

1.上级呼叫

上级呼叫是指上级召唤或口头通知，可能需要去办公室或者直接在工位上就某些具体事宜展开沟通。那么面对上级呼叫，我们应该：

（1）用有朝气的声音立刻回答或回应。

（2）不要闷不作声地走向领导。

（3）不要使用“干什么”“什么事”等同级用语回答。

（4）必要时带上笔记本，以便随时记下领导的指示。

2.上级交办任务

我们要重视上级交办的任务，要记录领导交办的一些具体事项，这样相当于已做备忘，便于检查工作，也对自己的工作重心和方向具有指引及核对功能。

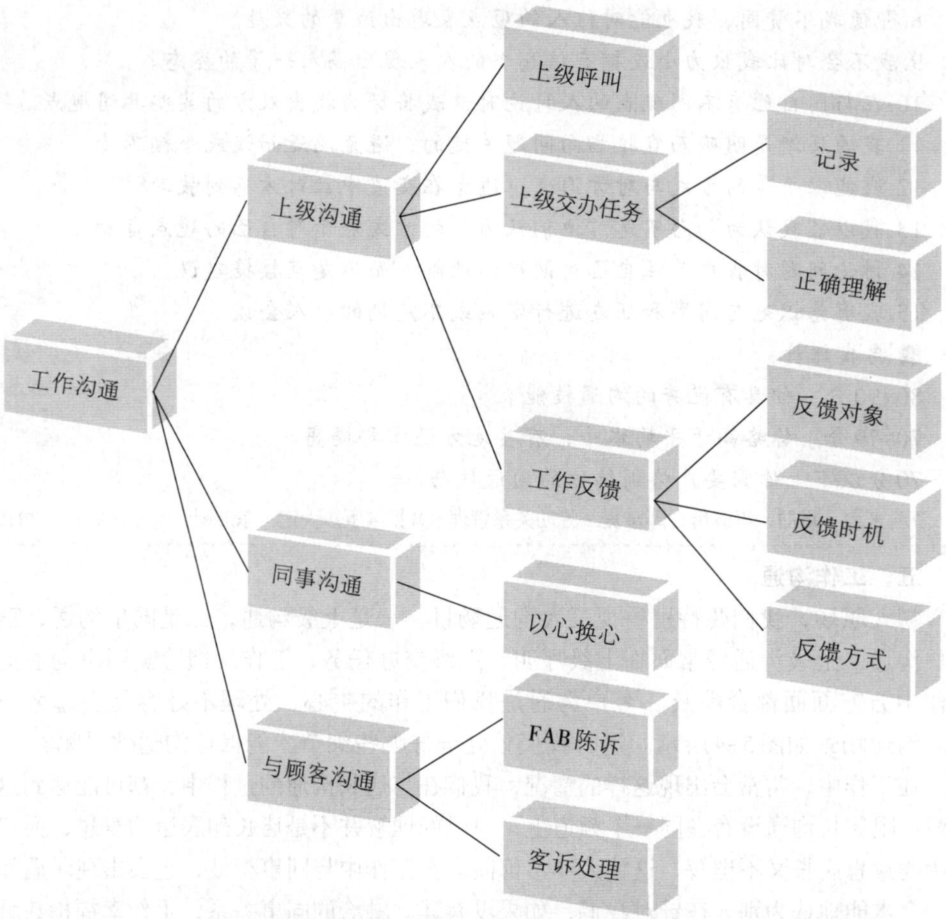

图5-4 工作中常见的沟通场景

在上级交办任务时，我们要正确理解其下达的各项任务，那么如何才能正确理解命令呢？只要做好以下几点，肯定会有大收获。

（1）不清楚就问清楚，但切忌使用反问句。

（2）尽量具体化地向领导确认。

（3）让领导把话说完后再提意见和疑问。

3.工作反馈

向上级做工作反馈，要注意反馈的时机和反馈的方式。工作反馈切记要向直接对你下达指令的管理者报告。

（1）反馈时机。工作反馈，什么时机最合适？一般来说，可以反馈的时机包括做好计划时、中间过程的反馈、紧急状况出现时、工作结束时。

①做好计划时，向领导做工作反馈，主要是两个方面要把握好。第一，让领导了解计划的内容，借此请领导确认一些重要事项；第二，请领导指示和审核计划，并得到领导认可。

②中间过程的反馈。第一，让领导了解工作进度；第二，请领导了解你在干什么。过程中可能涉及一些资源支持或者工作指导，都是反馈时领导结合当下进展可考虑的相关内容。

③紧急状况出现时，应及时向领导反馈。请领导为下一步方向或者突发事件及重大问题处理作出决策。

④在工作结束时，必须主动向领导报告，让领导及时知道工作完成，这是工作成效得到确认的重要步骤。

（2）反馈方式。反馈方式分为口头报告和书面报告两种。

口头报告时可以采用总—分的形式进行，要学会讲故事。可以按照这样的操作思路进行：第一，先说结论；第二，过程要点式；第三，要事实不要臆测，数据为上。

在做工作反馈时，若是汇报工作，先直接说结果；若是请示工作，要拿出具体方案来说；若是总结工作，重点要讲过程；若是回顾工作，关键是谈感受。

总而言之，与上级有效沟通，让自己在职场中得到认可，关键要在上述这些环节中用心去做。

（二）同事沟通

典型的同事沟通场景：

错误的沟通：

小王："小李，你这个方案是不符合实际的，如果用你的方案我们的业绩肯定不会好。"

小李："你以为你的就好吗，这么幼稚的想法也敢拿出来炫耀。"

正确的沟通：

小王："小李，你的方案和我的有很多不一样的地方，可不可以跟我说一下你的想法呀，然后我们一起讨论一下怎么样？"

小李："可以呀，一起交换意见，把方案做到最好，把业绩提高上去。"

从上面这个简单且典型的同事沟通场景，我们能意识到：同事之间因为一件事情意见不一样时，如何沟通很关键，要做到"以心换心"。具体要怎么做才能取得较好的效果呢？

（1）同事之间的沟通要懂得体谅对方。

（2）要容忍差异（每个人的家庭背景、经历等不同，处理问题的方式也不同）。

（3）克服傲慢（当不同领域的同事不会一些东西时，不要嘲笑，不要怠慢别人）。

（4）善用微笑和幽默。

（5）主动让利（不要斤斤计较，要大度一点）。

（三）与顾客沟通

1.门店常用的商品推荐沟通话术——FAB陈述

F——Feature（产品本身具有的特性）。

A——Advantage（产品特性所引出的优点）。

B——Benefit（产品能满足顾客本身特殊的需求）。

陈述原则：特性→优点→特殊利益。

看看下面的沟通：

（1）您好，这款马甲是双面设计的，两面颜色不同，一面是比较亮丽的颜色，一面是比较沉稳的颜色（F），一件马甲可以当成两件穿，可以和大多数颜色的衣服配套（A），能穿出不同效果，很合算的（B）。

（2）小姐，这个登山包背带的弧形是特别按照人体结构设计的（F）。您在登山时，背包不容易滑落，可以减轻肩部的压力（A），起到保护您肩部的作用（B）。

顾客进店，作为门店一员，我们需要及时给顾客一个买“我家”商品的理由，而在与顾客沟通的过程中，我们要选择恰当的时机进行产品说明，同时我们对自己的产品要有100%的信心，并且遵照FAB的结构对产品知识做到精准了解，这样才能与顾客做好商品销售沟通。

2.处理顾客投诉

当顾客对产品或服务等产生不满时会引起抱怨，应如何处理呢？

（1）做到正确认知。

顾客对服务、产品或是购物环境等存在不满进行投诉，作为门店管理者或是门店店员，我们要意识到：顾客投诉行为是帮助我们暴露“盲区”的好时机，是我们发觉顾客需要的机会，只要我们迅速补救，改善得当，就能加深顾客对店铺的印象，反而是增加顾客黏性，提升品牌认知度的绝佳途径。

（2）如何处理顾客投诉。

一般来说，门店处理顾客投诉有成熟的流程：

第一步：接受投诉。

第二步：了解投诉内容，查找问题。

第三步：运用同理心。

第四步：道歉。

第五步：提出解决方法。

第六步：取得谅解，确定解决方法。

第七步：跟进指导任务完成。

第八步：询问顾客满意程度。

整个处理顾客投诉的阶段，门店管理者或店员必须无条件做好以下工作：

第一，集中精神，耐心而仔细地倾听或分析客户投诉的信息。

第二，重复顾客的意思，使顾客知道我们已经完全了解他的意思。

第三，若是双方认识有差异，需要将顾客的意思重新整合。

第四，运用询问的方式向顾客解释。

第五，记住可以赢回顾客的方式：补偿、口头道歉、给他意外惊喜。

第六，追踪、致谢，期望顾客继续支持。

在处理顾客投诉过程中，有些语言是禁止使用的，必须谨记。（×表示处理顾客投诉时的禁忌用语）

“这种问题谁知道呢？”（×）

“你要知道，一分钱，一分货！”（×）

“绝对不可能有这种事发生！”（×）

“我不懂怎么处理。”（×）

“我绝对没说过这种话。”（×）

“公司的规章制度就是这样，没有办法。”（×）

“你看不懂回复内容吗？”（×）

“现在没空，改天再通知你。” (×)

“这不是我负责的，你找其他人去！” (×)

“这不是我们公司的事！” (×)

门店运营过程中有客户投诉，或许因为员工的服务质量，或许是商品质量及售后服务处理……这些投诉现象很正常。处理顾客投诉是门店管理者或店员服务顾客的重要环节。

真正的沟通技巧，不是与客户争辩，而是让客户接受你的观点，顾全顾客的面子，注意自己的态度与措辞。不要卖弄自己的专业术语，要讲顾客听得懂的话。

在门店的管理中，若是店长没有掌握沟通的技巧，遇到问题时，和员工之间就会产生沟通障碍，不仅会导致员工与店长不在同一个频道上，影响任务的执行，而且会使员工归属感降低，影响店内的氛围。

若是员工没有掌握正确的沟通技巧，那么当与同事沟通时，就有可能产生矛盾；当处理顾客问题时，就会因为沟通不当而发生冲突，使顾客对门店失去信任，影响门店的经营。

单元四 突发事件处理

突发事件可被理解为突然发生的事情：第一层的含义是事件发生、发展的速度很快，出乎意料；第二层的含义是事件难以应对，必须采取非常规方法来处理。

一、突发事件

突发事件表现出以下特点：首先，事发突然，所产生的行为具有破坏性，导致状态失控；其次，突发事件发生的同时，可能产生瞬间聚众现象，产生大面积的对组织的负面影响；最后，对于突发事件，我们需要建立预防机制，一旦发生要控制事态，尽全力解决。

在门店常见的突发事件一般有：顾客与店员争执、顾客物品损坏或丢失、顾客寻衅滋事、意外伤害、停电、店内发现可疑有害物品等。

二、突发事件处理原则

遇到突发事件要保持镇定，不可慌乱，一旦慌乱容易影响他人，导致现场混乱，难以控制。特别是管理者，一定要保持冷静。遇到突发事件，要注意处理问题的先后顺序。要记住，在任何情况下，保证门店内的人员安全永远是处于首要地位的，其次才是财产安全或其他。突发事件考验工作现场人员的敏感度和专业性。注意：遇人遇事多留意，有情况立即通知上级，如实汇报经过，万不可私自处理。另外，门店应按时开展突发事件演练，面对一些无法应对或专业性要求较高的突发事件，如门店停电、火灾、抢劫，应该及时向专业人员求助。同时，要全员高度重视突发事件，定期召开门店人员会议，对门店突发事件作总结，积累经验，吸取教训。最重要的是，各组织要根据工作性质建立组织内部的突发事件处理应急预案或其他相关制度，用以指导实践。

突发事件处理要遵循一定的原则，防止事态扩大，尽量减小损失或对组织的负面影响。

（1）快速反应原则：在突发事件发生后管理者要以最快的速度赶到现场进行相应处置。

（2）现场指挥原则：重大突发事件发生后，楼层经理、超市店长或值班经理和防损主管或其他相关责任人要亲自到现场指挥，全面掌握和分析情况，作出准确判断和决定，并指挥相应人员进行处置。

（3）明确责任原则：在卖场内划分责任区域，指定相关区域责任人和代理人进行自检自查工作，为处置工作提供判断依据，进行现场处置。

（4）设置警戒原则：一旦发生重大突发事件，防损部当班人员和情况区域部门义务消防队员要迅速疏散现场周围顾客及移走商品、设备和物品等，设置警戒线保护现场，阻止人员进入。

（5）避免人员伤害原则：一旦发生重大突发事件，以保护顾客和内部员工不受到伤害为第一要求，视现场情况的严重性，由店长或值班经理在最短的时间内进行人员疏散。

（6）降低损失原则：最短的时间内作出正确判断，处置方法要安全妥当，以确保顾客、内部员工人身和财产安全，避免店铺财产损失，力求避免或减少公司声誉损失和社会影响。

（7）协调配合原则：商场、超市各部门负责人及员工要明确职责任务，经常组织相关培训和演练，所有人员要熟悉各种突发事件的处置预案，按照责任和预案的分工，互相协调，积极配合，共同对突发事件进行处置。

（8）追究责任原则：依据商场、超市制定的突发事件处置预案中各责任区域、负责人、工作职责和任务的划分，分清处置责任、权限职责。在平时的检查、培训和演练中对没有落实相关责任要求的人员，要追究责任，给予处分。

三、突发事件典型案例

典型的突发事件包括与防盗相关的案例、与消防安全相关的案例、与顾客受到损失或伤害相关的案例等。

深圳天虹商场股份有限公司一直高度重视组织内部突发事件的处理及预防，商场根据实际情况组织编写了一系列突发事件案例，并要求各单位定期组织相关岗位进行主题案例培训。下面，我们将结合这些典型的突发事件进行讲解。

（一）与防盗相关的案例

【案例1】11月12日18：00，商场一楼化妆品区某护肤品牌相邻的二个柜台的员工都去食堂用餐了，只剩下小陈在照看柜台。

这时柜台来了一位男顾客，小陈礼貌地上前询问：“先生，请问您需要找什么护肤品？”男顾客答道：“我想找一款适合我用的乳液。”小陈便向顾客推荐了一款男士乳液，男顾客看罢便走到另一柜台，小陈也跟着来到柜台（该柜台员工去用餐了）。小陈拿起一款男士乳液向男顾客介绍，男顾客没有多作考虑就直接叫小陈开单，并问小陈：“在哪里买单？”小陈便指引了最近的收银地点。男顾客说：“我还是找不到在哪里，你带我去吧。”

小陈便在三个柜台均无人照看的情况下带顾客去收银台。在顾客排队过程中，小陈回到柜台，但等了10分钟也不见顾客取货，便再次到收银台询问，收银员说顾客未买单已离开。此时小陈才开始警觉，马上回到柜台打开柜台抽屉（未上锁），发现柜台员工私人财物已经不翼而飞。

案例1中不法分子的偷盗手法是团伙作案，1人引开员工，其他成员进行偷盗。化妆品区员工吃饭时间安排不合理，4个柜台只有1名员工照看，为偷盗者提供了可乘之机。员工欠缺安全意识，在离开柜台时未对抽屉上锁，导致财物被盗。

此案例提醒我们：

不法分子会通过有计划的观察、踩点准备后，最终在员工缺少防范时采取偷盗行动。因此，柜台员工更需加强安全防范意识，确保柜台商品、自身及顾客财物的安全。

（1）邻柜照看范围不多于1个柜台，邻柜员工就餐时间需交替进行，以保证员工可兼顾相邻柜台的动向。

（2）在1名员工代为照看邻柜的情况下，如顾客提出导购或指引需求，可向顾客说明实际情况请顾客谅解，再寻找防损员或其他柜台员工协助指引，这样既保证了柜台财物安全，也可满足顾客需求。

（3）柜台贵重商品展示柜及员工放置私人物品的抽屉均要上锁，从源头避免被盗情况发生。

【案例2】某日下午，ECCO柜台迎来一位身着正装、戴眼镜的男士。该男士自称是公司督导，店长表示没见过，此人说自己是该品牌广州公司的督导前来巡店，店长便未进行过多质疑。“督导”简单地询问了柜台日常工作之后，表示要求检查仓库货品，于是店长带“督导”到仓库巡查。

在巡查仓库的过程中，该男子询问了仓库管理制度，出仓库时还问到其他柜台的仓库情况，店长开始产生怀疑，就在此时，临柜的同事认出了该男子曾在其他商场假冒供应商进行多次偷盗。临柜的同事马上将情况告知了ECCO店长，并通知当班管理员、防损员监控该男子，该男子眼见事情败露匆忙离开商场。

【案例3】某日上午，商场刚营业，X柜台来了一位胸前佩戴该品牌工牌的陌生男子，自称是“××公司广州总部人事部的同事”，下来视察工作。随后向店长小陈询问商品价格、卖场陈列等问题，言谈间提及××公司某些具体事项和部分高层管理员的名字，颇有公司内部人员的“架势”。“视察”完后又提出东莞要组织一次特卖，并暗示调货事宜。

由于销售并非人事部的职责范畴，小陈顿生疑心。经过对该男子的细心观察，小陈发现其所戴工牌与平时所见到的略有差异，于是立即让柜台其他同事向公司总部询问是否因不同区域导致工牌差异？人事部是否派人巡视卖场？总部对两个问题都给出了否定回答。小陈马上与其公司区域负责人联系，请她过来处理，同时与同事一起稳住该男子。

时值中午，该男子称去吃饭，下午再过来，留下了联系电话。区域负责人到柜台后，小陈一方面打电话给该男子，让他到柜台来商谈柜台货品事宜；另一方面寻求管理员的帮助。管理员确认情况后立即联系了防损部。防损带班和管理员一起来到柜台时，区域负责人正在与该男子沟通。防损带班根据经验立即安排人手，进行布置。该男子看到防损带班后非常惊慌，与区域负责人的谈话也频频露出马脚，随后以去洗手间为借口，溜之大吉。

案例2中，男子假借公司督导检查之名了解仓库情况，为下一步作案做准备。所幸临柜员工及时发现，并通知相关人员，避免了损失的产生。

案例3中，行骗人员极有可能为公司已离职的员工（对公司业务有些了解但工牌异样），柜台员工在接待中若不保持警惕，就会被“总部的同事”以调货为由骗走货品。

这两个案例提醒我们：

如有供应商或商场的督导/同事到现场巡店，作为店员如不认识相关人员，首先要核对证件，其次要与公司或分部管理员进行核实，确认无误后，方可陪同其巡视卖场；同时须知会分部管理员进行接洽；如员工发现任何可疑之处，应第一时间向管理员、防损员报告情况并寻求帮助，避免产生损失。

针对仓库等存放商品的重点位置，要严格按照公司相关规定执行：仓库钥匙须妥善保管；自营仓库必须两人同时进出，未经管理员许可，非使用仓库的员工不得进入仓库。

在实际工作中，防盗的措施更为多样化。针对盗窃事件，我们一般可以采取怎样的处理程序呢？

（1）如何预防盗窃事件的发生？

①要注意在商场漫无目的闲逛且多次进出商场的人。

②设置防盗系统。

③有保安专门信息栏与员工分享相关信息。

（2）盗窃事件的处理方法：

①确定可疑目标。

②私下提醒其他员工查监控，同时报告上级和提醒保安。

③随时注意可疑顾客行为。

④保安在商场区域范围内进行拦截，并在可能的情况下，尽力在本店商场区域内进行拦截。

（3）注意事项：

①员工间协调，切勿擅自处理。

②要有明确的证据。

（二）与消防安全相关的案例

【案例4】9月22日14：00左右，在超市收银台当班的收银带班突然闻到一股刺鼻的异味，他立即知会防损员并根据气味查找原因，当两人跑到后面一处挂“暂停牌”的收银台时（收银员暂时离岗去洗手间），发现此收银台底部已经冒起了火苗和浓烟，防损员见状立即用收银台前的灭火器将火苗扑灭并关闭了该收银台的电源。

防损员排除险情后立即将情况上报防损部经理，经电工班长检修后发现，起火的部位为该收银台底部的电源线，在电源线上还有一块已经烧焦的抹布，经分析起火原因为：

第一，收银台未进行固定，在员工清洁过程中产生挪动现象，致使收银台电源线摩擦破损。

第二，员工做清洁后，抹布随意摆放在收银台，抹布从收银台缝隙处掉下并落在电源线上，电线短路后导致抹布烧着起火。

通过案例4我们可以看出，商场收银台未进行固定，在日常清洁过程中产生挪动，致使收银台电源线摩擦破损，这是起火的根本原因；随意放置的抹布则是导火索。此案例给我们敲响了警钟，消除安全隐患容不得一丝大意和马虎！

此案例提醒我们：

（1）商场应对收银台进行固定处理，避免因挪动设备造成地线的磨损。

（2）防损部应定期安排电工及防损员对商场用电设施进行用电安全检查，发现电源设施旁摆放物品等问题应及时整改处理。

（3）各分部需利用晨会培训员工，未经商场电工同意，员工不得私自挪动商场设备设施，电源开关30厘米内严禁摆放物品，与营业无关的物品（如清洁物品等）应定点存放，以彻底杜绝安全隐患。

【案例5】某日21：00，防损部办公室接到物业电话，称有2个烟感器发出报警，位置在员工就餐区。防损员立即通知电工，迅速赶往出事地点。

电工到达就餐区附近时，已闻到浓重的烟味，在寻找源头时发现，就餐区一台微波炉正冒着浓烟，上面显示加热时间还剩20分钟。但令人不解的是，此时早已过了员工就餐时间，出事现场也没有员工，难道是微波炉出现故障“自燃”？

电工谨慎地拔除电源，打开已被烧坏的微波炉，发现里面有一个变成灰的饭盒，微波炉内的加热盘也被严重损坏。如果电工和防损员晚到几分钟，也许会造成更大的损失，甚至引起火灾。

根据现场情况可以初步断定，微波炉“自燃”是由于员工就餐时将饭盒放进微波炉长时间高温加热，又不知何故离开造成的。

“星星之火可以燎原”，火灾是可怕的。一个未熄灭的烟头，一个漏电的插座，一次不规范的操作都可能导致火灾的发生。案例5中，因为员工的疏忽，导致商场财物损坏，差点儿引起火灾。

此案例提醒我们：

（1）商场管理员应在晨会上培训员工微波炉使用注意事项，同时将注意事项公示于员工用餐区。

（2）电工需定期检查和维修用餐区的微波炉，及时排除安全隐患。

（3）楼层防损员应在商场规定用餐时间内巡视员工就餐区（巡视次数不少于两次）。

火灾危害极大，防范必须在先。为了防止发生电器火灾，在日常工作中要做到以下几点：

（1）及时更换残旧老化的电源线，不要私自增加用电量大的电源。

（2）定时检测检修各区域用电设施设备。

（3）正确使用漏电保护开关。

（4）饮水机、微波炉、电风扇等电器不要在同一插座上同时使用。

（5）仓库货品的码放要和用电设施保持一定的安全距离。

(6) 店内安全标识要清晰醒目。

(7) 营业结束后，关闭一切电源。

(8) 保持消防通道安全畅通。

(9) 切莫乱扔烟头和火种。

(10) 发现危及消防安全的行为要及时制止。

(11) 员工要掌握消防器材的使用方法，定期检验检测消防器材。

知识链接 5-2

管理者在日常工作中一定要规范落实“三禁、六查、两保证”，不能敷衍了事，一旦不把消防安全问题摆在重要位置，放松警惕，很有可能产生严重后果。

三禁：

1.禁止在门店内及仓库等区域吸烟、动用明火，若对象为顾客，则应礼貌地加以劝阻。

2.禁止私接电源插座、乱拉临时电线、私自拆修开关和更换灯管、灯泡、保险丝等，如需要，须由专业人员进行操作，并明确记录。

3.禁止堵塞或随意挪用消防栓、灭火器、紧急出口、报警按钮、发电机房、风机房等，以免出现隐患。

六查：

1.检查插座、插头绝缘材料是否脱落损坏，如若发现问题，立即记录上报。

2.检查安全出口、疏散通道是否畅通，有无锁闭。

3.检查安全疏散标识、应急照明是否完善。

4.检查室内消防栓箱是否被上锁，应保持无锁、完好状态。

5.检查门店内是否有火种等易燃物，如有应立即清理。

6.检查柜台、陈列柜的射灯和广告灯等电源开关工作结束后是否关闭，以防温度过高引起火灾。

两保证：

1.保证每位店员都能熟悉各项安全措施，通过签订《防火责任书》落实到具体人员，店长定期组织考察并填写总结报告。

2.保证每日员工轮流对店内设施进行检查并处理，每周进行一次店长扫查。

(三) 与顾客受到损失或伤害相关的案例

【案例6】某日，顾客李小姐至某化妆品柜台选购唇彩。柜台员工小余正准备为顾客拿唇彩试用时，柜台陈列的一瓶指甲油突然掉到地板上打碎，并溅到了顾客的鞋子和裤子上。小余见状立即向顾客道歉，并想用洗甲水为顾客擦拭。顾客则表示鞋子是在某专柜购买，售价为1 800元，要求柜台以同款新鞋赔偿或照价赔偿，小余立即找到分部管理员协助解决。

管理员赶到现场了解情况后，先向顾客诚挚道歉，随后仔细检查鞋子，发现皮质和做工均较粗糙，对鞋子的真伪产生了怀疑。管理员礼貌地告知顾客需提供购物凭证，再与品牌公司沟通协调赔偿事宜。顾客则表示鞋子是1月份在某鞋专柜购买，小票已弄丢。管理员见状便与顾客沟通需将鞋子拿到此鞋品牌专柜做鉴定后，再与化妆品公司协调赔偿事宜，顾客表示同意。

管理员随后找到此鞋品牌进行鉴定，品牌确定该鞋不是正品，属高仿产品，网购售价约300元，且商场该鞋柜台1月份并未售卖此款型号。

管理员再次与顾客沟通，在事实面前，顾客立即改口说鞋子为朋友所赠，并最终同意商场的处理结果：为顾客购买新裤子一条，赔偿顾客现金300元，顾客未再提出异议。

在案例6中，指甲油被打碎无法分清责任人，营业员能够做到马上向顾客道歉，并提出挽救办法，在顾客坚决要求赔偿时，能快速找管理员协调处理，未使投诉恶化升级。

管理员处理投诉时，能够及时安抚顾客，并凭借专业知识的积累，初步识别鞋子真伪，在发现可疑之处后，能冷静、稳妥应对顾客，提出令柜台和顾客都信服的解决方案，管理员不仅为柜台挽回了不必要的损失，也确保了顾客的满意。

针对此案例出现的情况，建议商场售卖指甲油的柜台提高指甲油摆放的安全性，当顾客试用时，营业员应及时为顾客提供试用服务，以避免类似事件发生。

【案例7】12月29日16：30，顾客龚女士与其姐姐一同走过商场负一楼砸金蛋布置处（广告公司工人正在贴桁架上的画面），一瓶502胶水突然掉落，砸中龚女士头部，胶水滴落至顾客眼中。安装工人马上通知营销分部，营销分部人员立即赶到现场。

化妆品柜台员工用化妆水对顾客眼部进行清洗后，营销分部人员立即将顾客送往医院，约17：00顾客到达眼科医院检查清洗、用药，因急救措施及时，顾客眼部未受损伤。

后期，营销分部特地安排人员陪同顾客至医院复查。经过反复协调，广告公司赔偿顾客医药费、交通费、误工费共计2 000元。顾客对商场的处理结果表示接受。

此事故属外部广告公司于营业时间施工、未采取防护措施引起，造成顾客身体伤害，商场及广告公司均需承担责任。

案例7提醒我们：

（1）商场专柜装修调整、广告公司装饰等非专柜施工情况，均应按照《专柜进场施工管理规定》进行审批及监督；防损部需评估施工是否影响正常营业，如不影响正常营业的施工布置，需制作提醒标识并引导顾客绕行；对于影响正常营业的施工，需于营业结束后进行。

（2）发生安全事故，需以顾客为先，积极解决问题，争取将伤害降到最低程度。

【案例8】12月5日晚，一对男女在商场通道上行走时，旁边清洁工的拖把碰到女顾客左腿，女顾客顺势倾斜坐在了地上，并马上声称自己受伤了，且取出手机对通道地板进行拍照，要求商场给予赔偿。

防损员把顾客请到分部办公室，当班管理员对其伤情进行询问及安抚，同时请药柜的药师到场检查伤势。药师判断其受伤并不严重，属轻微皮外伤。同行的男顾客以药师不是医生为由，拒绝接受药师的判断，要求商场给予赔偿，管理员通知值班总经理到分部解决顾客问题。

另一边，分部另一管理员从药柜拿来云南白药（孕妇禁用）帮顾客处理伤口（当时顾客指名要求用此药疗伤)。值班总经理到场了解情况后，向商场总经理汇报了事情经过，总经理明确表示此情况只有带顾客到医院去检查方能确定解决方式。

于是，商场三名管理员陪同顾客到医院检查。经医生诊断，属轻微皮外伤，如需判断骨骼是否受损，需要拍X光确认。此时顾客坚决反对拍X光，声称自己怀孕两个半月了，不能接受拍片，管理员要求女顾客去妇科接受诊断，顾客则坚持不去，和朋友打车回到商场要求商场给个说法。

几位顾客到商场后，不断询问商场会如何处理她所受的伤害，还表示自己不能白受伤，要求给予赔偿。值班总经理再三表明赔偿损失要有医院诊断证明，没有证据无法来决定赔偿的标准。后双方多次沟通，商场总经理指示可以给顾客送一些水果，表示慰问。管理员告知顾客商场的处理方案，顾客遂接受了送水果表示慰问的处理结果。顾客在离开商场时，坚持要两贴膏药，说膝盖还痛，翌日要上班，药店药师明确表示该药孕妇禁用，但该顾客还是坚持要，管理员要求顾客写下书面收条，表明用了该药后产生的后果由顾客自负，顾客表示同意，写下收条后离开了商场。

“假摔”有时不只会在足球场上发生。这位顾客为了达到某种目的，利用了清洁工拖地的不留神，制造了“被撞倒”的闹剧，值得引起我们的高度重视。在公司进行神秘顾客检查时，也有商场的清洁工在拖地时拖到了顾客的脚，引起了顾客的反感(有些地区的人认为这是不吉利的)。

因此，为了避免此类事故再次发生，我们要培训清洁工以及营业员在拖地的时候，一定要注意前后左右有没有顾客行走，拖布一定要干，现场地面一定不要有水渍，以防顾客滑倒摔伤。在看到地面有水的情况下，务必马上通知清洁工到场清洁，在清洁工没到达前守在该区域并对来往顾客进行提示或自行拖干。

再者，遇到此类事情发生时，一定要按照正确的处理程序进行处理：

(1) 马上向商场领导汇报情况，寻求相关支持。

(2) 及时将顾客送往就近大医院进行诊断和救治，千万不要自行处理伤势，尤其是女顾客。

(3) 处理特殊情况需沉着冷静，并要机智灵活应对。

【案例9】某日下午，马先生带着4岁的儿子到商场购物。小朋友趁着马先生买单时跑开去扶手梯旁玩耍，一时好奇将手指伸进了扶梯的缝隙，结果手指被运行的扶梯台阶卷入缝隙，扶梯将孩子的食指绞断。闻讯赶来的马先生和管理员将小孩抱到一楼大药房先消毒止血，并马上送往医院抢救。在医院治疗观察两天后，医生发现孩子的手指骨头已经坏死，只能截肢处理……

我们一直致力于为顾客营造安全舒适的购物环境，可是意外还是难免发生。上述事故的发生一方面是作为家长的监护人安全意识不强，没能照看好小孩；另一方面也是商场员工没有尽到提醒的义务。

此案例提醒我们：

为了避免意外的发生，请各商场、各部门按如下要求执行：

(1) 商场防损部应该自查扶手梯是否安装裙边毛刷，如未安装，应走购置流程申请安装。

(2) 工程部一方面应协助目前扶手梯未安装裙边毛刷的商场，尽快将“裙边毛刷”安装到位；另一方面建议将裙边毛刷作为扶手梯的标配，写入招标文件，以减少扶手梯的安全隐患。

（3）商场美工应该自查扶手梯相关安全标识是否符合区域营销部下发的制作标准，如标识出现破损、卷边、内容不符合等问题，应提交申请，由区域营销部重新安排制作。

（4）各楼层防损员应加强扶手梯区域的监控，如发现小朋友在扶手梯上或周边玩耍，商场员工特别是防损员和靠近扶梯口的员工要立即提醒其监护人或委婉制止，并确认小朋友已不再玩耍方可离开。

（5）如遇顾客在电梯上夹伤、跌倒时，第一时间发现人须立即按下电梯的红色按钮，使电梯停止。

（6）如顾客购买超市商品后自行推购物车乘坐扶手梯下楼时，商场员工应委婉劝阻，语言如：“先生/小姐，为了您以及他人的安全，请不要推购物车乘坐扶手梯。”并带顾客至超市收银台外，由当班防损员安排送货人员为顾客送货。

四、突发事件处理措施

顾客在店内发生的突发事件，形式多样、原因复杂，处理起来必须高度重视。门店内发生的一些与顾客相关的突发事件，按情节严重程度可分为顾客丢失物品、顾客与店员发生争执、顾客在店内发生意外伤害三类。当然，顾客在店内发生的突发事件，远不限于这三类，需要管理者根据现场状况灵活应对，依照处理突发事件的关键原则妥善处理。

（一）关于顾客物品丢失的处理

1.如何预防顾客物品丢失事件的发生

（1）广播提示。

（2）贴温馨提示语。

2.顾客物品丢失的处理

（1）安抚现场顾客，保持秩序。

（2）查看本店监控。

（3）指引顾客去商场监控中心查看。

（4）若是存放在本店，由于工作人员工作失误或存放系统不严而造成的丢失，则由本店先进行合理赔偿。

3.注意事项

（1）在顾客存放物品时，一定要告诉顾客贵重物品随身携带。

（2）应表现出积极协助的态度，如顾客提出索赔，及时报告管理层。

（二）关于顾客与店员发生争执事件的处理

1.一般性争吵

（1）目击员工或管理层应立即上前，无论哪一方有错，本着“顾客至上”的服务原则，向顾客致以歉意，然后询问原因。

（2）倾听顾客诉说，分析判断。

（3）一般情况下，将此员工带到一边，了解情况。

（4）合理劝解顾客，必要时请顾客到办公室解决。

2.发生动手事件

（1）目击员工要立即将冲突双方拉开，不应袖手旁观，不可偏袒我方同事，不应指责顾客。

（2）第一时间通知客服人员及管理部赶至现场，由客服人员根据当时情况作出灵活处理。

（3）如一方或双方受伤，要首先进行紧急处理，并根据情况决定是否就医。

3.注意事项

（1）尽量安抚顾客，坚持大事化小，小事化无。

（2）认真倾听双方陈述，利于分析事件。

（3）所有员工应接受“顾客服务培训”，提高员工服务意识。

（4）谨记顾客服务标准，做到快捷、准确、规范。

（5）对顾客的询问及所提要求，应耐心解答，尽量提供所需帮助。

（三）关于顾客在店内发生意外伤害的处理

（1）顾客如出现晕倒或意外伤害应立即通知当班经理并对顾客进行救助。

（2）店内还应配备必要的救护药品，如情况严重要尽快通知医务人员检查处理。

（3）如有突发病发生和重大伤害时，应立即通知医务人员，安排救护车支援抢救并迅速拨打急救电话，切勿搬动伤者，顾客到医院必须有部门人员陪同。

突发事件具有破坏性，易导致状态失控。组织依据突发事件可能造成的危害程度、波及范围、影响力大小、人员及财产损失等情况，由高到低建立预警类别，拿出处理预案尤为重要。

项目测试

一、简答题

1.门店员工离职包括哪几种情况？

2.如何做好辞退离职面谈？

3.门店为何要开早会？

4.简述沟通的定义及过程。

5.简述突发事件处理的一般原则。

二、材料分析题

某日晚上8点左右，一位顾客在体育用品柜台购买商品，当班营业员小李向他推荐了柜台活动：“购物满200元再加68元就送指定T恤一件。”并向顾客展示了所赠送的T恤款式。

顾客购物满200元后，要求试穿那件指定赠送的T恤，试穿后顾客觉得很满意就买单了。当顾客准备离开柜台时，另一位营业员小刘发现顾客试穿的那款T恤是不参加买送活动的。于是在未经考虑之下立即打断了小李的接待服务，并告知该商品不属于指定赠送的T恤，若顾客想要购买需付168元。

顾客听后非常生气，产生强烈的不满，认为员工故意为难使他难堪。管理人员赶到后了解了事情的原委，向顾客道歉，并同意顾客将商品拿走。最后，经管理员与供货商协商，由员工承担小部分损失。

案后语：

随着零售行业竞争的加剧，丰富多彩的促销活动已经成为提高购物者对品牌的关注程度、促进整体销售的关键市场营销工具。在促销活动为商场带来巨大销售额和利润的同时，也出现了不少因员工对促销活动未完全掌握导致的顾客投诉：

1.一位顾客在休闲装柜台购买商品，此时柜台的促销活动是购买正价商品若不使用贵宾卡打折，买单后加29元可获赠一对情侣手链。开票时营业员未向顾客做活动细节的详细说明，只问了顾客是否有贵宾卡，顾客回答："有"。顾客买完单向营业员问起手链的事情，营业员此时才向顾客解释。顾客听完很生气，埋怨营业员没有解释清楚，属于欺诈行为。

2.某商场正举行买超市商品"满200元+1元换购礼品"活动。顾客林女士在女装柜台挑选衣服时问柜台员工："今天商场有什么活动？""买满200元+1元有礼品换购。"顾客一听，立刻买了该柜台1 000多元的商品。到礼品换购处时，工作人员说道："不好意思，这是百货楼层的小票，我们只有超市才参加活动。"林女士非常愤怒，觉得自己受到了莫大的欺骗，到服务台写了投诉单，要求商场给予处理。

3.顾客江女士收到某柜台全场满200减100的短信后，来到该柜台挑选衣服。"你们全场'满200元减100元'吗？""对啊，很优惠的，您慢慢挑选。"顾客历经2个小时挑选了5件衣服，买单时员工却说："不好意思，这三款是我们这周刚上的，不参加活动，我们那儿还挂着标识呢。"顾客问道："标识，哪有啊？"原来柜台人多，标识早已掉到地上，顾客根本没留意。最后，顾客坚持要求参加"满200元减100元"的活动。

资料来源　深圳天虹商场股份有限公司HR提供，经编者整理。

问题：

1.结合案例分析，门店店长在日常的管理工作中要建立怎样的工作流程，才能预防此类突发事件。

2.尝试搜集零售门店有关突发事件的2~3个经典案例，团队内分析如何有效处理？如何预防？

分析提示：此类案例提醒我们：第一，柜台员工对于商场和柜台的活动内容一定要熟知，避免因为自己对于工作内容的不熟悉而造成不必要的后果和损失。第二，在举行商场整体促销活动时，分部除对员工培训促销活动内容与细则外，一定要对员工掌握情况进行验证，以确保员工能够正确推荐。第三，当员工发现同事工作失误时，顾客在场的情况下，应小声告知同事，由接待顾客的员工对顾客委婉解释；当顾客不接受员工的解释时应及时撤换当事人，寻求管理员的帮助。第四，在处理顾客抱怨时，要本着诚恳的态度，勇于承认错误，并可选择赠送柜台小配件（如袜子等），以表示歉意。这样才能将这类突发事件对企业的负面影响降至最低。

项目实训

实训内容：组织召开门店会议。

要求：

1.每5人组建一个团队。

2.抽签决定或自选各团队会议类型（早会、晚会、月度例会）。

3.注意各团队对应具体的模拟组织，针对确定的会议类型，参照各类会议组织的流程，做情景模拟。

4.情景模拟过程各团队录制视频，制作会议组织文案（可以是Word或者PPT）。成果交战略合作企业专家审阅，给出评价意见，分析情景模拟与现实门店会议的差距。

主要参考文献

［1］唐志红．人力资源招聘·培训·考核［M］．北京：首都经济贸易大学出版社，2017.

［2］董萍，闫娜．人力资源管理教程［M］．北京：人民邮电出版社，2016.

［3］陆雄文．管理学大辞典［M］．上海：上海辞书出版社，2013.

［4］江延球．管理学项目化教程［M］．南京：河海大学出版社，2018.

［5］王栓军．管理学基础［M］．北京：北京邮电大学出版社，2016.

［6］罗宾斯，库尔特．管理学［M］．刘刚，程熙鎔，梁晗，译．13版．北京：中国人民大学出版社，2018.

［7］张来顺．管理学基础［M］．长沙：湖南师范大学出版社，2015.

［8］高文伟．管理学原理［M］．上海：上海交通大学出版社，2016.

［9］姚裕群．团队建设与管理［M］．4版．北京：首都经济贸易大学出版社，2006.

［10］吴维库．以价值观为本［M］．北京：机械工业出版社，2010.

［11］王吉鹏．企业文化建设［M］．4版．北京：企业管理出版社，2013.

［12］孙宗虎，郭蓉．岗位分析评价与职务说明书编写实务手册［M］．北京：人民邮电出版社，2012.

［13］王贵军．招聘与录用［M］．4版．大连：东北财经大学出版社，2018.

［14］童丽，冯晓珩，邱厚贤．劳动关系管理［M］．4版．大连：东北财经大学出版社，2019.

［15］裴芸，崔建农．管理沟通——理念、技能与实践［M］．北京：北京大学出版社，2013.

［16］牧之．让你轻松带团队的管理心理学［M］．上海：立信会计出版社，2015.

［17］杰克斯．致胜培训秘诀［M］．谢金峰，译．北京：中华工商联合出版社，2003.

［18］傅浙铭．高效团队组织法［M］．广州：广东经济出版社，2002.

［19］王超．团队革命［M］．深圳：海天出版社，2011.

［20］麦克莱恩．提高团队协作力：创建信任与高责任意识的团队［M］．易厚萍，易厚宇，熊涛，译．北京：电子工业出版社，2011.

［21］王雪华．零售连锁企业门店店长胜任力研究［D］．武汉：武汉工程大学，2015.

［22］马兰草．麦当劳员工培训模式对我国连锁餐饮企业员工培训的借鉴——员工培训与开发研究［J］．中国商论，2019（3）．

［23］洪宇．肯德基的员工培训［J］．人才资源开发，2005（5）．